中公新書 2657

萩原　淳著

平沼騏一郎

検事総長、首相からA級戦犯へ

中央公論新社刊

はじめに　「複雑怪奇」声明とその実像

今回締結せられたる独ソ不可侵条約に依り、欧州の天地は複雑怪奇なる新情勢を生じたので、わが方はこれに鑑み、従来準備し来った政策はこれを打切り、更に別途の政権樹立を必要とするに至りました〔中略〕国内の体制を整え、外交の機軸を改め、この非常時局を突破せんとするに当っては、局面を転換し、人心を一新するを以て刻下の急務と信ずるものであります。以上の理由により本日闕下に伏し、謹みて骸骨を乞い奉った次第であります。

これは一九三九（昭和一四）年八月、平沼内閣総辞職の際に出された「複雑怪奇」声明である。

平沼騏一郎（一八六七～一九五二）は首相を務めたとはいえ、その名を知る人はあまり多くないだろう。高校の教科書ではこの「複雑怪奇」声明を出した人物として触れられる程度である。しかし、それが平沼の人生のハイライトではない。そもそも、「複雑怪奇」という語は漢学者の川田瑞穂が考えたもので、この声明は平沼内閣の内閣書記官長太田耕造が自らの責任で発表したものである。

平沼は近代日本のなかできわめて異色の存在である。彼は一九〇〇年代初頭に司法省で頭角を現し、その後近代日本で最も有力な司法官となる。一九二〇年代半ばからは首相候補者として期待を集め、三九年には首相に就任。その後も、重臣として敗戦に至るまでの実に約四五年もの間、政治的影響力を持ち続けたからだ。

平沼は一八六七（慶応三）年、美作国（みまさかのくに）津山（現岡山県津山市）藩士の家に生まれた。帝国大学法科大学（現東京大学法学部）を首席で卒業後、司法省に入り、一九一一年には司法次官に上り詰めた。翌年一二月、検事総長に就任し、約九年間にわたり在任。一九一四（大正三）年には鈴木喜三郎とともに司法省・検察の実権を掌握する。

平沼は司法官時代、検察権の強化に努め、日本の検察のあり方を規定するうえで大きな役割を果たす。そのため司法関係者の間では「検察中興の祖」と称されることもある。

その後は政治家人生を歩む。第二次山本権兵衛内閣司法大臣（法相）を務め、一九二六年には枢密院副議長に就任。この頃から首相候補者として幅広い勢力から期待を集めた。

他方、一九二四年から国本社（こくほんしゃ）会長に就任した。国本社は国民道徳の涵養（かんよう）を標榜（ひょうぼう）したが、内実は政党政治や英米協調外交への反対を掲げる国家主義団体だった。平沼は国本社役員に政官の有力者を多数就任させ、組織を急激に拡大したことで、隠然たる勢力を形成していく。

一九三一年の満州事変により日本が国際的に孤立するなか、平沼は軍部との連携を強め、政権獲得をめざす。これは主に元老西園寺公望の忌避により挫折したが、二・二六事件後の一九三六年三月には枢密院議長に昇格、そして三九年一月に首相の座にたどり着く。

平沼内閣は同年八月に独ソ不可侵条約が締結されたことを受け、わずか八ヵ月で総辞職となるが、平沼は首相辞任後も第二次近衛文麿内閣内相に就任し、敗戦時の鈴木貫太郎内閣では枢密院議長に再任されるなど国家の要職を歴任した。また、首相辞任後から敗戦に至るまで重臣であった。平沼は枢密院議長として昭和天皇による終戦の「聖断」が下される御前会議にも出席する。戦後はA級戦犯として起訴され、東京裁判で終身禁錮刑の判決を下された。

このように、平沼は司法部（司法省・検察・裁判所）・政界で長期間強い影響力を持ち、首相、重臣、枢密院議長と権力の中枢にいた。だが、平沼について本格的に描いた著作は存在しない。それには三つの理由が考えられる。

第一に、大審院検事局検事（兼司法省民刑局長）として、大逆事件の捜査に関与し、社会主義運動に厳しい態度を取った。また、政党政治・英米協調外交に懐疑的な姿勢を見せたからである。戦後歴史学では、特定の時期の平沼の行動・論理に着目した研究は存在するが、平沼の人物自体を顧み、研究すべき対象とはみなしてこなかった。

第二に、異例の長期間、政治権力を維持したからである。司法官、枢密院、首相、重臣の各時代はいずれも重要であり、公刊・未公刊の史料を幅広く読んで、その生涯を一貫した視

平沼騏一郎（1867～1952）

点で描くことが困難であった。

第三に、公の場での言説と現実の政治行動との間に乖離（かいり）があり、政治構想、人物像の実態をとらえにくかったからである。平沼は強い権力意志を持っていたが本心をあまり語らず、公の場では「道義」など観念的なスローガンを繰り返した。また、平沼は団体を作ることや集会を開くことを好む一方、新聞記者嫌いで、慎重で寡黙（かもく）な性格だった。さらに、建前や名分を重視する性格から、回顧録でも政治的野心や政治運動に触れなかった。こうした要因から「観念右翼」、過度に思想的な人物というイメージが広まることになった。

本書は、まず権力者平沼の生涯を描くことを目的とする。その栄光と挫折を通じて、近代日本の政治構造のなかで、司法官、官僚政治家として政治的に重要な位置を長期にわたり占め続けることができた要因を考える。

次に、日本検察の台頭を描く。平沼は近代日本で最も有力な司法官であり、とりわけ検察権の確立に重要な役割を果たした。彼が弱小だった検察をいかにして強化し、政治勢力との関係のなかでどのように検察権を行使したのか。それらは現代日本の検察にいかなる影響を与えたのかを明らかにする。

最後に、国家主義と政治指導である。平沼は近代日本が生み出した学歴エリートの最高峰に位置し、当時最先端の西洋の学問を学んだ司法官・官僚政治家である。その彼が天皇崇拝の重要性を主張したのはなぜか。天皇の権威に依拠して守ろうとしたのは何であったのか。そして、それらがアジア・太平洋戦争への道に与えた影響を明らかにする。

目　次――平沼騏一郎

凡例

- 文献の引用は読みやすさを第一に考え、適宜句読点、濁点を付し、旧漢字・異体字は常用漢字に、片仮名・変体仮名は平仮名に、歴史的仮名遣いは現代仮名遣いに改めた。
- 引用文中の〔 〕は筆者による注釈である。なお、「倉富勇三郎日記」（以下、「倉富日記」）の引用文中の（ ）は原文のままである。
- 引用文献は原則直接引用した場合のみとし、著者名、発行年などを省略し、タイトルのみ表記した。
- 引用文及び固有名詞には現在では不適切な呼称もあるが、歴史用語としてそのまま用いた。
- 「中華民国」については「中国」、中国東北地方の「満洲」は「満州」と表記した。
- 年月の表記は原則としてすべて西暦・太陽暦（新暦）を用い、適宜和暦を併記した。
- 文中で平沼の年齢を表記する際は原則、満年齢とし、数え年の場合はその旨を明記した。
- 敬称は略した。

第1章　苦学、東大首席卒業——国漢学と先端の法学の修養

幼少期の平沼兄弟

平沼騏一郎は一八六七（慶応三）年一〇月二五日（旧暦九月二八日）、津山藩（現岡山県津山市）の家禄五〇石の藩士、平沼晋の三男一女の二男として生まれた。兄の淑郎は三歳年上で、のちに早稲田大学学長を務める。妹芸はのちに大審院（現最高裁判所に相当）判事などを務めた掛下重次郎の妻となる。三男の圭三郎は一五歳で死去している。

津山藩は、長崎とともに蘭学発祥の地として知られる。親藩の松平家を主君とする津山藩は文武いずれかに秀でた者を広く天下に求め、教育に力を入れる気風があった。

この藩風もあり、津山藩は江戸時代後期から幕末にかけて、洋学研究で有名な宇田川三代・箕作家を輩出している。

宇田川三代とは宇田川玄随（一七五五～九七）・玄真（一七六九～一八三四）・榕庵（一七九八～一八四六）を指す。玄随はオランダ内科医学の先駆けとして知られた。玄真は『医範提綱』などを著し、化学、植物学の元祖と仰がれた。榕庵は『舎密開宗』などを著した。

平沼の家族写真，1872年頃　右から兄淑郎，祖母千鶴，妹芸（しな），騏一郎

箕作阮甫（一七九九～一八六三）は宇田川玄真の門下となり、医学のみならず、地理書の編集や西洋史、兵学関係の翻訳など膨大な業績を残した。

阮甫の養子、箕作秋坪（一八二五～八六）は蕃書調所の「教授手伝」（現在の教授に相当）を務めた。のちに明六社に参加し、文明開化を推進する役割を担う。箕作麟祥（一八四六～九七）は祖父の阮甫から教育を受け、開成所（蕃書調所の後身）の教授職見習などを務めた後、フランス留学。帰朝後は明治政府で司法次官などを歴任した。

幕末維新期、藩の青少年の間では、宇田川三代・箕作家の存在は誇りであり、両家に続き立身出世を果たそうという雰囲気があった。騏一郎の兄淑郎は「私も生まれながらにして、かような事実を常に聞かされて、家庭に於いても、将来偉い人にならねばならぬという教訓を再三再四授けられた」と回想している。

では、騏一郎は幼少期、どのような教育を受けたのか。

家庭での教育の中心は祖母であった。父晋は外出することが多く、自由に子どもの精神を伸ばすべきとの考えであり、母は家事と妹の育児に忙殺されていた。祖母は読み書きができる程度だったが、子守唄の代わりに、『唐詩選』の詩を読んで聞かせた。また、祖母と母は武士道精神を重んじ、戦場に行く場合に備え、食べ物の贅沢を戒めた。なお、父晋も藩主への絶対服従を誓う古風な人物であった。

騏一郎は数え年五歳になると、兄淑郎とともに、津山藩の漢学者齋藤淡堂のもとで漢学を学ぶ。ここでは、四書（『大学』、『中庸』、『論語』、『孟子』）及び、『孝教』と『詩経』の一部を学んだようである。

兄淑郎はこの当時、西洋人が日本の国民に非礼を働いた場合は、斬り捨ててよいと思っていたと回想している。同じ教育を受けた騏一郎も似たような考えを持っていたのではないだろうか。騏一郎はのちに、自分の幼少期に受けた武士道についての教育は偏った窮屈なものが多く、今から考えれば気に入らないことが多いが、子どものときはそのようにしなければならないと思っていたと振り返る（『平沼騏一郎回顧録』。以下、『回顧録』）いずれにせよ伝統的な価値観に基づく教育を受けたとみるべきだろう。

他方、騏一郎は回想で、幕末維新期の津山藩は親藩なので大体佐幕論であった。自分も佐幕論が正論と考えており、「祖母や母が幕府を有り難く思っていたのは当然と思う〔中略〕将軍様は恭順の意を表しているのに、何故叩くのか、そんなに無慈悲なさらんでもよいではないかと思っていた」と述べている（『回顧録』）。

　また、駪一郎が明治維新で感服した人物の一人は、松平容保である。その理由は、松平が京都守護職に就く際、識者は松平に不利になると忠告したが、松平は利害を問うべきときではなく、朝廷と幕府の間をとりもって天下の安泰をはかると言い、京都に向かったことを挙げる。

　これは一身の利害にとらわれず、あえて困難に立ち向かった心意気を評価するものであるが、容保は佐幕派で公武合体政策を進めた人物である。駪一郎は幼少期、徳川家に愛着を感じていたのであり、後述するように、天皇制への関心を深めたのは大学予備門に入った後、一三歳以降のことである。

駪一郎の性格

　では、幼少期の駪一郎はどのような性格で、幼少期の教育からどのような影響を受けたのか。兄淑郎はのちの回想で、次の二点を述べる。

　第一に、漢学・国学の学習がのちの精神形成に重要な影響を与えたことである。駪一郎にとって「国漢学は精神の糧で、現在把握している日本精神も東洋観もここから出発している。大義を重んじ、条理を踏んで一歩も動かない、その厳格な態度も、その躬から来ているのである。彼には幼少の頃から理想と実生活の区別はなかった。理想即実践であった」と述べる。

第二に、「意志が強固」なことを挙げる。騏一郎は「父親が折檻のために押入の中にへし込めても、何時までもジッと耐え泣きもしない」ような子どもであった。「普通の人が何か一つの仕事をすると、うわすべりするものが多いが、騏一郎は幼少時代から今日に至るまで、すべて徹底的に研究してから」実行したという。

兄淑郎によると、これは人間関係にも共通しており、騏一郎は無口で、よほど考えた後でないと口を開かなかった。そのため、真意を知らない人は冷酷と思うが、情愛のある性格であったという（「弟について語る」、「弟騏一郎を語る」）。

大学時代の同級生塩谷恒太郎（弁護士）の語る騏一郎の性格も、兄淑郎のそれと近い。塩谷は「君は誠に寡言沈黙の人であって、友人同輩相会する場合にも、極めて口数の少ない、従って失言の禍を招くなどの事のあろう筈がない〔中略〕君はいかにも意志の堅固な人であるが、自分の知己朋友に対しては、亦極めて友情に厚い人である、一度信頼されると、仮令幾年を経過しても、何かの機会に其友人を援けねばおかない。従って今日司法部内に於いても、真に君を崇拝する人は、其尊信する事、実に神の様であると言っても過言ではない」と述べる（「平沼検事総長論」）。

三叉学舎・大学予備門時代

騏一郎の父晋は明治新政府ができた後、藩主松平慶倫の継嗣松平康倫の家扶（守り役）として仕えていた。慶倫死後、康倫が家督を相続したことに伴い、晋は単身上京したが、のちに家族を連れ、一家で東京に移住する。騏一郎が六歳のときだった。

平沼兄弟は上京当初、広瀬惟熙の塾で漢学を学んだが、同年秋に宇田川興斎（榕庵の養子）の塾に移った。宇田川の塾でも漢学を学んだ。それは漢学が諸学の基本とされた時代だったからだ。宇田川は漢学の大家でもあった。

一八七五（明治八）年になると、同じ津山藩出身の箕作秋坪が英学塾三叉学舎を開いたので同学舎に移り、七八年一〇月まで在籍した。教科は英語、数学、漢学であった。この頃には、騏一郎は主に西洋流の学問を学ぶようになる。三叉学舎は当時、慶應義塾と並ぶ著名な私塾で、原敬（のちに首相）、阪谷芳郎（のちに東京市長）、東郷平八郎（のちに元帥海軍大将）ら後年、政・官・軍の有力者となる人物も在籍した。

家庭では父晋が平沼兄弟に勉強部屋を用意し、三叉学舎での学習を補う意図もあり、『漢楚軍談』、『三国志』などを買い与えた。兄弟はそれらを耽読したという。

一八七八年九月、騏一郎は大学予備門（第一高等学校の前身。東京大学入学のための予備教育機関）に入学し、学費の支給を受ける給費生となった。入試科目は英語・和漢学・算術で、英語が難解だと知られたが、英学塾の三叉学舎で学んでいた騏一郎は突破できた。

騏一郎は一八八三年七月に大学予備門を卒業し、翌年九月に東京大学法学部（八六年に帝国大学法科大学に改組）に入学する。

他方、この頃平沼家は苦難に直面していた。一八七七年に父晋は病気のため、松平家の職を辞任。その後、一家は浜町に一軒家を借りていたが、その家が近所の火事で類焼し、深刻な生活苦となったのである。平沼兄弟は写字を行い、家計を助けた。当時、印刷技術が十分に発達しておらず、書物を筆写する写字という仕事が存在した。その後、父の病気は回復し、東京市の雇員となったが、まもなく母が病死する。

東京大学時代、首席での卒業

さて、一八八四年九月、騏一郎は東京大学法学部に進学すると同時に、司法省に入る義務が生じる給費を受けた。後述するが、大学卒業後の司法省入りは騏一郎にとって不本意であった。司法省から給費を受けたのは、おそらく受給の要件が緩かったからだろう。

なお、兄淑郎は一八八四年に東京大学文学部政治学理財学科を卒業し、『明治日報』（郷里岡山の保守党忠愛社の機関紙）の編集・翻訳者として勤め始めていた。淑郎が家計を助けたので、騏一郎の経済面での苦労は軽減した。

さて、大学の講義で騏一郎が特に感銘を受けたのは穂積陳重の授業である。騏一郎は穂積の法学通論・羅馬法・法理学を受講していた。

法学通論とは法学の基礎的な知識の習得を目的としたもので、穂積の授業では分析法学・比較法学などの概念を習得させるために、歴史と比較の両方の点から論じられた。騏一郎は後年、「法学の概念は穂積先生の法学通論に依て得た」と述べている。

原書を用いた羅馬法の授業では、穂積は原書の内容以外にも法律全般に関わるさまざまなことを論じた。騏一郎は後年、自身の専攻のイギリス法には羅馬法の要素がかなり入っているので、のちの学問を進めるうえでの基礎となったと回想する。

騏一郎は当時の法学教育の最先端であった穂積の授業を積極的に受容し、評価していた。このことは、のちに司法省内で法学の知識をリードしていく基礎となる。また、騏一郎は穂積から学問以外のことで、司法権の尊厳を保つということを「もっとも注意された」という（「穂積男爵を悼む」）。このことは司法省入省後、一貫して司法権の強化を図る要因の一つともなったのであろう。

他方、騏一郎は大学予備門生時代から伝統的な価値観や天皇制護持の観念を涵養していったようである。後年の回想では大学予備門生だった一三歳のときには頼山陽（らいさんよう）の『日本外史』の講義をすべて聴講した。二〇歳前後になると儒教の経典である経書や忠臣義士の伝記を読み、ほぼ大義名分を理解して「日本主義者」となったと述べている（「革新とは何ぞや」）。

また、大学時代に各国の歴史、特にフランス革命に最も注目して自学し、日本で同様の事態が起きることへの懸念から、日本古代史にも注意を向けるようになったという（「平沼騏一郎論」）。日本古代史への関心は天皇の国家統治の正統性が「万世一系」とされ、その淵源（えんげん）を探ることで天皇制を強固にしたいという思いがあったからであろう。ただし、なぜ大学予備門時代に天皇制への関心を深めたのかについては何も語っていない。

趣味は囲碁や謡曲、禅に親しんだ。特に禅は大学に入学した頃に今北洪川（鎌倉円覚寺管長）のもとに弟子入りし、今北が一八九二年一月に死去するまでの間、彼のもとで修行した。騏一郎はその動機として、昔の英雄豪傑は大抵単に書物を読み、武装するだけでなく、精神の修養をしていたからだと回想している。大学時代には立志出世の思いを持っていたのだ。

騏一郎にとって禅の修行は、のちの人脈形成にも役立った。同時期、円覚寺には早川千吉郎（のちに三井財閥重役）、河村善益（のちに東京控訴院検事長）らも出入りしていた。彼らは騏一郎と交流を続け、第一次世界大戦を契機とする社会主義をはじめとする新たな外来思想の流入に対し、漢学や国学など日本の伝統的価値観の振興を主張する勢力となる。

騏一郎は青年期の禅の修行を通じて、後年、日本の伝統的価値観への傾倒や精神修養を重視する土台を形成していったといえよう。兄淑郎も「弟の修養は国漢学に負うところが甚だ多い。それに青年の時代に禅学をも修めたから、その方面の感化も無論加っている」と述べている（「弟騏一郎を語る」）。

少年期から青年期の騏一郎は、当時の法学教育の最先端であった穂積の授業を積極的に受容した。しかしその一方で、家庭では古風な教育を受け漢学の素養を身につけたことにより、大学教育での西洋化に対する違和感も覚え、革命や急進主義に対する嫌悪と天皇制護持の観念を持つようになっていったのだ。

騏一郎は一八八七年七月には、木内重四郎（のちに貴族院議員）ら四名とともに特待生に選ばれ、翌年七月に帝国大学法科大学英法科を首席で卒業した。

第2章　司法省へ——転機となった司法官増俸要求事件

司法省の設置、江藤新平による改革

平沼は大学卒業後の一八八八（明治二一）年一二月、司法省参事官試補となり、司法官としてのキャリアをスタートする。ここで一八八〇年代末までの司法権と司法部（司法省・検察・裁判所）をめぐる政治状況について、少し触れておきたい。

明治新政府が最初に取り組んだ課題は、各藩に分散していた司法権を中央に統一することだった。一八七一年八月、司法省が刑部省（ぎょうぶしょう）・弾正台（だんじょうだい）の統合により設置されたが、職権の範囲がきわめて狭い弱小省庁だった。

一八七二年六月に江藤新平が初代司法卿（きょう）に就任すると、江藤は急進的な改革を相次いで実施する。

まず、全国の裁判所の新設・整理を急速に進め、司法権の回収に努めた。それに加え、民事裁判の管轄をそれまでの大蔵省から司法省に移管した。

次に、一八七二年九月の司法職務定制の制定を主導する。これによって司法裁判所を頂点

2−1　司法省設置までの司法機構の変遷

年月	1868年6月	1869年7月	1869年8月	1871年8月
機構の改廃	刑法官設置	弾正台設置（刑法官の監察司を廃止）	刑部省設置（刑法官廃止）	司法省設置（刑部省と弾正台を統合）
権限	①一部の刑事関係の事務を担当．②民事裁判は民部省管轄．③地方では府藩県が裁判権を維持	①行政諸省を監察．②容疑者が自白しないとき，罪状明白また緊急を要するときは刑部省に移して捜査させる．②刑部省の死刑判決が冤罪の場合は執行停止し，再審させる	①一部の刑事裁判の事務を管轄．弾正台と権限が重複．②民事裁判は民部省管轄．③地方では府藩県が裁判権を維持	①法令の執行・解釈，刑事，犯罪者・逃亡者の捕縛の事務を統括．②大蔵省から民事訴訟管轄を移管．③地方の裁判権を接収

出典：新井勉ほか『近代日本司法制度史』（信山社出版，2011年）を参考に筆者作成

に、府県裁判所と各区裁判所を全国に設け、司法権を司法省が一元的に管轄することになる。また、この法令によって検事制度が創設され、検事（検察官）は国民の権利を保護し、裁判の当否を監視することを職務とし、各裁判所に出張することと定められた。

さらに、同年一二月には司法省布達第四六号で、地方官らが諸省の布達などに違反し、国民の権利が侵害された場合、国民は裁判所に救済を求めることができると定めた。この布達には地方官に対する政府の優位性を確保する意図もあった（『司法省と近代国家の形成』九一頁）。

他方で、同年六月の司法省仮規程では、司法省は裁判所を総括し、諸般の事務をつかさどるが、「裁判所の事に関係する事なし」とした。しかしその一方で、司法省の卿・輔（次官クラス）は判事（裁判官）を総括し、「各裁判所の疑

獄を決し、諸裁判官を監督」する。また、裁判官が軽罪、重罪を犯すときは司法省で「論決」することや「政府に関する犯罪は卿・輔が聴許せざれば裁判官は論告するを得ず」とも規定していた（『明治警察裁判史』一一〇頁）。

つまり、司法省が裁判に関与しない原則を示すものの、司法省は判事の監督権と人事権を掌握する体制であり、政府の犯罪については司法省の許可がないと判決を下すことができなかった。

江藤は一八七三年四月、司法省予算の削減に抗議して司法卿を辞任し参議となった。その後征韓論政変で下野し、佐賀の乱に乗じて死刑となる。

一八七五年四月には大審院（現最高裁判所に相当）が設置された。大審院設置に伴う諸法令により、司法省が上訴手続きなどを指導する体制が改められた。また、裁判所は司法省から離れた別個の国家機関となり、機構面で司法は行政から独立する。

もっとも、判事の人事権などは依然として司法卿が保持していた。また、大審院は諸省の次と位置づけられ、初代大審院長には政治的影響力を持たない三等判事の玉乃世履（たまのせいり）を二等に昇進したうえで就任させた。この結果、大審院は司法省に対して従属的な立場に置かれることになる。当時の判事の等級は一等から七等に分かれており、一、二等判事は空席だった。

司法部内の藩閥と学歴エリートの進出

当時薩摩（鹿児島）・長州（山口）は藩閥内で優位にあったが、司法省は諸省に比べると肥前（佐賀）・土佐（高知）出身者が多かった。

初代司法大輔（次官クラス）の佐佐木高行は土佐、初代司法卿の江藤新平は肥前出身である。土肥出身者が多かった理由は司法省が弱小であったことに加えて、江藤が司法卿就任後、自派の培養に努めたことも大きいと思われる。非藩閥出身者も土肥の人脈で登用される傾向にあった。

平沼は回想で、司法部には佐賀人、土佐人が多くおり、「江藤の頃は役人のいいのは司法部に入った〔中略〕私が司法部に入った時〔一八八八年〕には、佐賀人、土佐人が要位を占めていた」と述べる（『回顧録』）。

もっとも、薩長も司法部の中枢に一定程度入っている。一八八五年七月時点での司法省幹部（卿・大輔・局長・課長）・大審院判事の藩閥構成は、司法省幹部一二名のうち、長州二人、薩摩一人、土佐二人、肥前一人。大審院判事（院長含む）二一名のうち、長州二人、薩摩二人、土佐二人、肥前四人であり、中枢レベルは藩閥が強い影響力を持っていた（「明治中期司法部の藩閥構成について」）。彼らの多くは近代的な法学教育を受けたわけではない。たとえば、平沼入省時の民事局長小松済治、民事局次長の高野真遜は維新の激動のなか、成り行きで司法部に行き着いていた。

2−2　官学での近代的法学教育の始動

<table>
<tr><th>設置年</th><th>名　称</th><th colspan="2">教育内容，設置廃止</th></tr>
<tr><td>1872</td><td>明法寮法学校</td><td colspan="2">司法省内に設置．司法官養成のための近代的法学教育の始まり．1875年廃止</td></tr>
<tr><td rowspan="2">1875</td><td rowspan="2">司法省法学校</td><td>正則科</td><td>第一期生は明法寮の学生引き継ぎ．修業年限4年．第二期以降，修業年限は予科4年，本科4年．予科は一般教養科目，本科は法律学の講義．1884年廃止</td></tr>
<tr><td>速成科</td><td>1877年設置．第一期生は修業年限2年，第二期生以降は3年．法律学の講義．各年度模擬裁判が組み込まれる．正則科の東京大学への吸収合併後も司法省に残るが，1887年廃止</td></tr>
<tr><td>1884</td><td>東京法学校</td><td colspan="2">文部省への移管のため，司法省法学校正則科から改称．文部省直轄．司法省法学校正則科の学生を引き継ぎ．1885年に東京大学に合併</td></tr>
<tr><td>1877</td><td>東京大学</td><td colspan="2">東京開成学校と東京医学校の合併により誕生．すでに東京開成学校で始まっていた法学教育の事業を継承．1884年，東京法学校の学生を引き継ぎ，官学の法学教育は一元化</td></tr>
<tr><td>1886</td><td>帝国大学</td><td colspan="2">東京大学に工部大学校を統合して誕生</td></tr>
</table>

出典：手塚豊「司法省法学校小史(1)〜(2)」『法学研究』（1967年6，7月号），新井勉ほか『近代日本司法制度史』（信山社出版，2011年），『東京帝国大学五十年史』上（東京帝国大学，1932年）を参考に筆者作成

　他方、一八七二年から司法省内に設置された司法官養成機関の明法寮（めいほうりょう）法学校で、近代的な法学教育が始まっていた。明法寮は一八七五年五月に廃止され、生徒は司法省法学校に引き継がれた。司法省法学校は正則科と速成科に分かれていた。正則科の修業年限は予科四年、本科四年だった。

　その後、一八八五年八月に東京大学予備門が東京大学の管理を離れて独立の文部省直轄下の学校に改組されたことに伴い、

司法省法学校正則科の予科が東京大学予備門に吸収合併された。翌九月には司法省法学校正則科の本科も官僚養成を目的とした東京大学法学部に吸収される。司法省法学校速成科は一八八七年に廃止となった。

東京大学法学部では一八七七年から毎年卒業生を輩出し、九〇年頃から彼らが徐々に司法部内で台頭していく。

大審院判事の司法省法学校あるいは東京大学出身者は、一八九二年には一九・四%であったが、九七年には三七・九%、一九〇五年には八九・三%に達する（『児島惟謙(こじまこれかた)』一三九〜一四二頁）。平沼が司法省に入ったのは、こうした出自優位から学歴エリートに移りかわっていく時期だった。

平沼入省時の司法省

平沼は一八八八年一二月に司法省に入り、参事官試補となった。先に少し触れたが、平沼が司法省に入ったのは司法省の給費生だったからである。平沼はのちに、当時の司法省は弱小省庁であり、「役に立たぬ者が判事、検事となっている〔中略〕自分では内務省に入った方がよいと思っていた。白根専一(しらねせんいち)が当時内務次官で、来たらどうかと言ってくれた」と振り返り（『回顧録』）、不本意であったことを滲(にじ)ませている。

平沼は判事試補を経て一八九〇年一〇月、京橋区裁判所判事となり、一二月には東京地裁判事に昇任した。二三歳のときである。

一八九〇年は裁判所の構成・管轄や判検事などの身分・職務などを定めた裁判所構成法が施行された年でもある。同法は二月に公布され、一〇月、翌月の明治憲法施行に先立ち、施行された。ここで大審院、控訴院（現高等裁判所に相当）、地方裁判所、区裁判所を設置し、三審制による裁判を行うこと（四級三審制）も定められた。また、大審院、控訴院、地方裁判所に検事局を付置することも規定された（以下、検察組織全体に関わるものは検察、特定の検事局に関するものは検事局と表記）。

司法省が裁判所を監督する体制は変わらなかったが、判事は終身官とされた。また、判事は刑罰の宣告や懲戒処分がなければ、本人の意に反して転所・停職・免職・減俸されることはないと定められ、強固な身分保障が明記される。

この裁判所構成法施行の翌一八九一年五月、大津事件が起こる。第一次松方正義内閣はロシアに対する外交的配慮から、この裁判で大審院に「皇室に対する罪」を適用し、犯人を死刑にするよう圧力をかけた。しかし、児島惟謙大審院長はこれを拒否し、法に基づき無期徒（と）刑（けい）（無期懲役）判決を下して「司法権の独立」を守ったとされ、名高い。

ただし、近年の研究では児島が自身の監督権の範囲を超えて担当判事を説得し、自己の法律解釈に従わせたこと、裁判の最中に三好退蔵（みよしたいぞう）検事総長との連名で、犯人に皇室に対する罪を適用できないのであれば、緊急勅令を発するほかないと法相に進言したことなどが指摘されている。神話化された児島像も修正されているといえよう。もちろん、結果として行政の干渉を排し、「司法権の独立」を守った先例として、大きな意義を持つ。

他方、この頃から司法省で主導権を握るようになったのは、清浦奎吾・横田国臣（よこたくにおみ）ら山県有朋の影響下にあった官僚である。そのきっかけは山県有朋が第二次伊藤博文内閣法相に就任したことによる。山県は腹心の清浦を司法次官に起用し、清浦は盟友である横田を新設の司法省民刑局長（省内で次官に次ぐ地位）に登用した。清浦と横田は山県の権力を背景に強い影響力を持ち、第一次桂太郎内閣に至るまで山県系官僚が司法省内の要職を占めることになる。

なお、山県系官僚閥は、日清戦争後の伊藤博文と自由党との提携に反感を持つ、保守的な藩閥官僚が元老山県のもとに結集し、一八九〇年代後半から一九〇〇年代初頭にかけて形成された。山県は陸軍、内務省、貴族院、枢密院、宮中などに自らの影響下にある官僚を送り込み、政界に強い影響力を持つことになる。

一八九〇年代、判事としての活動

さて、平沼は一八九二年一一月に千葉地裁部長、翌年一二月には横浜地裁部長となった。一八九五年九月には東京控訴院判事に転じ、九八年七月には東京控訴院部長にまで昇進する。平沼は判事として順調にキャリアを積んだといえよう。一八九九年に東京控訴院検事に転じた後は、検事畑を歩んでいく。

では、平沼による裁判はどのようなものであったか。残念ながらそれを示す明確な一次史料はない。後年の平沼に関する評論では、横浜裁判所在勤時代に起こった事件で、立ち合い検事を担当した際、論旨明確、条理を兼ね、日本裁判の厳正を辱めず、「大喝采を博し得た」という指摘はある（「独身の平沼新司法次官」）。

また、東京地裁判事時代のある刑事裁判で陪席した際、裁判長が体調を崩したため代理で裁判長となった。そのときの「切れ味」は「実に水際立ったもので、並み居る裁判官はもちろんのこと、被告も弁護人も、その元の裁判長との懸隔の余りに甚しいのに驚いた」（「平沼騏一郎論」）という少しオーバーかもしれぬエピソードもある。

平沼は職務の傍ら、一八九〇年代後半から一九〇〇年代前半にかけて東京専門学校（現早稲田大学）・日本法律学校（現日本大学）・英吉利法律学校（現中央大学）などで、刑法・民法などの講義を担当した。平沼は大学時代にイギリス法を専攻していたが、ドイツ法の影響が強くなるなか、ドイツ語の教師を雇ってドイツ語を勉強し、二、三ヵ月でドイツ語の原書を読めるようになったという。大学などで講義するときも「大体独逸流であった」と振り返る（『回顧録』）。

平沼の講義録はいくつか出版されている。たとえば、一九〇五年度日本大学法律科の「刑法総論」は、刑法の目的・効力、犯罪の類別・要素・状態、刑罰の種類及び刑の裁量などについて、二七八頁にわたり体系的に論じている。ここでは、後年のように「道義」や「淳風美俗」など日本の伝統的価値観には言及していない。

他方、私生活では二六、七歳の頃、陸軍省法官部長などを務めた岡村隆徳の娘と結婚したが、まもなく離婚する。その原因は性格の相違であったようだが、明確な史料はない。兄平沼淑郎によると、その直後平沼は肺結核に罹(かか)り、医者から妻帯を禁じるよう助言を受けた。平沼はその教えを守り続け、病気が完治した際には老境にさしかかっていたため、再婚の機を逸したという。また、肺結核とわかると、大学の講師の仕事をすべて辞めた。

淑郎は一九一五(大正四)年の雑誌記事で、平沼は快復しているので、再婚して欲しいと述べている。だが平沼は独身を通し、周囲に結婚及び離婚した事実を話すこともなかった。病気や婚期の問題よりも、結婚生活の失敗から自らの意思で再婚を望まなかったのだろう。なお、その後の家政は、禅学修行の際に顔なじみとなった白石喜舞という婦人が務めたという。また、子どもについても、植月俊雄(故郷津山の平沼の後援会「平沼会」常任理事)によると、僕に子どもは必要ない。平沼家は兄が継いでいるから絶家することはなく、父の世話をしてくれる者さえいればよいと常に語っていたという。

司法省内での山県系と政党の権力争い

話を戻すが、一八九〇年代の司法省は判事統制と人事改革という課題に直面していた。裁判所構成法で判事の身分保障規定が設けられたことにより、不適格な判事であっても罷免や降格などを自由に行うことはできず、人事が停滞したからである。

この時期、政府は不平等条約改正を達成するために近代的な法典の整備を急速に進め、一八九〇年に明治刑事訴訟法（旧々刑事訴訟法）が制定された。また、同年には民法も公布され、両法はフランス法をモデルとしている。ただし、民法は民法典論争により施行が延期され、その後政府はドイツ法をモデルとした新たな法典を編纂、現行民法が一八九八年に施行される。

こうした近代的な法典の実施を控え、司法省は近代的な法学知識を持たない不適格な司法官を退職させる必要があった。

一八九八年六月、横田国臣司法次官、高木豊三司法省民刑局長、倉富勇三郎司法省参事官らが主導し、大規模な人事改革を断行する。この異動で横田は検事総長、高木は次官、倉富は民刑局長に昇格し、司法省法学校出身者の出世の契機ともなった。

しかし、検事総長に昇格した横田は退職に追い込まれた司法官から非難を浴びる。六月三〇日に初の政党内閣である第一次大隈重信内閣が成立すると、人事異動が私党結託によるもので、非立憲的措置だと指摘する文書が大東義徹（おおひがしぎてつ）法相に提出された。

こうした横田排斥運動を受け、大東法相は横田検事総長罷免の機会をうかがっていた。ここで横田が閣僚に対し、大東法相が慣例の手続きを取らず自身を懲戒しようとする、「賤劣（せんれつ）

なる所行」をしているとの親展書類を配布し、大東はこの文言をとらえ、上官侮辱を理由に懲戒免職処分に追い込んだ。ただし、山県系と関係が深い横田は、のちに特旨により懲戒処分を免ぜられ、一九〇四年には検事総長に再任されている（『明治立憲制と司法官』第五章）。

このように、この時期の司法部は山県系と政党の権力争いに巻き込まれていた。では、このなかで平沼はどちらにいたのか。

平沼は一八九八年、第二次山県内閣のもとで清浦法相が「英俊敏腕の聞え高き司法官」を「特撰」したとされた九名の遺外法官のなかに入っていない（「司法官の欧米視察」）。このことは、少なくとも平沼が山県系でなかったことを傍証する。遺外法官とは司法省が司法官数名を選抜し、海外で司法制度を調査させる制度である。

この遺外法官には一九一〇年代前半、平沼とともに司法行政の中枢を担う小山温東京地裁判事、鈴木喜三郎東京地裁判事も選ばれていない。平沼は一八八八年、小山は九〇年、鈴木は九一年に帝国大学を卒業し、平沼と鈴木は首席での卒業だった。経歴では平沼らが遺外法官に選出されても不思議ではなく、清浦と横田は山県系の影響下にある人物を優先的に選んだ可能性がある。

たとえば、平沼と大学で同級生で遺外法官に選ばれた長森藤吉郎は山県系に接近し、横田により法相秘書官から出世コースである東京地裁検事正（地裁検事局トップ）に抜擢（ばってき）されていた。平沼は順調に出世していたものの、長森には先を越されていたのだ。

司法官増俸要求事件という活路

しかし、結果として遣外法官に漏れたことは平沼が出世する契機となる。

一九〇〇年四月、帰国した遣外法官は欧米と比較すると日本の司法官の待遇が悪く、威信もないのでよい人材を採れない、と早急な増俸を求めて運動を始めた。

遣外法官の意見は必ずしも不当なものではない。すでに述べたように、裁判所は司法省の監督下に置かれ、その司法省もなお他の省から軽視され、司法官は給与面でも行政官の下に置かれていた。

制度上も低い位置に置かれていた。大審院長は勅任官親補（しんぽ）職で、検事総長はその下の勅任官であった。明治憲法下の高等官の位階は親任官が最高位で、次に勅任官親補職、その下に勅任官と続く。勅任官は各省次官クラスに該当する。大審院判事の俸給は一般省庁の局長ないし課長並みであった。

司法官増俸案は金子堅太郎法相の同意を得たが、一九〇一年二月の衆議院委員会で星亨（ほしとおる）を中心とする立憲政友会の反対により削除修正を受ける。司法官たちはこれに抗議し、増俸要求運動は全国に拡大していく。

司法省は金子法相の名で二度にわたり、任地を離れての会合などを慎むよう訓令を出した。しかし、訓令は運動に参加する司法官らの感情を逆撫（さかな）でし、大会を開いて訓令に従わない姿勢を示す。

一九〇一年三月、貴族院で増俸案は復活したが、両院協議会で増俸案が再び否決されると、司法官の運動は過激さを増し、全国各地の裁判所で司法官が連袂（れんぺい）して辞表を提出する事態となった（『明治立憲制と司法官』第六章）。

ここで、増俸運動の収束に中心的な役割を果たしたのが平沼である。

平沼の回想によると、金子法相、野崎啓造検事総長は曖昧な態度をとり、横田東京控訴院検事長は病気であった。そのため、東京控訴院次席検事の平沼が検事長代理として、事態の収拾に当たる。平沼は病床の横田を訪ね、どのような心得で増俸運動を処理すべきか聞くと、「穏やかにやったらよかろうと言う。万事私の意見で宜（よろ）しいかと問うと、いいと云（い）うことであった」。

そこで平沼はまず、自身が所属する東京控訴院の事務を平常に戻した。続いて地方の検事正を東京に集め、それぞれの裁判所で必要な人員をそろえて東京の裁判所に出すよう指示した。また、検事正に各々の所属する裁判所の秩序を回復するよう指示したうえで、彼らが司法省へ増俸の陳情に出向くことを許さなかったという。

さらに、運動を主導していた長森藤吉郎に運動をやめるよう説得したが応じなかったので、処分に動く。回想では「金子〔法相〕は弱い人で狼狽（ろうばい）」し、「私〔平沼〕は検事長代理であるから、色々注文した。長森、仲小路（なかしょうじ）〔廉（れん）〕を処分せよと〔金子法相に〕いうと、そうしようと思っていたと云う返事」であったと振り返る（『回顧録』）。

一九〇一年三月、金子法相は東京の判検事一六名が連袂し提出していた辞表を受理し、依願免官とした。辞める意思はないと金子はみていたが、それを承知で他の司法官へのみせしめとして免官としたのだ。以後、運動は鎮静化する。

首謀者の長森と仲小路は、部下に対する監督責任を理由とした辞表を提出していた。しかし、司法省は監督責任が最終的には法相にも及ぶことから受理を拒み、結局、両者に病気を理由とした辞表を提出させ、依願免官とした。

この間の事情について、平沼は次のように回想する。長森・仲小路が増俸問題で不満を持つ判検事の辞表を集め、司法省に掛け合う方針だと知ったので、彼らに辞表を持参させ、これをあえて司法省に通達して免官にした。平沼が彼らをなだめることを期待していた金子法相は免官には不満を持ったが、たまたまいた野崎検事総長が平沼の行動を支持してその場は収まった、と（『回顧録』）。

金子法相・横田検事長は運動に対して弱腰だったが、平沼は強硬な方針を取り、事態の鎮静化をリードしたという認識である。同時代の一次史料において、平沼の具体的な行動を確認することはできない。ただし、一九〇一年三月、仲小路は司法省の訓令に応じ、「弁明書」を提出しており、その宛先は「東京控訴院検事長代理平沼騏一郎殿」となっている。このことからも平沼が事態の収拾に重要な役割を担っていたのは事実だと考えられる。

いずれにせよ、政友会と山県系との政治的対立を含んだ司法部の大騒動は、平沼の出世に二つの面で大きな影響を与えた。

第一に、有力な若手の司法官の失脚により、出世の糸口をつかんだことである。事件で処分された者は一五一名に及んだが、依願免官となり司法省を去ったのは、長森・仲小路及び東京地方裁判所・区裁判所に所属する司法官であった。彼らの退場によって平沼は出世の機会を得た。事件から約一年半後の一九〇二年一二月、平沼は司法省参事官に就任し、司法省内で頭角を現すようになる。

第二に、のちに政友会により重用されるきっかけとなったことである。当初から清浦元法相が司法官の増俸運動を裏で操っているという見方が弁護士や政友会の間に広がっていた。清浦ら山県系官僚は増俸運動を利用して、政友会を与党とした第四次伊藤内閣を攻撃しようとしたと考えられていたのである。そのため、結果的に平沼の行動は山県系の攻撃から政友会内閣を助けることにもなった。

平沼の行動の意図は、史料からはわからない。ただし、平沼は政党・藩閥の有力者との人的関係は当時なく、司法部の秩序を乱すストライキなどの急進的な手段により改革を実現しようとする姿勢に批判的であったのだろう。つまり、政友会を助ける意図ではなく、司法官の手法に共感しなかったためであろう。平沼より先に出世していた長森らを追い落とす意図はあったのかもしれない。

第3章　官僚としての手腕――欧州体験と司法制度改革

検事の権限――一八七〇年代から九〇年代

一九〇二（明治三五）年一二月、平沼は第一次桂太郎内閣のもとで司法省参事官に就任し、翌年一〇月には検事を兼任する。

一八九九年まで一〇年近く平沼が務めた判事の職務は、基本的に裁判所に上がってくる個々の事件について法律を適用し、判決を下すことであった。したがって、判事自身がさまざまな政治勢力から独立した立場で判断することが求められた。

しかし、検事は司法と行政の両方の性質を合わせ持つ職務である。とりわけ政治勢力が関与する贈収賄事件や選挙違反事件では時の内閣との駆け引きも必要となる。どの程度まで捜査を進めるのか、起訴・不起訴あるいは控訴などについても法相と交渉しなければならない。

それに加えて、平沼は参事官という司法省の高官である。省内の人事、予算、法案作成などを扱うため、内部だけでなく、外部との調整を行う能力が必要とされた。政治的資質を試される地位になったといえよう。

では、平沼の司法省の官僚（司法官僚）・検事としての手腕はどのようなものであったのだろうか。

ここで時期は遡るが一九〇〇年頃までの検事制度の概要について、時代背景及び平沼の行動を理解するために必要なので少し触れておきたい。

日本では、前章で述べたように一八七二年の司法職務定制により検事制度が設けられた。一八七四年には検事と司法警察官の権限が定められ、検事は証拠が明白な者及び現行犯を逮捕し、内容を明らかにしたうえで判事に送致する。証拠が明白でない者については内務省に所属する司法警察官に命じ、探索させる。また、司法警察官は現行犯をただちに逮捕できるが、そうでない者については検事に報告し、その指令を待って捜索、逮捕に着手すると定められた。なお、司法警察官とは警察官のなかで刑事訴訟手続の執行を担当する者を指す。

現代と大きく異なるのは予審制度が導入されたことだ。予審とは予審判事（治罪法制定以前は糾問判事と呼称）が検事の請求を受け、直接証拠の収集や捜査を行い、被疑者を公判に付すかどうかを判断する非公開の公判前手続である。これは一八七五年の大審院諸裁判所職制章程及び翌年の糾問判事仮規則による。

一八八〇年には治罪法が制定され、八二年から施行される。ここで検事は公訴権（訴追権）を独占する。しかし例外もあり、予審判事は現行犯について検事または民事原告人の請求がなくても予審に取り掛かることができた。

また、予審制度も維持され、検事は現行犯以外の事件で、複雑あるいは重大な事案につき、予審判事に公判に付すか否かの取調べを請求することが定められた。それに加えて、証拠の収集や逮捕・押収などの強制処分についても予審判事の権限とされ、検事は捜査の主体でなく、起訴するか否かを判断する役割に徹することが明確にされた。

結局、治罪法の原則によって検事及び司法警察官は、現行犯以外の被告人あるいは証人を訊問できないことになった。したがって、当初検事による任意捜査の範囲はきわめて狭くとらえられていた。一八八〇年当時司法権少書記官だった清浦奎吾は、検事の捜査は被告人の氏名や証拠の名前、数量を取調べることにとどまると述べている（『検察・裁判・弁護』）。現在の任意捜査は任意同行、被疑者の取調べ、聞き込みなど強制捜査以外の幅広い捜査が可能である。しかし当時は、検事による任意捜査はほぼできないと認識されていたのだ。

その後、明治憲法施行の前月の一八九〇年一〇月に裁判所構成法が施行される。ここでは検事局を大審院・控訴院・地方裁判所に付置するが、検事は裁判所から独立し、独任制の官庁として現在と同様に身分が保障された。また、検事の職務権限として刑事事件の公訴を提起し、その取扱いに必要な手続を行い、判決を適切に執行するよう監視すると定められた。

しかし、検事は依然として捜査で主導権を発揮できなかった。裁判所構成法施行の翌月に施行された明治刑事訴訟法でも検事の権限が小さく、予審判事の権限が大きい治罪法の規定が引き継がれたからである。

なお、治罪法・明治刑事訴訟法では、検事は司法警察官を指揮命令すると明記されていたが、司法警察官は内務省警察に属し、実際には検事は司法警察官を指揮命令できなかった。平沼の入省時、東京地裁には検事局だけでなく、検事分局という検事局から独立した部署があった。検事分局は「警視庁の下に属し、警視総監の命でやるので検事正の云うことなどは聴かぬ。しかし敢（あ）えて怪しまなかった」と振り返る（『回顧録』）。検事は司法警察官と予審判事の間にあって、捜査で力を発揮できなかったのである。

検事の権限拡大

一九〇〇年前後になると、検事は起訴前の任意捜査を一定程度行うようになっていく。現実問題として検事が起訴するか否かを見極めるためには、任意捜査し、証拠を収集する必要も出てくるからだ。それに伴い、検事及び司法警察官の任意捜査の範囲を広く解釈する見解が出されるようになっていく。たとえば、松室致（まつむろいたす）（のちに第三次桂内閣法相）は一九〇一年の著書で、検事は強制処分以外の犯罪捜査をすべて行うことができると解釈している。

他方、少し時期は戻るが、一八八五年六月に山田顕義司法卿により微罪不検挙方針に関する訓告が出され、検事が公益上、あえて起訴する必要のない事件は不起訴とする起訴猶予が慣行として始まっていた。それは国費節減という理由からだった（「検察官の起訴猶予裁量（一）」九一二～九一四頁）。

3－1　検事の制度上の権限

制定年	法律名もしくは規則名	検事の主な権限	予審判事・司法警察官との関係
1872	司法職務定制	**裁判の監督官としての役割** 検事は犯罪の捜査，逮捕を監督指令する	制度上は検事の権限が強いが，地方裁判所に本格的に検事局が設置されるようになったのは1881年以降．実際には司法警察官，地方官の役割が大きい
1874	検事職制章程司法警察規則	検事は犯罪を捜査し，証拠が明白な者及び現行犯を逮捕し，判事に送致する．証拠が明白でない場合，司法警察官に指令し，捜査させる	
1880	治罪法	**起訴法定主義の建前で，検事は主に公訴官の役割** 検事は司法警察官を指揮して犯罪を捜査するが，重罪は予審にかけ，強制処分権を有する予審判事が捜査する	予審判事の権限が強い．もっとも，1900年前後から起訴前の任意捜査により検事の実務上の権限が拡大
1890	明治刑事訴訟法		
1913	刑事略式手続法	検事の請求により，区裁判所は管轄下の刑事事件について，公判前に略式命令により罰金または科料を科す	検事の権限で区裁判所に請求
1922	大正刑事訴訟法	**起訴便宜主義を明確化．検事が捜査の主体に** 検事は犯罪を捜査し，司法警察官は検事を補佐する．検事は原則，強制処分できないが，必要な場合は起訴前でも予審判事または判事に請求できる	検事の権限が強い

註記：刑事手続，検事の権限に関わる主な6つの制度に絞った
出典：小田中聡樹『刑事訴訟法の歴史的分析』（日本評論社，1976年），青木孝之「検察官調書の史的考察」（『琉大法学』80号，2008年9月），福山道義「司法職務定制から大審院設置後までの刑事裁判制度と司法省」（『福岡大学法学論叢』62巻3号，2017年12月）を参考に筆者作成

一八九五年一〇月の大審院判決では、検事が任意の取調べで作成した聴取書が、問答形式などからみて、強制処分権を持つ予審判事作成の訊問調書と実質的に同じだという理由で無効との判断を下した。判決を受け、聴取書の形式は問答式ではなく物語式で記述し、供述者の署名捺印もなくす形に修正された。この修正が加えられたことで、以後、検事または司法警察官が任意の起訴前取調べで作成した聴取書は、公判でも証拠能力を認められるようになっていく（「検察官調書の史的考察」一七四〜一七六頁）。

このように、一九〇〇年前後には検事は自ら任意捜査を行うようになるが、依然として重大事件で捜査を主導するまでの権力はなかった。後述するように、検察権の本格的な台頭は平沼が捜査を主導する一九〇九年の日糖（にっとう）事件を待たねばならない。

平沼の立案――担保付社債信託法

さて、司法省参事官時代の平沼に話を戻そう。

第一次桂内閣時代（一九〇一年六月〜〇六年一月）、平沼が最も尽力した一つは担保付社債信託法の立案である。当時の会社は資金調達手段として外債発行（外資導入）を必要としていた。しかし、資金難で株を発行することができないため、社債で資金を調達しなければならなかった。ただし、社債は株と違って出資者への返済が必要であり、担保を必要とした。

桂首相らは資金難に陥った企業を救済するため、社債の担保をより容易に付ける方策を検討していた。そこで平沼が政府にイギリスの法律にある信託という制度を採用すべきことを提案し、司法省でイギリス法を主として研究していた者は平沼以外にいなかったことから、政府より法案の作成を任される。

この話は平沼の回想に拠るがやや雑駁である。おそらく政府は立法措置が必要なことから司法省に打診し、省内の議論のなかで参事官の平沼の意見が採用された。それが政府でも承認され、担保付社債信託について最も専門知識を持つ平沼が立案を担ったのであろう。

平沼は一九〇四年一一月から始まる第二一議会に間に合わせるため、平沼と同じく帝国大学（東京帝国大学）でイギリス法を専攻した池田寅二郎司法官試補（のちに大審院長）と二人で、急ぎ法案を作成し、議会では平沼が政府委員として一人で答弁した。法案は議会でわずかな修正を受けたが、ほとんど紛糾せず可決される。担保付社債信託法は信託に関する日本初の単独立法である。

一九〇六年一月、政友会内閣の第一次西園寺公望内閣のもとで平沼は、司法省内で法相、次官に次ぐ地位の民刑局長に昇格した。参事官は数名おり、民刑局長への昇格は固定化されていたわけでなく栄転である。

なお、民刑局長経験者六名のうち、次官にならなかったのは後述する日比谷焼打事件の捜査で日本弁護士協会や新聞などから非難を浴びた倉富勇三郎だけである。

当時の司法部をめぐる政治状況を考えると、平沼の官僚としての学識と手腕だけでなく、平沼が山県系官僚に接近していなかったことも影響した可能性がある。原敬内相は東京帝国大学出身の学士官僚を抜擢し内務省の改革を進めたが、平沼の起用もこの方針に合致する。

日比谷焼打事件と検察

第一次西園寺内閣成立後、検察は日比谷焼打事件の裁判への対応を迫られた。この事件は一九〇五年九月五日、日比谷公園で開催された日露戦争の講和交渉に反対する国民大会を契機に東京全域で起こった暴動を指す。翌日戒厳令が布かれた。警視庁は捜査の結果一七〇〇名余りを検挙し、そのうち三〇八名が検事局により起訴される。

警視庁は暴動参加者だけでなく、暴動のきっかけとなった国民大会主催者の河野広中（衆議院議員）、小川平吉（政友会所属衆議院議員）ら五名を兇徒聚衆罪の首謀者として検挙した。兇徒聚衆罪とは、多くの民衆が集合し共同の意思を持って暴行脅迫を行い、社会の静穏を害する行為を禁止するものだ。

警察及び陸軍衛戍総督部は、暴動が国民大会の主催者であった河野によって組織的に引き起こされたとみなし起訴を望んだ。一方、検事局は計画的なものではなく、群集心理により暴動が起こったとの見方で起訴に慎重だったが、一一月一〇日に起訴に踏み切る。事件当時の東京控訴院検事長倉富勇三郎は日記に「右事件の起訴は予は初めより反対の意見を有し、結局、衛戍総督の指揮に依りて起訴したるもの」と記している。

しかし、警視庁の捜査は強引かつ杜撰なものであった。場所や日時を合理的に勘案すれば無関係の者も検挙したほか、警察官の抜剣による負傷者などがその負傷を根拠に検挙され、自白を強要された例もあった。また、河野らによる組織的な暴動との見解も無理があった。新聞などでは警視庁の捜査への批判が高まり、暴動鎮圧の際に参加者を暴行した警察官の司法処分を求める動きが強まっていた。

このような状況下、翌年一月に政友会内閣の第一次西園寺内閣が成立する。内閣成立後、横田国臣検事総長は自ら率先して日露戦争勝利を表向きの理由とし、大赦すべきと主張する。それは河野らの公判がまだ始まっておらず、大赦となれば公訴権が消滅するので、予審で有罪とされた被告はすべて免訴となり、公判を開く必要がなくなるからだ。

起訴した検察が自ら公判開始前に大赦を提起するのは異例である。原敬内相は、横田の主張には、山県系の第一次桂内閣の企てに応じ、無実の罪で起訴した検察の失態を隠蔽しようとする意図があると日記に記している。

横田は桂前首相や法相経験者の清浦・波多野敬直に大赦をもちかけて同意を得た。だが、波多野が松田正久法相に大赦の相談を行い、松田が閣議で大赦を提議したものの同意を得られず、失敗に終わる。

一九〇六年四月、第一審で河野らに無罪判決が下ると、横田は清浦・波多野の同意を取り付けたうえで、率先して控訴すべきでないと主張し、同月には控訴見送りが決定する（「日比谷焼打事件と倉富勇三郎」）。なお、平沼は横田の大赦工作に関与しておらず、控訴すべきとの意見であったが、内閣で控訴しないことが決定するとそれに従った。

新刑法制定への尽力

他方で、平沼は第一次西園寺内閣下で新刑法の制定に尽力する。

一八八二年に施行された旧刑法はフランス法を基礎としたもので、近代的な罪刑法定主義を明文化し、判事の裁量の範囲を限定した。ただし、家族制度など日本の伝統的な社会観念を保存している部分もあった。

しかし旧刑法施行後、刑法犯が増加する。一八八二年に七万五八五七人だった有罪総人員は、翌年に一〇万五八四四人、一八九〇年には一四万五二八人、九四年には一八万五八〇三人に達する。そのため旧刑法の有効性に疑義が呈され、一八八七年には改正作業が始まる。累犯者の問題も深刻だった。一八八七年前後には、有罪総人員中の累犯者数の割合は二九・九％であったが、年度によってばらつきが見られるものの一九〇五年には有罪総人員中の累犯者数の割合が四三・一％に達していた（「明治大正犯罪概況」）。

一九〇六年六月、平沼は新刑法の草案を審議する法律取調委員会の委員に任命された。その後、主査委員・起草委員にも選ばれ、東京控訴院検事長の倉富らとともに委員として新刑法の調査・起草に当たった。

完成した新刑法の草案は、一八八〇年代より欧州で台頭したフランツ・フォン・リストを中心とする近代学派（新派）の影響を受けていた。近代学派の理論は、個人がどのような行為に及ぶかは個人の性格と社会的環境により決定されているので、刑罰とは応報というよりも犯罪者から社会を防衛するための処分であり（社会防衛論）、犯罪者を教育して改善させ、再犯を防止することを目的とする（教育刑論・特別予防論）。よって、個々の犯罪者の社会的危険性に応じて刑罰を決める必要がある。また、秩序維持と刑罰とは性質が類似しているので、法定刑の範囲を拡張し、不定期刑も導入すべきという考え方である。

平沼もリストに影響を受けた一人である。次に述べる遺外法官の任務でドイツに滞在した際、リストに会っており、リストは平沼の訪問を大変喜んで、日本の新刑法を「大変賞賛」していたという（『回顧録』）。

さて、一九〇七年二月に刑法改正案は議会に提出された。貴衆両院では政府委員として、貴族院では倉富が、衆議院では平沼が中心となり答弁した。刑法改正案は両院で修正のうえ成立し、四月に公布。翌一九〇八年一〇月から施行された。

欧州での司法制度調査へ

新刑法が成立した翌月の一九〇七年三月、平沼は鈴木喜三郎（東京控訴院部長）とともに遺外法官に選出された。四月に平沼と鈴木は欧州に出発する。

平沼は出発前、新聞に談話を寄せ、視察の要点は過渡期にある司法制度を改革し、その運用の手続と形式をなるべく簡略にして、文明社会に適応する方法を探ることにあると語っている。司法省で次官に次ぐ地位の民刑局長が遣外法官に選出された前例はなかった。平沼には遣外法官となり、海外経験を積むことで自らの権力基盤を強化する思惑もあったのだろう。

平沼らは五月末にフランスに到着し、六月からベルギーで視察事務を開始。平沼は刑事制度の調査、鈴木は民事制度と司法行政に関する調査を担当した。七月からはドイツのミュンヘンで裁判所などを視察後、八月にはオーストリア、ハンガリー、イタリアを訪問した。

鈴木は日記に、ドイツは「官僚政治の弊ありて、諸般の交渉容易ならず、余輩の紹介も約三週間を要すること故、旅程を変更」したと記す。ドイツで調査を行う予定だったのであろうが調整がうまくいかず、急遽イタリアなどを訪問したのであろう。その後、平沼らはドイツに戻り、一〇月末まで司法の研究に没頭。さらにイギリスに渡り、引き続き視察と調査を行い、一二月末に帰途について一九〇八年二月に帰国した（『鈴木喜三郎』四七～六六頁）。

調査期間は半年程度に過ぎなかったが、この渡欧を通して司法制度及びその運用のあり方について、平沼は主に四つの成果を得て、その後のステップアップにつなげていく。

第一に指紋法の知見、第二に一九二〇年代までの刑事司法をリードするビジョン、第三に無政府主義・ストライキへの知見、第四に司法部での権力基盤強化である。以下順を追って見ていこう。

指紋法の導入

指紋法は平沼がおそらく最も熱心に調査した事項の一つである。現在、網膜、ＤＮＡなどさまざまな個人識別技術が開発されているが、指紋は依然として犯罪捜査と個人識別のなかで主要な位置を占めている。

では、一九〇八年までの日本の個人識別方法はどうだったのか、少し触れておきたい。指紋法導入以前は主に名簿によって個人を識別していた。まず一八八五年に警視庁で欧州の制度をモデルとして「名籍索引票」が作られた。警察に検挙された容疑者全員の氏名、原籍、前科の詳細などを掲載したものである。しかし、膨大な件数で役に立たず、無罪となった者まで載せていた。

一八九二年には司法部でも「犯罪人名簿」が作られている。これは全国の裁判所の判決に基づき、被告人の氏名、住所、罪名などを一覧にして司法省に回付し、司法省が整理、印刷したものだ。しかし、大部となり、印刷が数年遅れることが常態化したため、実用性がなかった。

以上の二つの名簿は被告人の申告に基づくものであり、虚偽の申告もあっただろうし、何より非科学的であった。その他、犯罪者の顔写真による識別も試みられていたが、どの程度実効性をそなえていたのかは明らかでない。当時の写真の費用と技術的な複雑さなどから、その利用価値はきわめて限定的だったと指摘されている（「個人識別法の新紀元」）。

他方、欧州では一八八〇年、名簿に代わる識別手段として人身測定法が開発された。これは生涯変わらない骨格を正確に測定することで識別しようとするものであり、英仏米などで採用された。指紋法の研究は、一九世紀前半から独英などで進んでいたが、一九世紀末のイギリス統治下インドで初めて実用化された。その後、イギリス本国でも一八九四年から指紋法として導入され、欧州各国で広がる。

日本では新刑法で累犯者の刑を加重する規定を盛り込んでいた。この規定を活用するためには初犯と累犯を正確に見分けなければならず、その点からも早急に個人を識別する技術を調査し、取り入れる必要に迫られていた。

日本で指紋法を初めて本格的に研究したのが大場茂馬（おおばしげま）である。大場は一九〇五年夏、検事の職を退き、刑事政策を研究するため、ドイツに留学した。その過程で指紋法と出会う。その二年後、平沼は遣外法官として欧州各国で個人識別方法の調査を行い、ドイツで大場と会った。平沼は大場に日本への導入に向けて大いに研鑽（けんさん）するようにと激励した。

平沼は欧州滞在中、イギリスでは主に指紋法、フランスでは主に人身測定法の調査に当たった。平沼がイギリスで出会った指紋法は、当時の欧州諸国で最も一般的であったヘンリー式である。これは左右一〇本の指の指紋を一定の順序で取り、その形状により二段階で分類するものである。イギリスでの実績から、人身測定法よりもメリットがあり、慣れれば一、二分で合致する指紋を探すことができると平沼は考えた。

平沼は帰国後、ただちに犯罪人異同識別法の調査を提議し、平沼、大場ら七名からなる取調会が発足した。一ヵ月間の調査の結果、一九〇八年八月、大場がドイツで調査していた最新式のハンブルグ式が採用され、一〇月には訓令が出された。これはヘンリー式を改良したもので、分類及び索引がより簡易であった。この指紋法の導入は犯罪捜査の画期となった。

刑事司法のビジョン

他方で、平沼は一九一〇年代、二〇年代の刑事司法制度改革につながる知見を主にイギリスから得る。

平沼は帰国後、まず予審制度の改正を訴えた。先述したように、予審とは予審判事が証拠の収集や捜査を行い、被疑者を公判に付すかどうかを判断する非公開の公判前手続である。この制度には主に二つの問題点があった。

第一に、検事と予審判事の権限の重複である。明治刑事訴訟法では、予審手続の開始は検事の公訴後に限ると規定していたが、重罪及び軽罪の現行犯の場合は検事の公訴を待たず予審を開始できた。

第二に、予審判事作成の予審調書は公判手続のなかで、公判で証拠として採用されるが、予審の段階で弁護人の立ち合いは認められていなかったことである。その結果、密室で苛酷な追及が行われ人権侵害を引き起こす可能性があった。また、予審調書をもとに公判を行うため、公判の審理が有名無実となるおそれがあった。

平沼は論説で、欧州を視察するなかで近代の法思想は、①裁判を公衆が傍聴できる状態で行う公開主義、②当事者である原告と被告が証拠調べなどについて、主導権をとる当事者訴訟主義、③弁論や証拠調べを口頭で行い、裁判所がこれに基づいて審理する口頭審理主義、この三つが刑事訴訟の大原則となっていると考える。しかし、日本の予審制度はこれらの原則に沿っていない。それは予審判事が原告・被告・判事三者の役割を兼ね、証拠の収集、公判への移行を独占していることにくわえて、公判が予審調書を基礎としているからだとする。

そのうえで、平沼は予審制度を大幅に改正し、予審判事の職務を、検事・弁護人・裁判所の三つに分け、前二者の権限を高める必要があり、イギリスのように純然たる当事者主義の国の制度は大いに参考になると訴えた（「刑事訴訟法ノ改正ニ就テ」）。

この構想は後述するが、平沼が関わった一九二二（大正一一）年制定の大正刑事訴訟法で部分的に実現する。もっとも、予審判事の権限削減は検事の権限の拡大強化とも結びつく。検察権強化のための有効な論理でもあったのだ。

平沼は陪審制及び国民の司法への信頼についても、イギリスから知見を得た。一九〇八年の演説では次のように述べる。イギリスでは裁判所に対する一般民衆の信用が概して厚い。下級裁判所では素人が刑事事件を裁判するが、「かなり信用がある」。一方、大陸諸国では、裁判官は「立派な法律を学んだ実務に経歴のある人」だが、「悪口をいう人が多い」。イギリスでは品性が重要であり、品性の高い紳士に対しては法律を知らずとも尊敬するのが「一般の風」であり、日本でも品性の高潔を第一にする必要がある。裁判官は「実務が上手という丈では決して裁判上の信用を維持して行くことは出来ない」、と（「英国の刑事裁判制度」）。

つまり、裁判官は法律の知識や経験だけでは、国民の信用を維持できず、裁判官の質の改善が必要だと訴えていた。イギリスの陪審の実情に触れ、運用可能だと感じたことは、のちに原敬が主導した陪審制導入に積極的に賛成し、推進していく背景の一つとなる。

無政府主義・ストライキへの警戒

他方、平沼は滞欧期間中に、当時問題となっていた無政府主義やストライキについても見聞していた。

平沼は皇室否定や体制転覆につながる無政府主義が日本でも広がることを懸念し、その対策の必要性を認識した。フランスの警視庁で無政府主義者の取締りについて調べ、「〔無政府主義者は〕火をつけはする、破壊はする、人殺しはやる、暗殺はやる、これには当時の大陸の政治家は余程頭を使っていた」。無政府主義者は自らの信念を実現するため、現状を破壊しようとし、「一番有力なことは帝王を葬る、金持を殺す、施設を毀つ」ことであり、取締りに非常に力を入れていたとする（『回顧録』）。この経験はのちに無政府主義者に対する強硬な対応に影響したと考えられる。

また、ストライキについて平沼は、欧州では所得の低い人でも生活が容易にできる仕組みがあるが、ストライキが続々行われつつある。日本でも、「今の時に於て資本家が大に反省し、労働者に向っては慈悲心を以て対し、彼等をして妻子を教養したる上、多少の貯蓄をなさしめ得る位の待遇」を与えるべきとした（『東京朝日新聞』一九〇八年二月二七日）。

司法省内での権力基盤の形成

平沼が渡欧によって多くの知見を得たことは、司法省内での平沼の権威を高め、自身の権力基盤強化につながった。また渡欧中に先述した担保付社債信託法制定の功績により法学博士号を取得した。これは大学時代の恩師穂積陳重の推薦によるものである。

平沼は帰国後、『法律新聞』（一九〇八年四月五日）の人物評で「兎に角、君は学者である。学問は広い方だ〔中略〕勿論法律学の範囲内である、民刑法いずれも御得意で其他法律一般に関してよく研究が届いて居る。この点は他の儕輩に一頭地を抜いて居る」と評されている。法学の知識でも司法省をリードする存在とみなされていた。

なお、『法律新聞』とは一九〇〇年に創刊された法律関係を専門的に扱う月六回刊の新聞であり、主に弁護士の見解を代弁していた。主幹の高木益太郎は一九〇八年から衆議院議員となり、議会で盛んに人権問題を取り上げ、のちに平沼・鈴木喜三郎を中心とする司法省・

検察を批判する存在となる。

他方、平沼にとって遣外法官で同行した鈴木との親交を深めたことものちに大きな意味を持つ。以前より二人は日本大学の監事を務め、交流はあったようだが、渡欧中により一層親しくなった。鈴木はそれまで一貫して判事畑を歩み、司法行政に関与した形跡はないが、こののち平沼は鈴木を登用し、司法行政をともに担うことになる。

このように、平沼は遣外法官の経験を通じて主に四つの成果を得た。この経験は平沼を司法官として成長させ、台頭していくうえで重要な意味を持った。

ただし、平沼が欧州滞在中に政治外交に関する調査研究を行った形跡はなく、後年の政治家としての見識を養う機会とはならなかった。それは調査期間が限定されていただけでなく、彼自身の政治観が影響していたからであろう。

鈴木喜三郎（1867〜1940）平沼の２年後に帝国大学法科大学仏法科を首席で卒業．司法省入省後，平沼閥の代表的人物に．司法次官，検事総長，政治家に転身し法相，内相を歴任．政友会総裁時に首相に目されたが果たせなかった

平沼はイギリスの養老院を訪れた際、社会的地位の高い人でも親を養老院に入れることに疑問を持った。養老院の院長に、日本の家族制度では社会的地位や収入がある人は親を養う責任があると説明したところ、院長は「個人主義が行き過ぎた」と答えたと回想する（『回顧録』）。平沼はこうした経験から個

人主義に批判的な印象を持ったといえよう。

また、平沼はイギリス滞在中、小村寿太郎駐英大使（のちに外相）と会い、次のような話を聞いたという。西欧諸国が条約改正の際、日本の法律を西洋流にすることを要求し、「屈辱の状態を脱する為、欧州各般のものを取入れた。これはよくないが止むを得なかった。今度君は帰ったら、条約改正をしたのだからかまうことはない、ドシドシ日本流に直してよい」、と。平沼は小村について「兎に角見識があった人」と高く評価する（『回顧録』）。

平沼は西洋法の導入は条約改正のためであり、その達成後は日本の固有法を模索してよいという小村の主張に共鳴していたのである。

このように、平沼は第一次桂内閣・第一次西園寺内閣時、法案作成などで手腕を発揮し、留学では大正期の刑事司法をリードする構想を得た。欧州の制度を日本に導入する役割を担ったと評価すべきである。

一方で、渡欧を経て平沼が司法制度の西洋化を必要と考えたのは、不平等条約改正の手段としてでもあった。また、無政府主義への脅威、日本的な家族制度の重視といった保守的な側面もうかがわれ、西洋への認識について二面性が存在していた。当時の日本の司法制度整備が不十分なものであったことから、平沼は帰国後も、しばらくは独英をモデルとした司法制度改革を推進するが、遅くとも一九一五年には日本の伝統的価値観への傾倒を深めることになる。

第4章　日糖事件・大逆事件の指揮——平沼閥の形成へ

なぜ検察が強くなったか

平沼は欧州から帰国し、指紋法を導入した翌一九〇九（明治四二）年、いよいよ司法省民刑局長兼大審院検事として政治勢力が関与する贈収賄事件の捜査に乗り出すことになる。その前に、検察の台頭を可能にした背景について述べておきたい。

前章で述べたように、一八八五年から起訴猶予処分が慣行として始まり、一九〇〇年前後になると、検事は任意捜査を一定程度行うようになった。だが、検事は依然として捜査で主導権を発揮できなかった。その一例が前章で触れた日比谷焼打事件の捜査である。

日比谷焼打事件で警視庁は一七〇〇名余りを検挙し、検事局に七〇〇名余りを送付して、検事局は三〇八名を起訴した。だが予審で有罪と決し、公判に付したのは一〇七名、公判で有罪判決を受けた者は八七名に過ぎなかった。被告人のうち、免訴・無罪となった者の割合は七割を超える。検事局は自ら十分に捜査することなく起訴し、相当数が予審で免訴となっていたのだ。

こうした多数の検挙者の不起訴、七割を超える免訴・無罪率のなか、世論の批判の中心は強引な捜査を主導した警視庁に集まった。新聞では民衆の反警察感情を背景に、警視庁廃止論が唱えられ、一一月には東京市会、東京府会が警視庁廃止を求める意見書を可決する事態となった。また、民衆の警察に対する信用も低下した。警察による捜査への批判が広がるなか、捜査の中心でなかった検察が優位に立つ土壌が作られていく。

他方で、刑の起訴猶予は法相や司法省刑事局長らによる訓令などにより奨励され、慣行として定着しつつあった。一九〇五年には刑の執行猶予制度も採用される。起訴猶予を適用するか否かは、検事が事前に任意で取調べなければならず、刑事手続での検事の重要性が増す。一九〇八年一〇月の新刑法施行はこの傾向をさらに強めた。先述のように、新刑法では個々の犯罪者の社会的危険性に応じて刑罰を決める原則と、法定刑の範囲を拡張する規定が盛り込まれ、起訴にあたって訴因を明確にし、裁判で求刑を行う検事の裁量権が拡大したからである。

これに対し、犯罪の構成要件を満たす以上必ず起訴すべきとする起訴法定主義を支持する学者は反発した。だが実際には起訴猶予の対象は放火、殺人など重大事件にまで拡大する。

では、なぜ刑の起訴猶予が拡大し、それが社会的に許容されていくのか。考えられる主な要因は次の四つである。

第一に、経費の節減である。有罪になる可能性の低い者、必ずしも刑罰を科す必要のない者までも起訴すれば、裁判や未決囚・既決囚の収容・管理などに膨大な費用が必要となる。

第二に、刑事政策の観点である。刑罰を受けることで社会復帰が困難となり、犯罪を繰り返す事例が多くみられ、起訴猶予の方が犯罪増加の抑制に有効だと考えられたからであろう。

第三に、検察の地位の向上である。後述するが検察は政治勢力による贈収賄事件や選挙違反事件、思想事件の捜査を通じて権威を増していく。また、検事総長の高等官の位階は当初勅任官だったが、一九一四年と二一年に一階級ずつ上がった結果、国務大臣・大審院長などと並ぶ最高位の親任官となる。この結果、検察の権威が裁判官と同一あるいはそれ以上と認識されるようになる。

第四に、被疑者の人権擁護である。後述するように、起訴猶予が増加すると、第一審の無罪率が激減し、結果として無罪となる人が起訴される可能性はかなり低くなる。

平沼が検察権を強化していく背景には、こうした検察の権限及び権威の増大があった。平沼の認識では当時、藩閥・財閥・政党は司法部の力をなるべく削ごうとしていた。そのため、司法部は衰え、司法部には対抗する者がなく、迎合する者ばかりだった。「悪事をしても警視庁の力が強くて検事局など対抗が出来なかった。司法警察官は検事の指揮など受けず、自分勝手にしていた」と回想する（『回顧録』）。平沼にとって検察権の強化は宿願だった。

日糖事件――検事局主導の初の捜査

検察が政治勢力による贈収賄事件の捜査に乗り出したのは、一九〇九年の日糖事件からだ。これは大日本製糖株式会社（以下、日糖）と政治家との間の贈収賄事件である。日糖は内地製糖業の保護政策である輸入原料砂糖戻税法の改正案を成立させ、砂糖消費税増税に対応して砂糖官営を実現するために、衆議院各党の議員に贈賄した。捜査の結果、贈賄した日糖幹部のみならず、衆議院議員及びその関係者二四名も収賄容疑で公判に付され、当時としては未曽有の贈収賄事件となった。

日糖事件は初めての検事局主導の捜査だった。松室致検事総長・平沼司法省民刑局長兼検事のもと、小林芳郎東京地裁検事正が指揮し、小原直（おはらなおし）・小山松吉（こやままつきち）ら東京地裁の検事が捜査に当たった。平沼も検事局の捜査のため、大蔵省から機密費を調達するなど支援した。

平沼は「司法省に機密費がなく、その為警察官が使えず、警察官も検事の言うことよりも富豪の命を聴く方がいいから聞かない。少なくとも機密費がなければ仕事が出来ぬ。そこで〔大蔵省から〕七万円貰った〔中略〕之を犯罪捜査に用いた」と振り返る（『回顧録』）。

捜査の過程では、内外石油株式会社も議員に贈賄した証拠が見つかったが、松室は桂太郎首相の要望を容れ、捜査を中止する意向を示した。しかし、小林は辞職をほのめかすなど強硬な態度を見せた。そこで、平沼は桂首相と交渉し日糖事件での検挙を認めさせる代わりに、内外石油株式会社の疑惑は不問にすることで妥協し、小林を説得、辞職を思いとどまらせた。

日糖事件では衆議院議員及びその関係者二四名が公判に付され、第一審で二三名が有罪。控訴審、上告審で二名が無罪となったが、それ以外は第一審と同様であった。また、贈賄した日糖の幹部八名も第一審で七名が有罪。控訴審もほぼ同様であり、その後被告らによる上告は棄却され刑が確定した。

『日本弁護士協会録事』は新聞九紙の日糖事件に関する論調を紹介しているが、いずれも検事の活動を支持し、この事件を機に検事の存在が世に知られるようになっていく。

平沼は日糖事件の捜査で小林を最も頼りとした。小林は第2章で述べた司法官増俸要求事件で運動に批判的な立場を取り、事件後に横浜地裁検事正に抜擢された。一九〇六年からは東京地裁検事正に転じ、七年二ヵ月在任する。この間、部下に小原直ら優秀な検事を集めて、検事主体の捜査体制の構築をめざしていた。

東京地裁検事局で小林の指導を受けた塩野季彦（のちに平沼内閣法相）は、「当時予審には潮〔恒太郎〕、河島〔台蔵〕などという敏腕な判事が揃っていたので、事件毎に検事は予審に圧倒された。小林検事正の時代になって、これが逆になった」と述べている（『塩野季彦回顧録』）。日糖事件で活躍した検事正の小林、検事の小山、小原は平沼に登用され、のちの平沼閥の中核となる。

大逆事件――平沼による指揮

一九一〇年五月には大逆事件が発覚する。事件は長野県の警察が宮下太吉を爆発物取締罰則違反容疑で検挙したことに始まる。宮下は幸徳秋水らと交流があり、早くから警察にマークされていた。宮下に続いて、同じく幸徳と交流のある新村忠雄ほか三名が検挙された。

検察は当初、事件を爆発物取締罰則違反事件として捜査したが、事態を重く見た松室検事総長は小原東京地裁検事らを長野に派遣して取調べさせた。

五月三一日、長野地裁検事正は宮下、新村、管野スガ、幸徳ら七名が刑法第七三条に該当すると報告。刑法第七三条は「大逆罪」とされ、天皇や皇太后、皇后、皇太子などに危害を加えるか、加えようとした者は死刑にすると定めていた。

六月四日、小林東京地裁検事正は新聞への談話で、事件の関係者は七名で他に連累者はいないと述べた。しかしその翌日、大審院検事局はこれを機に、全国の無政府主義者も撲滅する拡大方針を打ち出し、捜査は全国に及んだ。

元老山県有朋は社会主義・無政府主義思想の根絶を主張し、山県の影響が強い第二次桂太郎内閣も取締りを強化していた。これを踏まえると、検察の捜査方針の転換は山県や桂内閣の意向が影響した可能性がある。政友会最高幹部の原敬は日記に、大逆事件は山県を中心とする「官僚派」が「演出」したものではないかと記している。

ただし、無政府主義者の撲滅方針に司法部が不満を持った形跡はない。司法部でもまた一九〇〇年代から社会主義、無政府主義運動を厳格に取締っており、山県らと同様に運動を脅威と認識していたからであろう。

大逆事件の捜査では松室検事総長が病気になったため、代理として民刑局長兼大審院検事の平沼が指揮をする。平沼は小林東京地裁検事正、小山松吉神戸地裁検事正らを各地に派遣し、事件の連累者の取調べを行った。小林らは周到な捜査を行い、予審判事の活動の余地がなかったという。また、大逆事件は検事総長の主管となり、警察を管轄する内務省からも各府県知事は検事総長の指揮によるよう訓示が出されたため、検察主導で捜査が行われた。

この拡大方針は宮下太吉を中心に事案を構成するのではなく、幸徳秋水を中心として、長野、大阪など離れた土地にいる幾多の同志を結びつけ、一つの陰謀事件とするかなり強引なものだった（『増補改訂　大逆事件』一四六〜一四八、一五二頁）。その結果、二六名が大逆罪で起訴される。平沼は大審院での予審にあたって、親しい関係にあった鈴木喜三郎東京地方裁判所長を通じて、先に触れたように敏腕で知られた潮恒太郎を予審判事とした。

判　決

一九一〇年一二月一〇日、大審院で公判が開始されたが、開始直後に非公開となった。裁判の審理は異例の速さで進められた。裁判で被告に弁護人が付けられたが、大審院は被告側の証人を一人も採用しなかった。弁護人を務めた今村力三郎（いまむらりきさぶろう）は公判ノートに、裁判長は予審調書のうち被告に不利益な部分を摘読したと記す（『増補改訂 大逆事件』一五五〜一五七頁）。

一二月二五日、検察側は二六名全員に死刑を求刑した。翌一九一一年一月一八日の判決では刑法第七三条で規定する大逆罪の解釈を示さず、二四名に死刑、他の二名に懲役刑を言い渡した。裁判所構成法で大逆罪は大審院の第一審を終審とすると定められていたため、刑が確定する。判決翌日、死刑判決を受けた二四名のうち一二名は明治天皇の特赦により無期懲役に減刑された。

厳しい判決の背景には、ドイツの刑法理論に由来する危険犯の概念を取り入れて刑法第七三条を拡大解釈し、予備・陰謀・勧誘をも「危害を加えんとしたる行為」に含めたことがあった。大審院判決の解釈はその後も引き継がれ、大逆罪は予備、陰謀、教唆（きょうさ）、勧誘、幇助（ほうじょ）を問わず、大逆罪に該当するという法解釈がとられていく（「近代日本の大逆罪」）。

平沼は事件の推移を非常に心配する桂首相に毎朝呼ばれて、前日までの状況をすべて報告した。平沼は間違っていたら腹を切ると言い、桂も平沼が腹を切るならば自分も腹を切ると言ったと回想する。その一方で、「被告は死刑にしたが、中に三人陰謀に参与したかどうか判らぬのがいる。死刑を言渡さねばならぬが、ひどいと云う感じを有っていた」とも述べている（『回顧録』）。無責任であるが、予備、陰謀、勧誘を問わず、第七三条を適用とすべきと通説的解釈をしていたともとれる。

特赦はすでに判決前に、元老山県を中心に準備されていた。平沼は特赦について、陰謀に

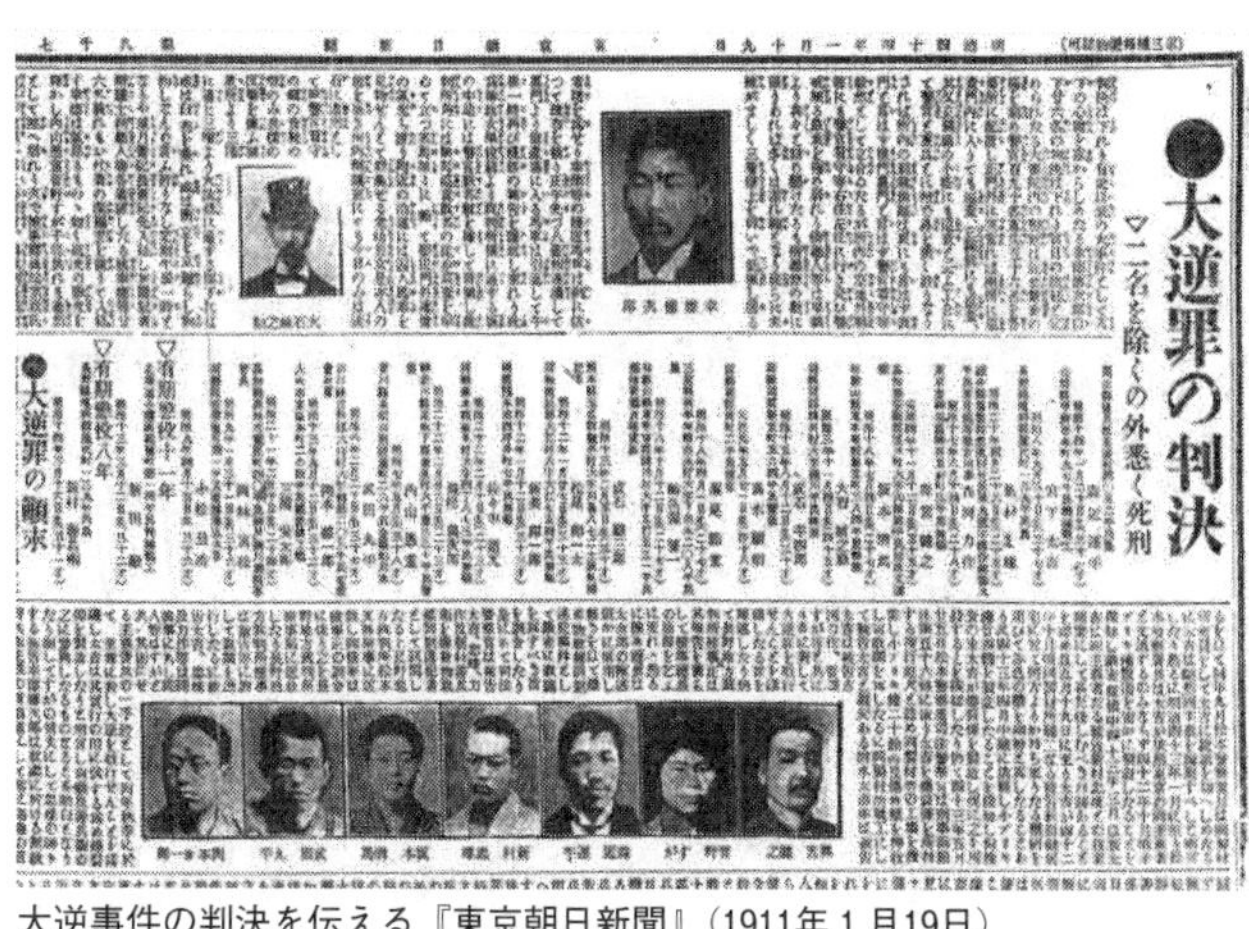

●大逆罪の判決

▽二名を除くの外悉く死刑

●大逆罪の顛末

大逆事件の判決を伝える『東京朝日新聞』（1911年１月19日）

参与したかわからない者が三人おり、桂首相から明治天皇に減刑の意向はないかと奏上し、特赦することになったという。「陛下からこの三人は特赦してよかろうが、他にはもうないかと仰せられた。他にはないと申上げた。それならよかろうと仰せられ、三人特赦と定った」と回想する（『回顧録』）。

しかし、政友会最高幹部の原敬が裁判所側から聞いた話によると、最初三名の特赦を上奏したが、明治天皇はなお事情を異にする者はないかと下問し、さらに九名を上奏した。天皇はさらに下問したが、これ以上はいないと上奏し、一二名の特赦を裁可したという。平沼の回想には後の九名についての記述はない。

事件後、弁護人の今村は幸徳、宮下、新村、管野について、事実上の争いはないが、他は大逆罪の犯意があるのか疑問であり、大多数は不敬罪程度との感想を記している。言うまでもなく、現在の価値観では大逆事件の捜査や審理があまりにも拙速であり、陰謀に加担したかどうかわからない者まで死刑にしたことは著しい人権侵害である。

いずれにせよ、大逆事件でも検察は警察・予審判事を抑えて捜査の主導権を握り、権威をさらに高めた。

平沼は小林東京地裁検事正ら自ら信頼する検事を捜査に当たらせ、また、鈴木喜三郎東京地方裁判所長を通じて大審院とも連携した。小林の部下だった塩野検事は小林と鈴木裁判所長について、「二人は日常、常に実によく協調一致」し、「鈴木所長ほどまた部下判事の信望をあつめて完全に押えた人はない」と回想する(『塩野季彦回顧録』)。

他方で、平沼は回想で幸徳がフランス語、英語を習得していたことによって無政府主義に触れたのであり、漢学のみであれば事件は起こらなかったと述べている。平沼が大逆事件により西洋化への不信感を強めたことは間違いない。

もっとも、この時点までの社会主義運動はごく少数の同志的結合によるものに過ぎず、大きな社会的影響力を持っていたわけではない。後述するが、平沼が漢学など伝統的価値観の振興及び教育・教化を図る決定的な契機となったのは、第一次世界大戦後の外来思想の流入を契機とした思想問題の深刻化である。

司法次官昇格と人権問題への批判

一九一一年八月、政友会内閣の第二次西園寺公望内閣が成立し、翌月に平沼は四四歳で司法次官に昇格した。司法省官僚のトップである。

この頃から刑事事件の捜査を主導するようになった検察は、人権問題に対する批判の矢面に立つことになる。それは一九〇八年一〇月から施行された新刑法の運用開始当初、最も犯罪の多い詐欺・窃盗などを厳罰化し、収監者が大幅に増えたことによる。

衆議院でも検察・裁判所による「人権蹂躙」が問題となった。衆議院では、微罪については警察官が裁判を経ずに即決で違犯者を処分することを定めた違警罪即決例の廃止が提議された。これに対し、平沼は年間四〇万から五〇万件もの違警罪を三一一ヵ所の区裁判所で処理することは不可能であるという理由で応じなかった。

ただし、一九〇九年四月、平沼は司法官への演説で、問題視されていた違警罪即決処分の犯罪捜査への利用をやめることは、いま最も必要だと述べている。また、同じ演説のなかで、刑の厳罰化に対する批判についても、「刑法の運用が余りに一般社会に於ける民衆の観念と背馳しないように」する必要があり、「処分が世態人情と離隔」すると、「却って、其目的を達することができない結果」となると注意を促した（「明治四二年四月二〇日司法官会同席上に於ける平沼民刑局長演説」「山岡萬之助文書」）。

その後、第二八議会（一九一一年一二月～一二年三月）で、平沼は司法省の方針として次の四点を表明する。

①仮出獄は今後もできる限り許すこと、②免囚保護事業を進めること、③未決勾留日数の減少についても民間の希望を容れ、検事総長よりなるべく勾留せず、拘禁した後でも保釈、責付（裁判所が被告を親族に預け、勾留を停止する）を許すよう訓令を出したこと、④在監人を減少させる点は非常に苦心しているが、急激なる減少は害をもたらすので緩和していくことである。他方、新聞への談話で執行猶予についても成果をあげていることから拡張する方針だと述べた。

このように、新刑法の施行に伴う厳罰化により混乱が起きたが、平沼は運用の改善により対処しようとした。

検察主導による犯罪捜査の定着と影響

では、検察が犯罪の捜査、取調べを主導するようになると、不起訴率、予審免訴率（検事による起訴後行われる予審の結果、裁判にかけることなく刑事手続を終了する割合）、第一審の無罪率にどのような変化が起きたのか。

まず、検事局の事件受理件数のうち不起訴件数の割合は、一八九一年には一六％に過ぎなかったが、その後増加を続け、一九二一年には六二％にまで達する。

一方で、予審免訴率は激減する。予審免訴人数の割合は一八九一年には三九％だったが、その後減少し続け一九一一年には一〇%、この傾向は続き三一年には二%となる。

それに伴い第一審の無罪率も、一九一〇年代に入ると激減する。一八九一年は無罪率が八%、一九〇一年は一〇%だったが、一一年には二%、二一年には〇・八%となる。

検事が起訴前の任意捜査を周到に行い、不起訴処分を積極的に活用するようになった結果、検事が事実上刑事手続の主宰者となり、予審及び公判の重要性は低下したのだ。

4−1　検事局終局事件数と不起訴件数

年度	終局件数	不起訴件数	比率(%)
1891	226,028	36,888	16
1901	232,327	60,522	26
1911	246,213	103,811	42
1921	290,057	180,447	62
1931	433,305	261,245	60

4−2　予審終結人数と免訴人数

年度	予審終結人数	免訴人数	比率(%)
1891	47,181	18,685	39
1901	26,051	7,739	29
1911	19,210	2,018	10
1921	5,773	287	4
1931	8,070	214	2

4−3　第一審言渡人数と無罪人数

年度	言渡人数	無罪人数	比率(%)
1891	142,909	12,039	8
1901	111,379	11,978	10
1911	120,844	3,440	2
1921	81,217	677	0.8
1931	100,812	2,381	2.3

註記：人数はすべて刑法犯
出典：出射義夫『検察・裁判・弁護』(有斐閣，1973年）の表を基に筆者作成

一九二〇年頃には第一審の有罪率が九九%を超える。起訴にあたって広範な裁量権を持つ検察が、起訴前に周到に捜査を行う結果、刑事事件の有罪率がきわめて高くなる点で、戦後の

「精密司法」の源流がすでに表れている。

無罪となる人を起訴することがかなり少なくなったことも明らかである。一九三一（昭和六）年の刑事補償法制定以前、国民は刑事事件で無罪判決を受けたとき、国へ補償を請求する権利がなく、国民が司法権力による被害者となることを減らした点で大きな効果があった。もっとも、欧米では、英米法でも大陸法でも法廷の場で弁論や証拠調べを口頭で行い、裁判所がこれに基づいて審理することが原則となっている。日本のように、検事が起訴前の密室での取調べを行い、自白を引き出そうとすると苛酷な捜査となり、人権侵害をもたらす要因ともなる。なお、平沼は検察による起訴猶予裁量の拡大を一貫して推進したようにみえるが、必ずしもそうではない。

一九〇九年四月、平沼は司法官会議で、起訴猶予と執行猶予はその性質を異にするが、いずれも刑を加えない方が刑事政策上望ましい場合に採られる。しかし、その措置は極力慎重にしないと法の威信を傷つけ、刑罰の威力を損なう。統計では起訴猶予を受けた者の行方不明がかなり多いと述べ、新刑法施行当初は慎重な態度を見せた（「検察官の起訴猶予裁量（一）」一九三三頁）。また、同年六月には刑事訴訟法改正主査委員会で、起訴便宜主義は必ずしも明文化する必要がないと述べている。

その後、一九一四（大正三）年五月の警察部長会議で、平沼は囚人を減らし、経費を節減することは副次的理由に過ぎず、刑を受け、自暴自棄になって社会復帰が困難になるのが常である。それは社会全体からみても、一人の良民を失うのであり、そのために起訴猶予がある と述べ（「検察官の起訴猶予裁量（二）」一〇四九、一〇六二〜六四頁）、刑事政策の観点から意義を説明するようになった。

平沼は基本的に検察権の拡大を意図していたが、制度の運用はあくまでも実態に即した形で行おうとしていた。

一九一二三年の司法部改革――退職する判検事への説得

話を戻すが、第二次西園寺公望内閣期（一九一一年八月〜一二年一二月）、司法省の最大の課題となったのは、内閣が打ち出した行財政整理方針への対応である。

日露戦争で膨大な戦費を費やした日本の財政は、日露戦後も厳しい状況が続いていた。第二次西園寺内閣は財政整理により財源を生み出し、国民負担を軽減して生産事業の振興により対外収支均衡を回復させ、それと同時に国防充実問題を解決しようとした。

時期はさかのぼるが、ここで、第二次山県有朋内閣以後の司法部改革の沿革を簡潔に述べておくと、第2章で述べた一八九八年の人事改革後も、第二次山県内閣の清浦奎吾法相は一五名の判事を名誉進級させた後、退職させるなどの人事改革を進めた。弁護士会も一八九七年頃から、老年で能力の劣る不適格な裁判官を退職させる必要があると主張していた。しかし、その後、第二次西園寺内閣までの間、大規模な司法部改革の試みはことごとく失敗に終わっていた。改革を阻んだ主な要因は司法官の反対や裁判所の統廃合をめぐる地方住民及び弁護士の反対運動だった。

第二次西園寺内閣の行財政整理方針に対して、司法省は積極的に対応し、平沼次官を中心に整理案の作成に着手した。だが、一九一二年一二月に内閣総辞職となりいったん頓挫する。その後一九一三年二月に、再び政友会を与党とした山本権兵衛内閣が成立し、同内閣も行財政整理実施の方針を定めた。このとき平沼は検事総長になっていたが、引き続き整理案の作成を担当する。

一九一三年三月七日、司法省の整理案が衆議院に提出された。その内容は大きく分けて次の二点である。

第一に、裁判所構成法の改正である。区裁判所の権限を強化するとともに裁判所の合議人員を五人から三人に削減し、裁判事務を簡捷化した。また、法相は判事の意向にかかわらず、控訴院または大審院の決議によって判事に転所を命じることが可能となり、判事への統制が強化された。

第二に、関連四法案により、判検事二二九人の休職と全体の四〇％にあたる一二八ヵ所の区裁判所の廃止を実施しようとした。ただし、廃止される区裁判所のうち、三三ヵ所はすでに裁判事務を停止し、登記事務のみを扱っていた。廃止する裁判所には登記事務の機能を残し、遠隔地には定期的に巡回裁判を行う方針であった。

司法省は区裁判所・地裁支部を整理し、それらの裁判所に所属する老年で不適格な司法官を退職させ、若く学識ある司法官を採用することで人事の刷新を実現しようとした。これは政府の求める経費節減、及び裁判事務と人事の刷新を同時に達成しようとする意図に基づく。『法律新聞』（一九一三年三月一五日）は司法省の整理案について、「兎に角に世人をして意外に驚かしめたる」と報じた。また、三月三〇日の記事でも「地方裁判所判事の平均四十歳なるに比して区判事の平均四十四歳なるが如き、如何に区裁判所判事に老朽者多」いか「想像に絶する」状態となっていると指摘し、「当局者の果断」と「其精神」を評価した。

三月二四日、司法省の整理案が議会を通過すると、司法省は翌月から人事異動を開始し、同年六月までに完了させた。退職する判検事への説得は、検事については平沼、判事については松田正久法相が担当したようである。

では、具体的にどのような判検事が休職・退職の対象となったのか。司法省は改革前（四月四日）と改革後（六月一五日）を調査している（『法律新聞』一九一三年七月一五日）。年齢別休職・退職者数の割合は二九歳以下五・八％、三〇歳代二％、四〇歳代一二・八％、五〇歳代五三・四％、六〇歳代九五・三％、七〇歳代一〇〇％となっている。主に五〇歳代以上の判検事を休職・退職させたことがわかる。出身別の休職・退職者の割合では、法学博士〇％、法学士八・二％、判事検事登用試験及第者（一八九一年以降実施）一三・七％、その他（自由任用）九一・三％の判検事が休職・退職している。

平沼閥の誕生

司法部改革は、平沼及び司法部に主に二つの影響をもたらした。第一に、改革を通じて、司法省と政友会の距離がある程度接近したことである。第二に、司法部内の平沼閥の存在が指摘されるようになったことである。

まず、第一の司法省と政友会の接近について、改革後の一九一三年一〇月、小山温司法次官が在任のまま松田正久法相と原敬内相の紹介により政友会に入党した。一一月には松田は病気により辞意を表明した際、後任法相候補として政友会員を差し置いて平沼の名を挙げている。山本首相と原内相はこの段階での平沼起用に消極的だったが、いずれ平沼を法相にする方針だった。山本と原は後任に政友会総務の大岡育造を就けようとしたが、平沼と小山次官は大岡が日糖事件で収賄しており、検事の統制が困難なことなどを理由に強く反対。結局、後任の法相には奥田義人文相が就いた。

松田は平沼を全面的に信頼し、後任法相に推していたが、原内相はこの時点では、平沼をそれほど信用していない。それは桂内閣下での日糖事件での行動に疑問を持っていたからだ。原は平沼が大岡らの弱点を握っていると聞かされ、「官僚等は色々の計画を以て政党を破壊せんと計り居たるものなり、故に大岡等に関する事も或は夫等の手段に出たるものならんも知れず」と山本に語り（『原敬日記』一九一三年一一月二一日）、山県系官僚閥と司法省との結

4−4　司法省・検事局主要ポストの序列

司法大臣
↑
司法次官
↑
司法省局長
↑
司法省課長
↑
司法省参事官

検事総長
↑
東京・大阪控訴院検事長
↑
東京・大阪以外の控訴院検事長
↑
地裁検事正

4−5　裁判所主要ポストの序列

大審院長
↑
控訴院長，大審院部長
↑
地方裁判所長，大審院判事

註記：次官に次ぐ位置づけであった民刑局長の歴代就任者（1892〜1911）6名のうち，横田国臣，石渡敏一，倉富勇三郎，平沼騏一郎は司法省参事官から民刑局長，河村譲三郎は司法省参事官から大審院検事を経て民刑局長となっている．また，6名中5名が民刑局長から次官に昇進する．このことから少なくとも1890年代初頭から1910年代初頭にかけて，司法省参事官が事実上，次官，民刑局長に次ぐ位置であったと考えられる．もっとも，司法省参事官は複数名おり，民刑局長への道が固定化されていたわけではない．のちの時代になると，司法省参事官は勅任としてではなく課長に就任する前の，キャリアの比較的早い時期に就任するポストとなる
出典：西川伸一「大正・昭和戦前期における幹部裁判官のキャリアパス分析」（『明治大学社会科学研究所紀要』50巻2号，2012年3月）を参考に筆者作成

託による陰謀を警戒していた。

第二の平沼閥の存在について、先述のように、『法律新聞』は当初、司法部改革の意図を高く評価していた。しかし、実際に人事異動が始まると、判事が「検事の鼻息に左右せらるるの噂ある〔中略〕今や平沼検事総長、小林〔芳郎東京地裁〕検事正を中心とし〔中略〕所謂平沼派全盛の時代なりと称せらる」（一九一三年四月二〇日）と懸念を示していた。

平沼閥について最も詳しく言及したのは、『東京日日新聞』（一九一三年五月二三日、二四日）である。記事では司法省内の「参事官連中又其大部分は彼〔平沼〕の幕下たらざる」はなく、小山次官・鈴木喜三郎刑事局長は平沼の「両翼」であり、大阪控訴院長に転任した斎藤十一郎は「腹心の尤も

たるもの」であるとした。また、東京控訴院検事から名古屋控訴院検事長に昇進した高橋文之助、東京控訴院検事から宮城控訴院検事長に昇進した三木猪太郎も平沼による抜擢と指摘した。

小山 温（1865～1944）

さらに、大阪控訴院検事長に昇進した小林芳郎東京地裁検事正の部下の多くが栄転していることも指摘している。具体的には、小林の「腹心」のなかで、新たに検事正に栄転した者として、古賀行倫横浜地裁検事正ら四名を挙げた。また、小林のかつての部下で検事正に栄転した者として末永晃庫神戸地裁検事正ら四名を挙げている。

ここでは小林の部下も平沼閥に連なる検事とみなされており、人事異動を通じ、平沼・小山・鈴木が司法省・検察のトップを占め、控訴院長・控訴院検事長・検事正にもその勢力が及んでいることを指摘している。なお、平沼閥はあくまでもメディアなどからの評価であり、当然ながらその範囲は一定ではない。本書では以後、メディアなどから指摘され、平沼の知遇を得て登用されたことが確認できる司法官を平沼閥と呼ぶ。

その後、一九一四年四月に鈴木喜三郎刑事局長が小山温の後任として司法次官に昇格すると、二一年一〇月まで平沼と鈴木が司法省と検察の実権を掌握する。以後、一九二〇年代後半に至るまで平沼・鈴木閥とも称されるようになる。

第5章　検事総長時代――シーメンス事件と「中立」イメージ

検事総長へ

第三次桂太郎内閣成立当日の一九一二（大正元）年一二月二一日、平沼は司法次官から検事総長に昇格した。

検事総長は平沼が自ら運動してまで就きたいポストであった。回想では「進退に就いてただ一度自分で運動をしたことがある。それは第三次桂内閣が倒れ、司法次官を辞めた時検事総長をやりたいと希望を述べたことがある。本当に司法権を活用するには、自分がやった方が一番よいと思ったから」だと述べている（『回顧録』）。ただし、第三次桂内閣崩壊時（一九一三年二月）に運動したと述べているが、これは時期を誤っている。

平沼が検事総長に就任した経緯は、史料では明らかではない。もっとも、これまで述べてきたように、平沼は主に政友会により登用されたが、山県系の桂内閣とも協調して司法行政・検察の運用を担ってきた。平沼が台頭できたのは、政治勢力から一定の距離を取り、司法省官僚・検事として高い実務能力を示し続けたからであろう。平沼がすでに司法次官となっていたことを踏まえると、平沼の運動の結果というより順当な人事といえる。
平沼は検事総長の職が、政治勢力から相対的自立を維持できる立場であることも自覚していた。回想では「私がでしゃばると困ると見えるが、さりとて私が裁判関係におるので出すことが出来ぬ。検事総長は免職することが出来ぬから安泰である。他なら出されたであろう」と述べている（『回顧録』）。

当時、官僚の党派化が進んでいた。とりわけ一九一三年八月に次官を自由任用とする改正文官任用令が公布されたことに伴い、床次竹二郎（とこなみたけじろう）鉄道院総裁らが政友会に入党する。また、司法省からも先述したように、小山温次官が政友会に入党していた。平沼は検事総長に就任したことで、党派から一定の距離を置き、検察権の運用を行うことができたのである。

以後、一九二一年一〇月に大審院長に就任するまでの約九年間、平沼は検事総長として辣（らつ）腕（わん）を振るう。

平沼の検察権行使の特徴

では、平沼の検察権行使の特徴はどのようなものであったか。先に二点を挙げておこう。
第一に、政治勢力による贈収賄事件や選挙違反事件について、国家や社会に重大な影響を及ぼす場合は内閣とも協議し、捜査や起訴の範囲について妥協を模索して起訴猶予を柔軟に適用したことである。

第二に、検察内に強固な基盤を築き、検事総長の権限を最大限活用したことである。第一の点は、すでに前章で述べた日糖事件にみられる。また、その後第二次西園寺公望内閣時に露見した東京市会汚職疑惑でも、平沼は松田正久法相に対し、刑事責任を問う司法処分にすると内閣の存続に影響するので、松田から議員らに警告を出すよう依頼し、松田はそれを実行した。

検事総長就任後もこうした対応は変わらない。たとえば、第一次山本権兵衛内閣では一九一三年七月、周布公平（すふこうへい）枢密顧問官が神奈川県知事時代に官有の屛風（びょうぶ）などを自ら払い下げたことが問題となった。山本首相は松田法相と対応を協議し、松田は周布が爵位などを返上しなくても、隠居すれば検事は起訴しないとの見方を示した。その後、周布は枢密顧問官を辞職して隠居し、起訴を免れている。一九一四年には、渡辺千秋宮相、田中光顕元宮相らの収賄疑惑が発覚したが、渡辺は辞職、田中は前官礼遇の辞退で起訴を免れた。

もっとも、当然ながら検察がすべての贈収賄事件を起訴猶予としたわけではない。たとえば、広東（カントン）紙幣偽造問題では古賀廉造（こがれんぞう）（第二次西園寺内閣内務省警保局長）を起訴した。これは一九一二年六月から七月にかけて、古賀の兄弟分の古川武一が知人から広東総督発行の偽造紙幣印刷を引き受け、報酬を得ようとした事件で、古賀の関与も疑われた。第一審判決で古賀は懲役三年を言い渡されたが、翌年四月の控訴審判決で無罪となった。古川は香港英国領事の裁判により懲役三年を言い渡された（『私の祖父古賀廉造の生涯』六一～六四頁）。

この事件は第一審で有罪となっており、検察・裁判所にとって判断の難しい事案であった。控訴審で無罪となったことで、政党など政治勢力が検察への不信を募らせたことは間違いない。古賀の弁護人を務めた高木益太郎は第一審法廷で、第三次桂内閣が政友会を陥れるために、政略の道具にしたと指摘している。

しかし川上親晴（かわかみちかはる）（第三次桂内閣時の警視総監）は新聞への談話で、事件は一九一二年一一月、香港政庁が日本の司法省に照会したことから始まる。そのときは第二次西園寺内閣であり、桂は死ぬまで古賀の起訴すら知らなかったであろうと述べている（『読売新聞』一九一三年一〇月一六日）。

検察が護憲運動の影響によりごく短命に終わった第三次桂内閣の意を汲（く）み、政友会攻撃に動くとは考えられない。事件発覚の経緯を踏まえても、高木の見解は間違っているだろう。だが、政治勢力に関わる事件で起訴に踏み切り、ひとたび無罪となれば検察は政治勢力から批判を受ける立場にあった。

平沼が回想で述べるように、政治勢力による贈収賄事件の取締りにより、社会をよくしたいという思いがあったのは確かだろう。

ただし、贈収賄事件を利用して政治勢力を攻撃しようとしたわけではない。犯罪の事実があると判断し、そのうえで、国家や社会に重大な影響を及ぼす事件については内閣と司法処分の範囲などを交渉し、起訴猶予処分を柔軟に活用したとみるべきである。

他方で、検察による苛酷な捜査も政治勢力による検察批判を高めた大きな要因であった。贈収賄事件は一般の刑事事件と異なり、捜査が難しい。社会的地位の高い人物が周到に計画を立てたうえで罪を犯すので、物的証拠はなかなか残らないからだ。そのため、捜査は自白に頼る部分が大きくなる。しかし、それは強迫や甘言による自白に結びつくことが多くなり、人権問題が起こる。現代の検察にも通じる問題がすでにここに表れているといえる。

第二の、検察内に強固な基盤を築き、検事総長の権限を最大限活用したことについてである。平沼はとりわけ日糖事件以後、自らの信頼する司法官を重要な事件の捜査に当たらせ、彼らを登用していく。一九一三年の司法部改革後には、司法省・検察に平沼閥（あるいは平沼・鈴木閥）と呼ばれる勢力を築く。

平沼は平沼閥を基盤に、重要事件の捜査では検事総長の全国の検事に対する命令権を積極的に活用し、部下の検事を現場に直接派遣して自ら陣頭指揮に当たった。このことにより部下を統制し、中央の統一された方針のもとで捜査を行う。

時期は後になるが、一九二一年、大逆事件の弁護人も務めた著名な弁護士今村力三郎は平沼検事総長について次のように指摘する。

検事総長は全国の検事に命令権を持って居る。然（しか）し、此（こ）の命令権を実際に活用した人は多くあるまい。夫（そ）れが平沼君時代になって〔裁判所〕構成法の文面通りに、全国の検事を指揮命令した。何か注目すべき事件があると、大審院の検事局から平沼君の股肱が出張する。判事は独立と称して、誰も命令するものは無いが、其実は孤立だ。検事は、上官の命令に従うので、非独立であるが、其実は有力なる上官の背景を持つ。平沼君時代に著しく検事の勢力が強くなって、判事を圧したのは、平沼君が法文通りの指揮命令を実行したことに原因する。（「平沼君と鈴木君」）

シーメンス事件――強大な政治権力を持つ海軍の捜査

さて、平沼が検事総長として直面した最大の事件はシーメンス事件と大浦事件である。この二つは内閣総辞職にまで発展する重大事件であり、対応によっては検察が政争に巻き込まれるおそれがあった。

シーメンス事件とは日本の海軍高官がドイツのシーメンス社などから軍艦などの購入に際し、賄賂を受け取った疑惑を指す。事件は一九一四年一月二三日、シーメンス社の社員がドイツの裁判所で日本の海軍高官への贈賄を証言したことが報じられたことから露見した。同日、島田三郎（立憲同志会）はこの疑惑を衆議院で大々的に取り上げ政府を追及している。なお、当時の首相山本権兵衛は薩摩出身で、海軍の大御所であり、先述したように山本内閣は政友会を与党としていた。

平沼は慎重に捜査を進めた。平沼は回想で、山本内閣の有力な反対者は元老山県有朋であり、山県が山本首相の失脚を狙っていると考えた。秘密裏に捜査した結果、海軍はたしかに手数料を受け取っていたが、シーメンス社よりもイギリスのヴィッカース社からの方が多額であり、山本首相失脚を狙った告発だとわかってきた。捜査は強大な政治権力を持つ海軍が対象であり、「司法部が海軍に倒される」ことがないかという点についても調べたと述べている（『回顧録』）。

一月二九日、検察はイギリス人のアンドルー・プーレー（ロイター通信社通信員）とドイツ人のヴィクトル・ヘルマン（シーメンス社東京支店の責任者）を裁判所に召喚し、両者を収監した。検察による二人の取調べは長引き、検察は両者の再三の保釈要求を拒否して、二月二八日にヘルマンが保釈されるまで勾留を続けた。

この間の二月八日、政友会員で薩摩出身の床次竹二郎鉄道院総裁は、原内相との会話で平沼と話し合った結果について次のように伝えている。もし山本首相が巨万の富を持っているならば疑惑を解くことは困難なので、覚悟を決めた方がよいと考えたが、山本に面会した折に尋ねると、心配するような財産はないと否定した、と。

二月一八日、検察は収賄の容疑で松本和(かず)中将（呉鎮守府司令長官）の家宅捜索を行うなど、海軍関係者への直接捜査を決行した。その後海軍とシーメンス社を仲介した三井物産の重役らを次々と検挙する。平沼の回想によると、この捜査には検察が海軍の政治的圧力に屈せず、公平な捜査を行っていることを世上に知らしめるという意図があった。

シーメンス事件の風刺画,『東京パック』(1914年2月号)
内閣丸は座礁し「議海」の荒波を受ける．左は山本権兵衛首相，その右に斎藤実海相

他方、海軍も取調べを行う査問委員会を設け、二月一六日には藤井光五郎少将と沢崎寛猛大佐を軍法会議にかけることを決める。『東京朝日新聞』はこの決定にあたっての証拠の多くは検察からもたらされたと報じた。この間の事情について平沼は、検事局で捜査したが犯人は軍人が多く、軍法会議にかける必要があったので「成る丈け小範囲に止め、不必要に拡大せぬようにした。下調べは此方でやり、向うは形式的にした」と振り返る（『回顧録』）。

検察の活動について、『法律新聞』（一九一四年二月二五日）は「司法権の活動は、聊か吾人の意を得たり〔中略〕遂に一少将一大佐を軍法会議に附するの止むなきに至らしめたる」と評価した。

山県系が強い勢力を持つ貴族院は山本内閣に反感を持っており、海軍予算を大幅に削った。また、両院協議会での成案も否決したことで、内閣は四月一六日に総辞職した。

なお、平沼は山本首相について潔白だとみており、内閣崩壊に至ったことを気の毒に思っていた。また、後年になるが一九二六年八月九日、平沼は松本剛吉（元老西園寺公望の私設秘書役）に、斎藤実海相が松本和から一〇万円を借り受け、邸宅を買い取ったことは当時の裁判所の記録のなかにあるが、平沼自身が書類を密封させたと述べている（『松本剛吉政治日誌』。以下『松本日誌』）。しかしその一方で、一九二七（昭和二）年一二月一日に平沼は、二上兵治枢密院書記官長に「其事は検事正までに話し、調書にも記載せしめざる様にしたる事も事実なるが、自分（平沼）は伊東（巳代治）の云う如く犯罪事件と認めたる訳には非ず」と話している（「倉富日記」）。

おそらく平沼は、斎藤海相の疑惑をつかんでいたが収賄にあたるかどうか確実な判断がつかず、斎藤への捜査に踏み切らなかったのであろう。これらの点からも、平沼は検察権を利用して内閣や海軍を攻撃する意図はなく、慎重に捜査を進めたとみるべきだろう。

なお、海軍高等軍法会議で松本中将と沢崎大佐は、収賄の罪でそれぞれ懲役三年・追徴金四〇万九八〇〇円、懲役一年・追徴金一万一五〇〇円、藤井少将は本件以外にも多数の収賄が露見し、懲役四年六ヵ月・追徴金三六万八三〇五円を科された。また、プーレーは恐喝で懲役二年・罰金二〇〇円、ヘルマンは贈賄などで懲役一年・執行猶予三年の判決を受けた。その他、ヴィッカース社の贈賄に関わった三井物産の関係者など九名が有罪判決を受けている。

大浦事件――政界引退による幕引き

一九一五年には、立憲同志会を与党とする第二次大隈重信内閣下で大浦事件が起こる。大浦兼武農商相が法案通過のために政友会議員を買収した事件である。大浦は元老山県の子分で、山県の意向で目付け役として大隈内閣に入閣していた。事件は一九一五年五月、村野常右衛門（政友会所属衆議院議員）が大浦を、三月の衆議院議員総選挙の立候補者選定をめぐる収賄と総選挙の際各地で起こった選挙法違反について検事局に告発したことから始まる。

検事局は告発を受けて捜査を行い、次のような事実が明らかとなった。大隈内閣は一九一四年一二月の議会で陸軍二個師団増師案を提出しようとしたが、衆議院第一党の政友会は一年延期説を主張し、反対した。しかし、政友会内にも増師賛成論者がおり、大浦は林田亀太郎衆議院書記官長を介して板倉中衆議院議員らに対し、買収工作を行っていた。しかし、結局増師案は否決され、大隈内閣は議会を一二月二五日に解散した。林田を通じた大浦の買収に応じていた白川友一衆議院議員は、解散総選挙では対立候補の立候補を断念させるため、林田を通じて逆に大浦に金銭を渡していた。しかし、これは白川らが作った大正倶楽部への交付で収賄にはあたらないことである。

なお、大浦は一九一五年一月七日に総選挙の実施にあたって農商相から内相に転じていた。検察は六月二七日に白川と板倉を逮捕した。

シーメンス事件以後、平沼は世間でも注目される存在となっていた。

『中央公論』（一九一五年四月号）では、「平沼検事総長論」という特集を組んでいる。ここでは七名が平沼に関する論評を載せているが、「彼は理想的の裁判官である。司法行政官としても抜群の手腕を示したことは、今日、其社会の定論と云っていい」（某法学博士）、「理想的の検事総長」（牧野英一東京帝国大学教授）、などおおむね好意的な評価であった。

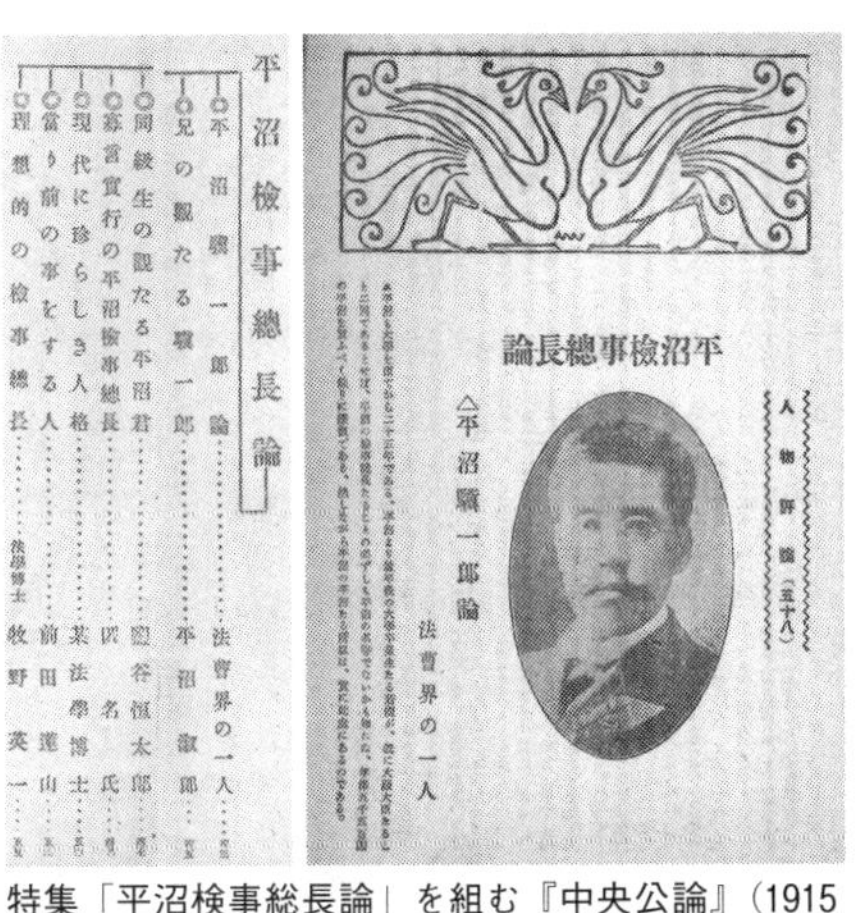
平沼檢事總長論
○平沼騏一郎論……法曹界の一人
○兄の觀たる騏一郎……平沼淑郎
○同級生の觀たる平沼君……鹽谷恒太郎
○寡言實行の平沼檢事總長……匿名氏
○現代に珍らしき人格……某法學博士
○當り前の事をする人……前田蓮山
○理想的の檢事總長……法學博士　牧野英一

平沼檢事總長論
人物評論（五十八）
△平沼騏一郎論
法曹界の一人

特集「平沼検事総長論」を組む『中央公論』（1915年４月号）

さて、平沼は捜査で大浦内相の買収工作が発覚したことを受け、大浦の政界引退による幕引きを図った。平沼は回想のなかで次のように触れている。

大浦をよく知っているが、自分の私腹を肥やすような人物ではない。しかし、元警視総監で警察に影響力を持ち、政府に反対する議員に警察官を派遣して調べ脅しており、政治道徳上よくない人物である。捜査では証拠が挙がっていたが、刑事事件にせず、政界引退により幕引きにしようとした、と。

平沼の判断の背景には、現職国務大臣の起訴は国家の体面に関わること、起訴すれば山県系官僚閥や立憲同志会から攻撃を受け、司法部の存立を危うくすることがあったのだろう。
しかし、大浦内相は政界引退を拒否したため、検察は捜査を進めた。ここで、警察を統括する大浦は内務省の官僚と連携し、平沼検事総長・鈴木次官・中川一介東京地裁検事正の免職を画策するなど対抗する。

検事は刑事訴訟法の条文上、司法警察官への指揮命令権を持っていたが、以前から内務省は司法警察官には行政警察の職務もあり、専属的に検事の指揮命令下に立たせることに反対していた。実際、この時点でも警視庁や府県の警察官には、検事の指揮命令は及んでいなかった。また、裁判所構成法では司法省もしくは検事局と、内務省ないし地方官庁が協議したうえで、警察官は各裁判所区域内で司法警察官として勤務すると規定されていたが、この協議もまったく行われていなかった（『政治制度としての陪審制』六八頁）。

他方で、元老山県が平沼を呼んで事情を聞き取ったという情報が小山温（前司法次官・政友会員）から原敬のもとに寄せられた。もっとも、平沼の回想によると、山県は平沼に電話をかけてきたが平沼はこのとき訪問を断り、事件が済んでから訪問すると、山県は側近の平田東助（ひらたとうすけ）らに頼んで大浦救済策を講じようとしたが、断られたと語っていたという。

話を戻す。その後、検察は林田衆議院書記官長の起訴に踏み切り、追い詰められた大浦内相は七月二九日に辞表を提出する。大隈内閣は事件の連帯責任を取り、いったん総辞職することを決めたが元老会議の勧告により、大隈は内閣の一部改造を行ったうえで留任する。

検察は当初の方針通り、大浦が政界を引退することを条件として起訴猶予とした。なお、一九一六年六月、板倉は懲役六ヵ月、白川は懲役四ヵ月、林田は罰金五〇円、他一二名に懲役三ヵ月以下の判決が下された。この判決は弁護人の間でも寛大なものと受け止められ、被告全員控訴せずに刑に服した。

大浦事件により打撃を受けた元老山県と立憲同志会は当然、検察に不満を持った。山県は事件後も、検察の活動は政友会と司法部との結託と考えていたようである。西園寺公望が原に話したところによると、寺内正毅内閣が成立した一九一六年一〇月、寺内首相は平沼を法相にすることを検討したものの、山県の不同意が原因で実現できなかったという。また、第二次大隈内閣の与党立憲同志会は大浦事件の結果、平沼に敵対的な感情を持つようになる。

一方、原は選挙違反の取締りで、「司法部に於ては公平ならん事を努めたるものの如くなるも警察官は総て政府与党の便宜を計りて〔中略〕司法部に報告するものは反対党の行動のみ」であると日記に記した（『原敬日記』一九一五年三月二八日）。日糖事件以後、原は検察に不信感を持っていたが、この頃には検察を公平とみなすようになっていた。

中立的、かつ法相を凌ぐ権力者のイメージ

この時期、新聞紙上では大浦を起訴猶予処分にしたのは政府が検察に指示したからだという見方が一般的であり、平沼検事総長への批判も出た。『法律新聞』（一九一五年八月二五

日）では、「平沼総長は大浦氏起訴の初志を翻して、之を放免したるもの也。是れ司法権の威信を傷つくるものにあらざるか」と記している。その後、大浦の予審調書が公開されると、大浦の不起訴は政府の指示との見方がますます広がった。

なお、『法律新聞』の論調は、平沼による検察権強化に批判的だったが、検察が政府与党を支持する立場から不起訴を決定したとはみなしていない。政治勢力からの圧力に屈せず、中立的な立場で法律に基づき行動できる検察が必要だと考え、検察権を含めた「司法権の独立」を説いている。この点も興味深い。

戦後の日本では、司法権とは裁判権を指し、検察権は司法権に含まれないという解釈が一般的である。たしかに三権分立の「司法」とは裁判所（裁判権）を指す。しかし戦前は必ずしもそうではない。たとえば、小野清一郎『刑事訴訟法講義』（一九三三年）では、検察は司法機関であり、検察事務は司法事務の一部である。ただし、検察事務は著しく行政的性格を帯びていると指摘する。これは裁判所構成法のもと検事局が裁判所に付置され、裁判所と検事局が一緒に規律されていたので、検察官と裁判官の区別が曖昧になったことも影響していた（「検察権の独立について」）。

平沼自身も司法権のなかに検察権を含め、検察の捜査の公平性をアピールしようとした。

たとえば、シーメンス事件の際には新聞への談話で、事件が拡大するかどうかは明言できないが、「司法権の発動は元より独立の者なれば、其間何等拘束を受くべき筋合にあらず

〔中略〕公明正大な処分をなすべければ其間何等かの干渉を受くべきやに想像する者ありとせば、そ〔れ〕は以っての外の誤解」だと述べている（『法律新聞』一九一四年二月二五日）。

　このように大浦事件の頃には、政友会やメディアから検察及び平沼は政治勢力から中立的だというイメージが形成され、検察権の独立の重要性も認識されるようになっていく。

　こうした日糖事件から大浦事件にかけての検察の行動について、検察が政治的疑獄事件に積極的に介入し、起訴猶予裁量を武器の一つとして政治的に台頭して、政治勢力となったと指摘する研究もある。

　検察が独立性を強め、政治勢力から警戒されるようになったことは確かである。ただし、大浦事件でも無実の罪で起訴したわけではなく、政治勢力への攻撃という意図では動いていない。むしろ検察は政治勢力による圧迫を受け、いかに自律的に捜査を行うかという点で苦慮していた。

　平沼は寺内内閣期にも、当時農商務省所管だった八幡製鉄所の疑獄事件を指揮している。この疑獄は八幡製鉄所の新設工場の器材購入に際し、製鉄所技師が大倉商事株式会社と高田商会から収賄した事件など四件からなっていた。一九一八年二月の議会で疑惑が暴露され、押川則吉製鉄所長官にも収賄の嫌疑が掛けられた。押川は自らの容疑の物的証拠が挙げられた翌日、自殺する。

　平沼は長崎控訴院検事長の小山松吉が洋行中で不在であったため、自ら福岡に赴き、陣頭指揮を執った。平沼は捜査陣を強化し、大規模な捜査を実施した。予審の結果、八幡製鉄所技師三名と大倉発身（大倉組取締役）ら商社・製鉄会社の責任者六名が公判に付されることになり、その結果、全員に有罪判決が下った。この事件で政治勢力からの介入はなく、検察も政治的意図はなかった。

八幡製鉄所疑獄事件の捜査について、政治評論家の鵜崎鷺城（うざきろじょう）は「平沼が自ら出馬までして検挙を指揮し、可（か）なり峻烈（しゅんれつ）に貪官汚吏（たんかんおり）と不正実業家の暗黒面を暴露したのは、世道人心、法の権威の為め痛快を叫ぶべき」と評している。

また、鵜崎は第二次大隈内閣期の司法省についても次のように述べる。「〔法相の〕尾崎〔行雄〕は〔尾崎の所属する政党〕中正会（ちゅうせいかい）を踏台にして丸腰で司法省に乗り込んだが、食客扱（しょっかく）いにされて笑止な程睨（にら）みが利かず、無論平沼は初めから馬鹿にして掛り、〔司法〕次官の鈴木〔喜三郎〕でも法務局長の豊島〔直通〕でも、総（すべ）て平沼の指図を仰いで大臣を眼中に置かなかった。参政官の田川大吉郎や副参〔政官〕の関和知は案山子（かかし）程にも役に立たず、大小の機務は平沼一派に於（おい）て決せられるという実情」だった、と（「時の人・平沼検事総長」）。なお、参政官、副参政官とは第二次大隈内閣で新設された政治任用の政務官であり、政党員が起用されていた。

この頃には、平沼は司法省で鈴木・豊島らを配下とし、法相を凌ぐ権力を持つとみなされていた。検察が大浦事件で当初からの方針を維持できたのも、平沼の権力基盤によるところがあったのだろう。

原内閣発足時の法相辞退

一九一八年九月、のちに「初の本格的政党内閣」と称される政友会内閣の原敬内閣が成立した。原は組閣にあたって平沼に法相就任を打診するが平沼は辞退した。その理由として次に述べる李垠（イ・ウン）（大韓帝国最後の皇太子）と梨本宮方子（なしもとのみやまさこ）の婚姻問題を挙げた。

平沼は一九一六年一一月から帝室制度審議会の委員を務めていた。この審議会は王公家軌範（旧韓国皇帝及びその一族の身分などの法的位置づけ）と未制定のままになっている皇室制度の整備を目的として設置された。

原 敬（1856～1921）

原内閣成立時、枢密院と帝室制度審議会は李垠と梨本宮方子の婚姻問題で対立していた。枢密院主流派は王公族を皇族に準ずるものと認めず、梨本宮方子の婚姻については皇室典範には皇族か華族への婚嫁しか規定されていないので、王公族との婚姻のために皇室典範を増補すべきとの意見であった。一方、平沼は帝室制度審議会委員の伊東巳代治枢密顧問官らと協調し、王公族を皇族に準ずるものと扱い、梨本宮方子の婚姻はそのまま進めるべきとの立場だった。

この時点で、原内閣がこの問題にどのように対応するか明らかではなかった。そのため、平沼は自身が入閣すれば閣内でこの問題に関係せざるを得ず、意見の衝突をきたすおそれがあると原に伝えた。ただし、この問題が法相就任を断るほどの理由とは考えにくい。より重要な理由は政党内閣に入ることをためらったからであろう。『読売新聞』(一九一八年一一月三〇日)では平沼の辞退理由として「平沼氏は事実上司法大臣同様の地位」であり、政党内閣に入り、政友会系と見られるのは経歴上得策ではないとの見解を示している。

原首相は平沼の辞退を受け、司法次官の鈴木喜三郎に法相就任を打診したが、鈴木は平沼より先に法相になることを憚って辞退し、原は自ら法相を兼任した。原は日記で、平沼と鈴木は原について好感をもって迎えており、どちらに決めても彼らに異論はないと記している。

司法官定年制の導入

さて、原内閣では原首相兼法相の主導により二つの司法部改革が行われた。

第一に、司法官定年制(判検事停年制)の導入と検事総長の親任官待遇の実現、第二に陪審制の導入である。

一八九〇(明治二三)年の裁判所構成法で判事は終身官とされ、強固な身分保障が明記された。しかし、この時期特に大審院長・控訴院長クラスの老齢化が進んでいた。彼らは高給で高い地位にとどまるので、人事の停滞を招き司法官増俸の障害となっていた。原は一九一〇年一月の段階で、桂太郎首相に対し、司法官に定年規定がなく進級を妨げられ、司法官によい人材が集まらないので、制度改革すべきと訴えていた。

一方、司法省も一九一七、一八年頃から司法官定年制の調査を進めていた。鈴木次官は議会で改正案の政府委員を務めるなど定年制導入に中心的な役割を果たす。鈴木との関係や従来から司法省で検討していたことから、平沼も同意していたことは間違いないだろう。

裁判所構成法改正案によって、検事総長・大審院長は六五歳、その他の司法官は六三歳で定年となる。司法官の定年延長は三年以内とし、判事の定年延長は大審院・控訴院の決議で決定することになった。なお、検事総長の親任官待遇への昇格についても司法省の熱心な要望により実現した。

司法官定年制導入により司法省法学校出身者が次々と退職し、結果として司法部内の平沼の基盤をさらに強めた。また、この改革で検事総長が親補官から法相や大審院長と同格の親任官に格上げされ、検察の権威はさらに高まった。

『法律新聞』（一九二一年九月五日）の記事では平沼の影響力について、「平沼、鈴木、山内〔確三郎司法次官〕の三羽烏（さんばがらす）が日本の司法界を我物顔に独歩する姿は誰の目にも留る顕著な事実である」と指摘している。

また、翌年行われた司法官の人事異動についても、『法律新聞』（一九二二年五月一三日）の記事では「今日の司法部は平沼、鈴木両氏の権力時代だから、所謂（いわゆる）『平氏にあらざれば人

5−1　司法裁判所（四級三審制）の構成（1928〜42年）

種類	軽微な事件	一般事件	内乱罪・大逆罪など特別な罪	陪審つき刑事裁判
一審	区裁判所	地方裁判所	大審院	地方裁判所
控訴	地方裁判所	控訴院		
上告	大審院	大審院		大審院

註記：四級とは，大審院，控訴院，地方裁判所，区裁判所を指す
出典：百瀬孝『事典 昭和戦前期の日本』（吉川弘文館，1990年）を参考に筆者作成

に非ずあら』で、平沼、鈴木系のものでなければ頭が上がらず、今度の異動でも栄進した連中は大抵平沼、鈴木に属する連中」ばかりであると評している。

陪審制導入への支持

次に、陪審制導入についてである。原首相は一九一九年五月、特別法として陪審制を立法化することを決めた。原は日糖事件の捜査で、検事の誘導的な訊問に憤慨し、以後陪審制導入を政治課題としていた。平沼は原の構想に賛成し、法律取調委員会に付議すると時間がかかることから、内閣に委員会を作ることを提案する。

原首相は平沼の提案を採用し、七月に臨時法制審議会を設置し、民法と陪審法の審議が決まった。委員の選任は平沼・鈴木・横田千之助よこたせんのすけ内閣法制局長官らが内議のうえで決め、平沼が副総裁、平沼の大学時代の恩師である穂積陳重枢密顧問官が総裁に就任している。

平沼はもともと陪審制導入について、イギリスで司法制度調査を行った際、素人の裁判でもかなり信用があると好意的であった。また、回想では陪審員が判断し、口頭審理で完結するので、裁判官へ

の批判を回避できる利点があるとも述べている。

一九二一年一〇月、穂積は臨時法制審議会総裁の辞任を申し出、平沼は原首相の希望通り、総会だけ出席するという内意により留任させた。その結果、副総裁である平沼の影響力がさらに強まる。その後一九二三年四月に陪審法が成立し、二八年から陪審制が実施される。なお、陪審法成立後も臨時法制審議会は存続し、実質的に平沼により運用され、のちに普通選挙法などの重要法案が同会で審議されることになる。

時期は下るが、一九二六年五月、前月に枢密院副議長に就任した平沼は、臨時法制審議会総裁に就任し、名実ともに審議会を運営する立場となった。臨時法制審議会は一九二九年に廃止となるが、後継の法制審議会の総裁を平沼は引き続き務めた。

このように、平沼は原内閣と協調して司法部改革を行い、司法部を近代化させ、司法部及び自らの権威を高めることに成功する。また、原内閣下で設立された臨時法制審議会は法律専門家としての平沼の権威を高める役割をも果たした。

平沼は一九二四年一月、第二次山本権兵衛内閣法相辞任に伴い、司法部を離れることになるが、司法部に強い影響力を持つ唯一の政治家として、以後も政治的影響力の源泉となる。

大正刑事訴訟法の制定――検察権のさらなる拡大

他方、検察が進めてきた起訴便宜主義は、一九二二年制定の大正刑事訴訟法（旧刑事訴訟法）で明文化された。起訴便宜主義とは犯罪の構成要件を満たしていても、検事が被疑者の情状や犯罪の性質などを踏まえ、起訴するか否か、起訴猶予かについて裁量権を持つべきという考え方である。

大正刑事訴訟法の要点は、①訊問の際、被告に陳述の機会を認めること、②未決勾留の要件や期間の厳格化、③予審は検察による起訴後に開始され、予審の際に弁護人の選任を認めること、④検事・司法警察官作成の聴取書を原則、証拠から排除すること、⑤被疑者・被告人の供述拒否権の明文化である。これらの改正により人権擁護の点で一定の進歩があった。

しかしその一方で、①急を要するときは、検事が被疑者の勾引・訊問など強制処分を行う権限を獲得し、②予審における弁護人の被告人訊問への立会権は認められず、③未決勾留期間の更新回数に制限がないなど、人権擁護が十分に達成されたわけではない（「明治憲法下の刑事手続」一二一～一三頁、『概説日本法制史』四〇五頁）。

大正刑事訴訟法の立案は一八九五年から始まり、幾度かの改正案を経て、一九二一年九月に刑訴法改正調査委員会で改正案が決議され、議会で一部修正のうえ可決される。

平沼は大正刑事訴訟法の主査委員会委員であり、一九一六年案では起草委員を務めるなど立法に重要な役割を担った。一九二三年には八〇八頁に及ぶ『新刑事訴訟法要論』を出版し、同法の解説書として広く読まれたようで、一九二九年の時点で六刷となっている。

では、平沼はこの間どのような主張を行ったのか。主に次の二点に集約できる。

5−2　大正刑事訴訟法下の公判前の刑事手続（成人犯罪者）

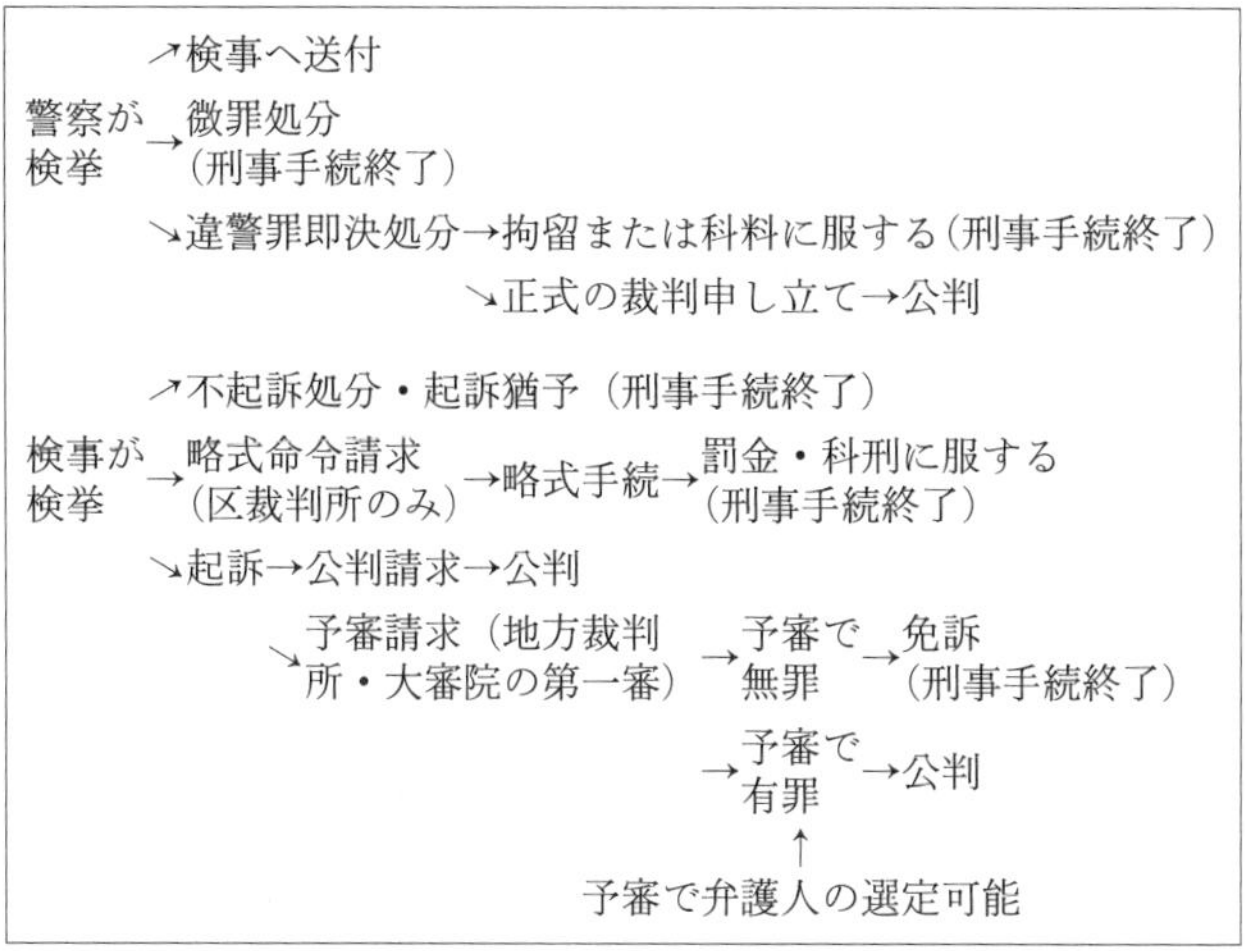

警察が検挙
↗検事へ送付
→微罪処分（刑事手続終了）
↘違警罪即決処分→拘留または科料に服する（刑事手続終了）
　↘正式の裁判申し立て→公判

検事が検挙
↗不起訴処分・起訴猶予（刑事手続終了）
→略式命令請求（区裁判所のみ）→略式手続→罰金・科刑に服する（刑事手続終了）
↘起訴→公判請求→公判
　↘予審請求（地方裁判所・大審院の第一審）→予審で無罪→免訴（刑事手続終了）
　　→予審で有罪→公判
　　↑
　　予審で弁護人の選定可能

出典：土屋眞一編『昭和の刑事裁判』（立花書房，1990年），百瀬孝『事典 昭和戦前期の日本』（吉川弘文館，1990年）を参考に筆者作成

第一に、予審判事が公判前に捜査し、非公開で被疑者を公判に付すか決める予審制度の改正である。

平沼は予審の廃止と検事の強制捜査権限の留保なしの拡大には反対だったが、予審改革案として、①予審を起訴前の手続とし、検事の請求により開始すること（起訴前予審）、②予審を終えたときは、検事は自己の意見によって起訴不起訴を決定すること、③予審手続前でも急を要する場合は検事の強制処分を許可することを提示した。

この構想は予審判事を単なる取調官に引き下げ、検事を公訴前手続の主宰者に引き上げるものであった。

第二に、起訴便宜主義についてである。平沼は一九〇六年の時点で他の条文で明らかになればいいとの考えであった。ここでもその立場を変えていない。委員会や議会などで反対論が出るおそれがあり、実務で影響がなければ起訴便宜主義をあえて明文化する必要を感じなかったのだろう。

最終的に、大正刑事訴訟法では予審制度を廃止せず、起訴後予審とすることや検事・司法警察官作成の聴取書を原則証拠から排除することなど検事の権限が制限された部分はある。だが、一定の条件下で検事に強制捜査権限を付与したことで、明治刑事訴訟法よりも検事の権限が強化され、検事の起訴便宜主義も明文化された（『刑事訴訟法の歴史的分析』）。

こうして検察権は、大正刑事訴訟法を通じてさらに増大した。平沼が検事中心の体制の形成を志向していたことは間違いない。大正刑事訴訟法では検事を公判前手続の中心とした点で、平沼の考えが大枠で実現した。

平沼が検事中心の体制を志向したのは、近代学派の理論を取り入れた新刑法のもと、実務上で起訴便宜主義が定着していたことから、法の条文でも検事を公判前手続の中心とすることが最も合理的だと考えたためだろう。これは検事が広範な裁量権を持ち、公訴権を活用して社会秩序を維持しようとする体制となることを意味するが、それは平沼が検事として権力を振るうにあたって望ましいと考え、実務上で進めてきたことでもあった。

なお、ほぼ同時期には少年法も制定されている。詳しい経緯は省くが、平沼は少年法の主査委員会委員や一九一八年案の起草委員などを務めていた。

一九一二年一月、平沼の提案により特別委員会での立案作業が始まり、議会を経て二二年四月、少年法が制定される。少年法の主な特徴は、①保護処分の対象を、罪を犯した少年だけではなく、罪を犯す虞（おそ）れのある少年（「虞犯（ぐはん）少年」）に広げたこと、②検事が刑事処分にするか保護処分にするかをまず決定し、保護処分の運用は少年審判所が行うこと、③一八歳未満を少年とし、少年の刑事事件では少年の保護教化という観点から刑罰及び刑事手続につき、多くの特則を設けたことである。この少年法は現行少年法（一九四八年制定）の前身にあたる。

では、平沼は少年法制定にいかなる影響を与えたのか。次の二点が挙げられる。

第一に、少年審判所など審判機関ではなく、まず検事により刑を科すか否かを審査すべきと考えた。特別委員会で谷田三郎司法省監獄局長が提出した案は、主に審判機関が処分選択の目的にかなうのか否かを判断することになっていた。これに対し、委員の平沼らは、刑事事件では起訴するか否かを検事の判断によって決めている。少年法でも処分の目的にかなうかどうかは検事による審査後に、少年審判所に判断させるのが実際の手続きに適合的だと主張し、その通りに修正されて法案に反映される。

第二に、少年法に矯正教育よりも、刑法で充足できない処罰・制裁機能を担わせようとした。平沼は特別委員会で、年少者による凶悪な犯罪も起こっていることから、少年法の適用年齢の下限を設定せず、実際の状況に応じて対応すべきと主張した。これは他の委員よりも年少者に対して厳格な姿勢であった。結局、平沼の提案はそのまま法案に引き継がれた。

平沼による修正もあり、この少年法でも検事が手続上、広範な裁量権を得たのである。

人権問題と京都豚箱事件

話を戻すが、平沼は一九一三年の司法部改革などを通じて、司法官の質の改善をめざした。しかし、その後も検事や司法警察官による人権侵害はなくならず、一九一四年から二一年にかけて、議会で人権擁護のためのさまざまな立法が提案され論議となった。

人権問題などの続発を受け、平沼は新聞への談話で、「拷問問題や疑獄事件が近頃頻発したのは当局者として真に申訳が無い」と事実を率直に認めている。そのうえで、「何に制度ばかり良くしても之れを運用する人物が悪ければ何んにもならん」。「自白許りに重きを置くのが抑々大間違」であり「有罪の証拠許りを挙げようとする弊は断然打破しなければならぬ〔中略〕実に恐るべき現象と思う。百人の有罪者を罰しても一人の冤罪者を出しては何んにもならぬ」と述べている（『法律新聞』一九一六年五月一〇日）。

また、警察部長との打ち合わせ会における訓示でも、不正な取調べをやめるよう注意し、特に自白の強要は、「証拠の信用力を減却して延いて司法機関の全体の信用を失する」と強い懸念を示した（「平沼検事総長訓示〈大正五年五月二二日警察部長事務打合会に於て〉」「山岡萬之助文書」）。

平沼は検事権力を強大化させたが、人権問題の続発により国民の司法部への信頼が損なわれる事態となることを憂慮していた。

人権問題への批判が高まるなかで発覚したのが京都豚箱事件である。これは一九一六年当時に京都府知事であった木内重四郎（きうちじゅうしろう）及び京都府当局者、府会議員ら三八名が女子師範学校移転を盛り込んだ議案の府会通過のために、一部府会議員を買収したという容疑で検挙されたことに端を発する。捜査・予審の段階では一名を除き、全員が容疑を認めた。

しかし、公判において自白した被告は一転して無罪を主張し、被告全員が無罪となる。公判では担当検事が取調べの際、既決囚を待機させる板製の囲いに長時間、多い者では数十回入れるなどの人権侵害が発覚した。

一九一八年一一月に事件が発覚すると、平沼は原首相兼法相と相談のうえ小山松吉大審院次席検事を派遣し調査させた。司法省は、担当検事が予審判事の承諾なく被告と接見し、手続きで禁じられた被告と他人との接見及び書類の授受を行ったことを認め、担当の検事四人を譴責（けんせき）処分とする。また、小林芳郎大阪控訴院検事長は監督責任を取り、依願免官となった。

先述したように、小林検事長は平沼閥の中核的存在であり、平沼にとって痛手であったろうが、すでに司法省・検察で基盤を確立しており、それが揺らぐことはなかった。

一九二〇年一二月、京都豚箱事件の無罪判決を受けて、鈴木次官は原首相に木内前京都府知事ら数人の判決が妥当ではないとし、控訴を主張した。しかし、原は大局より検討する必要があり、平沼検事総長に異議がなければ控訴しないようにと述べた。その後、原は平沼と相談し、同意を得て控訴見送りを決めた。

原首相は人権問題を「司法部の積弊」としつつも、平沼検事総長と鈴木次官の協力を得て事態の収拾に当たった。平沼も以前から人権問題の続発が司法部の信頼を損なう事態となることを憂慮しており、この点で両者は協力して問題に対処した。

伝統的な価値観への傾斜――儒教に依拠した道徳重視へ

平沼は英独などから知見を得て司法制度の近代化に努めたが、その一方で司法省入省後も国漢学に強い関心を持ち続けていた。

平沼は趣味の禅を通じて、大学時代から北條時敬東北帝国大学総長、織田小覚（漢学者・前田公爵家学事顧問）、早川千吉郎（三井財閥理事）、河村善益東京控訴院検事長と親しく交流し、一九一〇年代後半になっても関係を継続していた。彼らは国漢学などの勉強会をしばしば開催したようである。ただし、一九一〇年代前半まで平沼が訓示や演説、新聞談話などで伝統的価値観への傾倒を示した形跡はない。

しかし、一九一五年に入ると平沼の発言に変化がみられる。一月に平沼は「外国の模倣も時には必要だが、筋道は何うしても日本固有の道徳、思想〔中略〕に適応した法律の発達をさして行きたい」との談話を寄せている（『法律新聞』一九一五年一月一日）。

一九一五年春には平沼を中心として、国学・儒学などの振興を目的とした無窮会が設立される。そのきっかけは井上頼圀（国学者・宮中顧問官）の死後、門下生の藤巻正之（のちに伏見稲荷大社宮司）が平沼に、井上の全蔵書が散逸する恐れがあると助けを求めたことによる。平沼は久原房之助（久原鉱業社長）の援助を受け井上の全蔵書を購入し、専門図書館と関連組織を作り、無窮会を設立する。会長には宮内省御用掛の秋月左都夫、会計監督に早川千吉郎、相談役には織田小覚らが就任した。平沼は検事総長であったため相談役に回った。

他方、平沼は一九一〇年代半ば頃から蓮沼門三・川面凡児との関係を深めていた。

蓮沼は道徳の実践を通じて「総親和、総努力の皇国魂」を全国に広めることを目的とした修養団を一九〇六年に設立した。平沼は検事総長時代に蓮沼と面会し、蓮沼から援助を求められ快諾。その後も支援を続け、一九二三年一〇月には第二代修養団長に就任している。

川面は一九〇六年に大日本世界教稜威会を設立した。彼は禊の大家とみなされ、思想家としては超国家主義のイデオローグとされることもある。一九〇九年、修養団が川面に講演を依頼し、修養団は川面の考案した「とりふね運動」に由来する国民体操を採用した。一九一四年、川面は平沼、鵜澤総明（衆議院議員）、八代六郎（海相）らを前に講演し、これを機に国家の上層部に川面の名が浸透していく。平沼は川面について、神道家であったが儒教・仏教も知り、西洋の哲学にも通じていて「なかなかえらい人」であり、いつからかは言及していないが、懇意だったと回想している（『回顧録』）。

一九三〇年代後半に蓮沼・川面の活動は、国家の教化政策に取り込まれていく。修養団は日中戦争開始直後の一九三七年九月から始まる国民精神総動員運動に協力した。また、一九四〇年一〇月に発足した大政翼賛会の行事では川面の禊が採用された。両者の思想は精神面での総力戦体制の整備に利用される。

傾倒の心理——司法官としての経験

では、なぜこの時期から平沼は道徳の重要性を公言し、修養団などとの関係をより深めていったのか。

平沼が日本の伝統的な価値観、とりわけ道徳にそれまでよりも一層傾倒していくのはおそらく司法官としての経験による。先述のように、平沼は個人主義の弊害を感じ、大逆事件では漢学など伝統的価値観の振興及び教育・教化の重要性を痛感していた。

伝統的価値観への転換を促したのが新刑法であろう。新刑法は応報刑ではなく、犯罪者の再犯防止・教育を重視している。

この点について服部宇之吉（中国哲学者・東京帝国大学教授）は次のように述べる。旧刑法で規定された「法治主義」の弊害が認識され、それをさけるために欧米諸国の影響を受けた「法律の道徳化、裁判官の情宜裁判」が叫ばれるようになり、日本では儒教に由来する「徳治主義」を取り入れていく必要性を認識させた、と（「法治主義と徳治主義」）。徳治主義とは国家を治めるにあたっては、法律のみでなく、仁君の力を要するという儒教の伝統的な考え方である。

平沼は自らの刑事政策への姿勢の変化について何も述べていない。ただし、一般的に検事、とりわけ検事総長の職務は法を運用し、捜査や公判を通じて秩序を維持することにある。長年検察の中心にあった平沼は、犯罪の増加と秩序の動揺の責任を痛感していたはずである。

おそらく、平沼はこれまで独英の法制度を取り入れ、司法行政・検察を担ってきたが、犯罪は減らず、外来思想により社会秩序が動揺していくことに強い危機感を持っていた。そのため、外国の制度の導入に限界を感じ、日本の伝統的な価値観、とりわけ儒教に依拠する道徳の涵養を打ち出し、犯罪の抑止と秩序の維持を考えるようになったと思われる。

こうした社会秩序を憂慮する姿勢は、一九二一年一月に発覚した満鉄疑獄事件への対応でもうかがえる。

この事件は、南満州鉄道株式会社（満鉄）と大連汽船会社が、森恪（政友会所属衆議院議員）所有の塔連炭鉱と内田信也（実業家でのちに政友会所属衆議院議員）の所有する建造中の汽船をそれぞれ不当な高値で買い上げさせられたことに端を発する。森と内田はその利ザヤを政友会の選挙資金にあてた疑いがかけられていた。なお、満鉄の野村龍太郎社長、中西清一副社長はともに政友会系の官僚だった。

事件は大きく報道され、野党は原敬内閣を厳しく追及し、衆議院で原内閣に対する問責決議案を提出した。また、貴族院でも原内閣の「官規紊乱（びんらん）」に対する批判が出た。

五月一一日、平沼・鈴木次官は政党が無関係なことは明瞭だが、野村社長と中西副社長が実価より高く買い上げさせたことは事実で、両名を起訴することが適当とした。原首相は満鉄の国際的な信用に関わると考え、両名の不起訴を望んだが、結局、平沼が譲らず中西副社長のみ起訴することになった。その後、中西は一九二三年の控訴審判決で無罪となる。

平沼による中西副社長起訴の背景には、社会秩序の動揺への憂慮があったと考えられる。後述するように、当時日本では第一次世界大戦の影響によりマルクス主義や民主主義の影響を受けた社会運動が高揚し、平沼は社会秩序の維持に危機感を募らせていた。一九二一年三月には、原首相に「近来人心の悪化に付、地方巡視の必要あるべし」との意見を伝えている(『原敬日記』一九二一年三月二四日)。また、満鉄疑獄事件で一部の不起訴決定後、平沼は新聞に談話を寄せ、犯罪に手を染めても制裁を受けない人間が多いのは、「社会環境の道徳心が麻痺」しているためだと述べている(『東京朝日新聞』一九二一年六月四日)。

憲法観・外交観への反映

他方、平沼の日本の伝統的価値観への傾倒は憲法観、外交観でも明確に現れてくる。

まず憲法観である。時期は遡るが、一九一二年から翌年にかけて行われた上杉慎吉と美濃部達吉(ともに東京帝国大学教授)との天皇機関説論争について、平沼は省内の若手は美濃部説を支持したが、天皇を機関というのは不敬であると部下を叱ったと回想する。

また、時期はかなり後になるが、一九三五年二月二六日に陸軍皇道派で、この時教育総監だった真崎甚三郎（まさきじんざぶろう）との会話でも、美濃部が天皇機関説で国家主義団体などから批判を受けて貴族院で弁明を行うなか、平沼は「彼は大権の体と用とを誤あり、権利などの言を使用すべきものにあらず」と批判している（『真崎甚三郎日記』。以下、『真崎日記』）。

平沼の言う「大権の体と用」とは、明治憲法第四条の「天皇は国の元首にして統治権を総攬（そうらん）し此の憲法の条規に依（よ）り之を行う」について、明治憲法の公式解説書『憲法義解』の見解を引用したものだろう。「統治権を総攬するは主権の体なり、憲法の条規に依り之を行うは主権の用なり。体有りて用無ければ之を専制に失う。用有りて体無ければ之散漫に失う」である。平沼の解釈は『憲法義解』の見解をそのまま踏襲し、主権は天皇にあり、主権行使の機関が分立するという穂積八束（やつか）（東京帝国大学教授）の天皇主権説とほぼ同様であった。穂積は上杉慎吉の師匠にあたる。

穂積の意図は三権分立制を重視し、立法と行政を衆議院の多数党が支配する政党内閣制を否定することにある。天皇主権説には官僚を擁護し、政党の政治的台頭に対抗する政治的イデオロギーとしての側面もあった。後述するが、平沼は天皇の政治介入に批判的であり、政党内閣に対抗すべく政治行動を展開している。このことを踏まえると、平沼が天皇主権説を支持した背景にも、同様の政治的意図があった可能性が高い。

次に外交観である。平沼は具体的な年月は明らかではないが、元老山県有朋と会談し、国際秩序の見通しを次のように述べたと回想する。

> 私は山県公に言ったことがある。英独は学ばねばならぬが、結局人種が違うから白人種は挙って対抗することがある。だから実力を有っていなければならぬ。西洋人もお世辞を言い、汽車の中などで黒人などと違う待遇をしている。然し結局は白人と融和することは出来ぬ。斯様なことを標榜することは外交上出来ぬが、腹がなければならぬと言うと、山県公は君と同意見だと言われた。（『回顧録』）

つまり、人種の観点から西洋に不信感を持ち、外交上人種論を持ち出すことは得策ではないが、白人に対抗する心構えと実力が必要と考えていた。これは山県の考えと近かった。

「人心の帰向統一に関する建議案」

一九一八年になると、平沼は外来思想流入による社会秩序の動揺への危惧を強め、日本の伝統的価値観の振興により対処する姿勢を明確にしていく。

一九一八年四月、平沼は司法官に対する検事総長訓示で、第一世界大戦の思想的影響への対応及び敬神と法治の関係について次のように述べる。

> 物質的文明の「余毒」は精神の弛緩・放縦を誘起して、社会の道徳の退廃により罪を犯

し、幸いに免れて恥なき者がおり、社会的制裁も「疎漫」である。そのため、「司法の権威に頼り非違を糾正すること極めて厳切」なものでなければ、人心は「敗壊」する。また、「国体」と神社との関係は不離の関係にあり、国家に奉ずる者は敬神の趣旨を民心に広めることに努め、「神威を瀆し或は信仰を害する」ものは厳格に検察・糾弾すべき、と（「大正七年四月二十日検事長検事正会議席上に於ける平沼検事総長訓示」）。

一九一八年一〇月には政府の臨時教育会議委員として平沼は、委員で友人の北條時敬東北帝国大学総長、三井財閥理事の早川千吉郎とともに「人心の帰向統一に関する建議案」を提出する。臨時教育会議は一九一七年九月、寺内正毅内閣によって第一次世界大戦後日本が直面する難局に対し、教育の振興により対処することを目的に設置された。

平沼は建議案の提出理由のなかで、日本では「臣民各々其業を勤んで皇猷を翼賛し奉ると云うことは、恰も一家の内に於て子孫父祖を奉戴」するという態度が「国体」の真髄である。生存競争が激しくなり、「物質偏重の弊」が社会に横溢する流れにあり、外来思想の流入は、咀嚼消化できていない状態なので注意が必要であると指摘する。

そのうえで対応策として、敬神崇祖の念の普及や日本の風俗に沿わない法律制度の改正、日本固有の淳風美俗を維持するための施設の設置などを提示している（「臨時教育会議〈総会〉速記録　第二七号」『資料臨時教育会議』第五集）。

この建議案は一部修正後、可決された。平沼は第一次世界大戦の影響を受けた外来思想の流入が人心の分裂を招くことを恐れ、それらへの対抗として敬神や忠孝などの観念を打ち出し、天皇を基軸として人心を統一することを考えるようになっていったのである。

なお、この時期に公的な場で敬神や神社の重要性を指摘したのは、宗教的な信仰心を強めたからではなく、外来思想に対して国民精神の基軸となり得るものは天皇しかないという考えからであろう。

第一次世界大戦後の思想問題——森戸事件、近藤栄蔵事件

さて、一九一八年後半になると司法省・検察は社会主義運動、労働運動の台頭という新たな課題に直面する。ここで平沼検事総長率いる検察と鈴木喜三郎が次官を務める司法省は、内務省よりも強硬な姿勢を取っていく。

一九一八年七月、富山県の漁民が米の県外移出を阻止しようと運動を始めた。米騒動の始まりである。米騒動は新聞報道の影響もあり全国に波及する。内務省は米騒動発生当初、その原因を日常生活の苦境ととらえ、同情的な態度だった。だが、取締りにあたった警察が民衆から襲撃され、騒動鎮圧のため軍隊に出動を依頼する事態となった。

鈴木次官は内務省の同情的な態度が暴動を助長したとみなし、「国法の威厳」をもって対応すべきと主張した。八月下旬になると、司法省は騒動の主導者を仮借（かしゃく）なく検挙する。

一九一八年九月、寺内内閣は米騒動の影響により総辞職し、その後継として原敬内閣が成

立した。原は首相就任後、思想問題を重視し、社会主義者に対する直接的な弾圧は行わないが、新聞や教育者の「煽動」には起訴を含む厳しい対応を取った。平沼は原内閣と協調して思想問題に対処していく。

一九二〇年一月、森戸事件が起きる。これは森戸辰男（東京帝国大学経済学部助教授）の発表した論文が無政府主義を宣伝する内容だと問題化した事件である。一月九日、平沼は原首相兼法相に事件の指揮を求めると、原は起訴する方針を示した。一月一二日には平沼も、森戸は悔悟（かいご）している様子もないので起訴すべきと原に伝えた。翌日、原は閣議で森戸だけでなく、雑誌編集者の大内兵衛（東京帝国大学経済学部助教授）も起訴する方針を決めた。

一九二一年五月には近藤栄蔵事件が起こる。これは社会主義団体の暁民会（ぎょうみんかい）に所属する近藤が、上海で国際共産主義運動の指導組織コミンテルンから日本共産党設立準備のための資金を受領して帰国したところを、警察が検挙した事件である。

集会結社や労働運動を取締る治安警察法には、資金授受について明文上の規定がないため、警察は一九二一年七月に近藤を釈放した。その後、近藤ら暁民会のメンバーは「暁民共産党」（「暁民共産主義団」）を結成し、一〇月に反軍ビラを配布する。警察は近藤ら約四〇名を治安警察法違反容疑で検挙し、翌年に近藤ら八名が禁錮八ヵ月の判決を受け、被告人らは上訴したが同一刑で確定した。

特に暁民共産党の成立は取締当局に衝撃を与えた。内務省警保局は「暁民共産党の成立は我国社会主義運動に一新紀元を画したと云うも過言に非ざるべく、彼等は〔中略〕思想上より一個師団の兵卒十万の無産階級を赤化するは革命を導くに有効なりとの見解より軍隊、労働者、小学教員、小作人を目標とし、共産主義の宣伝を試んとするに至れり」との見解を示している（『続・現代史資料　社会主義沿革（二）』）。

　この事件を契機に、司法省の主導により新たな取締法の立案が進められ、一九二二年二月、原内閣の後継の高橋是清内閣のもとで過激社会運動取締法案として議会に提出される。

　この法案は一九〇〇年制定の治安警察法と比べると、かなり厳罰的な内容を含んでいた。治安警察法は集会・結社等の自由に対して、広範な取締り規定を設けていたものの、最高刑は軽禁錮一年であり、共産主義革命のための運動を想定していなかった。なお、治安警察法は当時内務省警保局警務課長で山県系官僚の有松英義が中心となって立案したもので、平沼・鈴木は立法に関与していない。

　一方、過激社会運動取締法案では無政府主義・共産主義その他に関し、「朝憲紊乱」を実行、宣伝する目的で集会結社、「多衆運動」（デモ）を行った者に一〇年以下の懲役または禁錮を科した。原内閣期から過激社会運動取締法案の立案が進められていたことを踏まえると、平沼の具体的な関与は明らかではないが、この法案に賛成していたことは間違いないだろう。司法省は国際共産主義運動の世界的隆盛と日本への流入を受け、治安法を質的に大きく転換させようとした。

しかし貴族院では法案への批判が出て二度の大幅な修正の末、可決されたものの、衆議院では憲政会・国民党などが法案に反対し、審議未了で廃案となった。

第一次大本教事件

第一次世界大戦後のこの時期、平沼は新興宗教である大本教にも強硬な姿勢を取った。

大本教は一八九二年の出口なおの神憑りから、九八年に教団が作られた。大本教の指導者出口王仁三郎は一九一六年に皇道大本と改名し、新聞や雑誌などのメディアを利用して「立替え」、「世直し」を訴え、講演会などでは大地震、大洪水が起こると喧伝する。大本教は第一次世界大戦後、労働者や中小農民の生活不安に乗じて急速に勢力を拡大していく。

大本教は取締当局の宗教規制政策の枠に入っていなかった。それまでの新興宗教団体は、勢力拡大のために活動を合法化し、既存の公認教団の傘下に入り、その教団の自主的規制に服していた。取締当局は非公認教団（類似宗教団体）の活動を気に留めていなかったが、大本教は非公認教団であることをあえて誇示し、取締当局は警戒を強めた。

一九一九年三月、藤沼庄平京都府警察部長の主導で王仁三郎ら幹部を召喚し、教義について訊問のうえ大本教に対し警告を発している。しかし、翌年から大本教は再び活動を活発化し、日米戦争不可避論などを喧伝した。そのため、内務省は一九二〇年八月、王仁三郎の「神諭」を集成した著作などを発禁にし、京都府警察部から大本教に二度目の警告を出した。

内務省はこの時点でも行政処分により対処する方針だった。

しかし、藤沼警察部長は危機感を募らせ、豊島直通司法省刑事局長に相談し、さらに平沼と小山松吉大審院次席検事と面会する。平沼らは内務省警保局から大本教に関する書類をすでに受け取っており、藤沼の話を聞いた平沼は京都地裁検事正に検挙を命じると伝えた。

藤沼はのちに「他の人達は一向に取合ってくれなかったものを意外にも平沼、小山両氏が『やれ』と強い一語を与えられたので、私は飛立つような嬉しさだった」と振り返る（『大本教事件の全貌』四九〜五〇頁）。検挙は平沼の決断によるところが大きい。

一九二一年二月、平沼の手で最終的な検挙の断が下り、王仁三郎ら三名が不敬罪及び新聞紙法違反容疑で検挙された。裁判では第一審、第二審とも被告三名に有罪判決が下った。上告後の大審院では王仁三郎の所為が憑依現象で心神喪失に属すると認め、王仁三郎のみ原判決を破棄、他二名と分離して事実審理すべきと決定した。だが、未決のうちに大正天皇大喪による大赦令により一九二七年五月、全員免訴となった。

このように、第一次世界大戦に伴う思想問題に対して、平沼ら司法省・検察の強硬な姿勢は際立った。それはおそらく既存の法秩序、社会秩序の維持を前提とし、それらを乱す存在を法の威力により取締るという基本的な職責による。この既存秩序の最も中核的な存在が天皇制であった。このことは社会政策などにも関わる内務省との相違につながった可能性がある。

第6章　政治権力を求めて——国本社の改組、政治勢力への接近

宮中入りの希望

平沼は回想で、一九二三（大正一二）年九月の法相就任までは大審院長として定年を迎えるつもりだったと述べている。しかし、それは正確ではない。彼は遅くとも一九二一年九月までには、将来宮中に入ることを望んでいた。

一九二一年九月に富谷鉎太郎（とみやしょうたろう）大審院長の定年が間近となり、後任人事が問題となった際、原敬首相は平沼検事総長が宮中入りを希望していることを伝え聞き、「尤（もっと）もの事にも考えらるるも今直に行わるべきに非（あら）ず、殊（こと）に皇族会議にも列する大審院長とは異り、検事総長にては事情に於（お）ても許さざる事」と考え、平沼と内談し、平沼は大審院長への就任を承諾する（『原敬日記』一九二一年九月二六日）。翌月、平沼は大審院長に就任し、平沼の後任には鈴木喜三郎司法次官が昇格する。

当時『東京日日新聞』を除く新聞が満鉄事件などを眼前に控え、「硬骨なる平沼氏を院長に祭り上げ」、準政友会員とも見るべき鈴木次官を検事総長に起用するのは「司法権の独立

の為めに危惧」すべきであると反対していた。また、憲政会も「極力反対の意を表し」ていた（「司法大官の更迭」）。

富谷の定年によって平沼は後任の大審院長に就いたのであり、メディアの観測は誤りである。しかし、これは司法官としての平沼と鈴木のイメージの違いを端的に表している。

鈴木は一八九五（明治二八）年に鳩山一郎（政友会所属衆議院議員）の姉と結婚していた。一九二〇年六月には司法次官在任のまま原首相の推薦により貴族院議員に勅選され、政友会寄りの貴族院会派研究会に所属する。鈴木は将来の立身のため、政友会への入党を考慮に入れていたのであろう。その結果、政友会系官僚とのイメージが定着し、公平性の観点から検事総長として不適格とみなされる。

一方、平沼は政治的な姻戚関係を持たず、検察権の行使では公平な立場をアピールし、政党や藩閥と特別な関係はなかった。さらに、政治勢力による贈収賄事件、選挙違反事件の捜査にも厳格な姿勢を示していた。そのため、世間では引き続き政治的に中立というイメージがあったといえよう。

なぜ宮中入りをめざしたか

では、なぜ平沼は宮中入りをめざし、どのような展望を持っていたのか。

当時、「宮中・府中の別」という言葉に象徴されるように、天皇・皇室及び宮内省などの宮中は内閣や議会など府中の外に置き、府中の問題が宮中に及ばないようにすべきとの考えが社会的通念となっていた。したがって、宮内大臣（宮相）や天皇を「常侍輔弼（じょうじほひつ）」する役割を担う内大臣といった宮中高官は政治的に中立で、府中に関与しない立場が求められた。ただし、実際に宮中高官の行動や人事が政治的に中立であったわけではない。宮中高官の主要人事には元老の筆頭格山県有朋が強い影響力を持っていた。たとえば、山県は一九一九年一〇月、平田東助を宮内省御用掛とし、翌年六月には中村雄次郎を宮相に据えるなど自派の官僚を宮中の要職に配置していた。

しかし、山県の宮中支配は宮中某重大事件により大きく変わる。一九一九年六月、皇太子裕仁親王（のちの昭和天皇）の妃に久邇宮邦彦（くにのみやくにひこ）王の娘良子（ながこ）が内定したが、その後良子に色覚異常遺伝子が入っていることがわかり、婚約辞退するか否かをめぐり政治問題となった。

山県は色覚異常を知ると久邇宮に内定辞退を迫ったが、久邇宮は拒否。その後この問題は政界にも広がり、山県は一九二一年二月、婚約成立支持への転換を余儀なくされた。中村宮相と山県は混乱の責任を取り辞表を提出。山県は元老の西園寺公望と松方正義の慰留により撤回したが、後任宮相には非山県系で薩摩出身の牧野伸顕が就任し、宮内次官は牧野の意向で薩摩系と関係が深い関屋貞三郎が任命され、山県の宮中支配は崩れる（『山県有朋』四三七～四四五頁）。

内大臣は、時期や人物により職責である「常侍輔弼」のあり方が大きく異なる。一九一二年八月、大正天皇の即位を契機に内大臣兼侍従長となった桂太郎は大物政治家として府中にも関与し、わずか四ヵ月で辞任して第三次桂内閣を組織したが、これが「宮中・府中の別」を乱すものとされ、第一次護憲運動の導火線となった。

その後、元老の大山巌、松方正義が内大臣を務めたが、その過程で元老と内大臣の政治的役割が次第に混交し、内大臣の政治行動の範囲が元老に次ぐレベルにまで拡大していく。一九二四年に西園寺が最後の元老となると、内大臣の存在感がより増していく（『内大臣の研究』）。

こうした状況を見ると、平沼はおそらく将来的に宮相か内大臣に就き、宮中政治家として皇太子の輔導のみならず、元老に代わる政治的調整を行う立場をめざしたのであろう。

国本社の設立

平沼は世間では中立的なイメージだったが、前章で見たように実際には外来思想の問題が深刻化する原内閣期になると、検事総長でありながら、政治家、官僚、民間の国家主義者との交流を深めていく。

民間の国家主義者との交流は、一九一九年一月の竹内賀久治（弁護士）との会談からである。同じ岡山出身の二人はそれまで顔見知り程度であったが、会談以降、竹内は平沼の側近として活動するようになる。竹内の特許法に関する論文を平沼が高く評価したことが会談のきっかけとされているが、それよりも、竹内が国家主義運動に参加し、社会主義思想に傾倒する東大の学生を中心とした新人会と対立していたことから興味を持ったのだろう。その後、竹内は新人会に対抗して一九一九年四月に東京帝大内で結成された国家主義団体の興国同志会に参加する。

前章で述べた一九二〇年一月の森戸事件の際、興国同志会は森戸辰男助教授の罷免を要求するなど活発に活動した。ただし、この行動に学内から批判が高まり、興国同志会では脱退者が相次ぎ、興国同志会は自然消滅する。

その後、竹内は平沼と連絡を取り新たに雑誌『戦士日本』を発行したが、創刊号のみで挫折した。一九二一年一月には興国同志会の演説会に参加していた弁護士の太田耕造とともに国本社を設立し、雑誌『国本』を発刊する。

竹内賀久治（1875〜1946）

雑誌の経営は主に竹内、綾川武治（満鉄東亜経済調査局員）、蓑田胸喜（慶應義塾大学予科教員）、天野辰夫（弁護士）らが担当した。発刊にあたっては東京帝国大学法学部・文学部の教授・助教授らの援助があり、平沼も後援した。一九二三年一一月時点で、三潴信三（法学部教授）・井上哲次郎（文学部教授）ら九名の東京帝大教授・助教授が名を連ねている。国本社は「国家主義の高調」を活動目的とし、東京帝大関係者

6−1　国本社同人，1921年8月

氏　名	肩　書
天野辰夫	弁護士
綾川武治	満鉄東亜経済調査局員
伊藤恵	奈良女子高等師範学校教授
乾政彦	法学博士
井上哲次郎	東京帝国大学文学部教授
今井時郎	東京帝国大学文学部助教授
入澤宗壽	東京帝国大学文学部助教授
上田萬年	元東京帝国大学文学部長
薄井久男	実業家
大賀彊二	和光堂社長
太田耕造	弁護士
筧克彦	東京帝国大学法学部教授
北岡香平	三越呉服店重役
紀平正美	学習院教授
児島徳四郎	不　明
斎藤清太郎	東京帝国大学文学部助教授
宿利英治	弁護士
高野金重	弁護士
竹内賀久治	弁護士
土屋小介	不　明
友枝高彦	東京帝国大学文学部教授
原嘉道	法学博士・弁護士
深作安文	東京帝国大学文学部助教授
平沼騏一郎	検事総長
平松市蔵	弁護士
広瀬哲士	慶應義塾大学文学部教授
堀江専一郎	法学博士
増島六一郎	法学博士
三潴信三	東京帝国大学法学部教授
三井甲之	東京帝国大学卒・歌人
三宅碩夫	弁護士
望月茂	『国本』編集長

註記：肩書が未記載の者については筆者が適宜補った
出典：『国本』第1巻第8号（1921年8月）を参考に筆者作成

を中心に民間の知識人も加入する組織であった。

国家主義者との深まる交流

同時期、平沼は国本社以外の官僚・軍人、民間の国家主義者とも交流を深めるようになる。

一九二一年に平沼は各省の中堅官僚及び軍人らと辛酉会を結成した。翌年六月時点でのメンバーは五七名で、陸軍では宇垣一成中将・荒木貞夫大佐・小畑敏四郎少佐ら、海軍では加藤寛治少将・大角岑生少将・米内光政大佐ら、外務省では広田弘毅外務省書記官・東郷茂徳外務事務官・杉村陽太郎条約第二課長ら、司法省では岩村通世参事官・小原直東京地裁検事正・塩野季彦東京区検次席検事らが会員として名を連ねている。彼らの多くはのちに国本社の役員に就任する。

辛酉会の具体的な活動内容は不明である。第二次世界大戦後の荒木の談話によると、同会は平沼を中心とした座談会であった。共産党への対処と、そのような状況をもたらし、外交でもだらしない政党政治をどうするのかといった話をしたという。国本社ほどイデオロギー的に明白ではなかったが、第一次世界大戦後の新しい状況、とりわけ左翼の台頭への対応を求める中堅官僚層の集団であったと指摘されている（『昭和初期政治史研究』三五六頁）。

他方、一九二一年二月に日比谷大神宮（東京大神宮）で行われた皇太子の洋行中の安全を祈願する集会にも、平沼は参加している。この集会は洋行反対運動を主導していた頭山満（玄洋社総帥）、杉浦重剛（東宮御学問所御用掛）ら民間の国家主義者が主催した。平沼は少なくとも皇太子の外遊を望まないという点について、彼らと同様の意見であったと思われる。

一九二一年四月には、民間で急進的な国家主義運動を展開していた満川亀太郎が北一輝と一緒に平沼を訪問し、「大に天下廓清の途に就き相談した」と日記に記している。この時点で、平沼は満川に三度面会していたが、北とは初対面だった（『満川亀太郎日記』一九二一年四月二四日）。

満川は一九一九年八月に大川周明・北らと猶存社を結成し、日本国家の「改造」とアジア民族の解放を主張していた。猶存社の活動方針は、北が一九一九年八月に記した『国家改造案原理大綱』（のちに『日本改造法案大綱』と改題）であった。北の思想は全体主義的に平等な国民生活を実現しようとするもので、国家主義と社会主義の結合に特徴がある。満川と大川は北の構想に大いに感銘を受けた。ただし、これは伝統的な価値観を重視し、急進的な改革に否定的な平沼の思想とは明らかに異なる。

結局、満川が『国本』に寄稿したのは一九二四年までであり、その後の平沼との関係は確認できない。また、時期は後になるが、一九三二（昭和七）年に平沼は池田成彬に、「自分はあまり北は好まないし、彼の方でもあまり自分を好かないので三年に一遍くらいしか来ない」と述べている。（『西園寺公と政局』）。平沼は満川・北とそれほど密接な関係ではなかったと考えるべきであろう。もっとも、この時点で平沼と満川・北は、皇太子の外遊阻止運動では協力できる関係にあった。

このように、平沼は検事総長（一九二一年一〇月からは大審院長）という政治的中立性が求められる立場だったが、さまざまな政治勢力との接触を重ね、民間の国家主義者とは連携までしていた。

時期は後になるが、民間の国家主義団体に対する平沼の認識としては、一九二九年九月、倉富に語った次の会話が参考になる。

前内閣のときは所謂左傾派の取締に相当厳重に為し、自分（平沼）等は尚お不十分なりと思い居りたるも、現内閣となりては、所謂右傾派の取締を厳にすることになりたるが、夫れも単に暴力団の取締と云えば宜しきも、皇室中心主義の暴力団抔と云うに付、左傾派は勢を得ることになる。事、自分（平沼）学校を管理し居り、学生の気風を見るに、一時は左傾学生は余程閉息し居りたるが、此節は非常に気風が変り、勢力を復し居れり。

（「倉富日記」一九二九年九月一一日）

つまり、田中義一内閣では「左傾」の取締りを厳重にしたが、浜口雄幸内閣では一転して「皇室中心主義の暴力団」まで取締りを行った。その結果、平沼の管理する学校（日本大学）では非常に気風が変わって「左傾学生」が勢力を回復してきているという話である。このことから、平沼は国家主義勢力と共産主義の影響を受けた勢力が対抗関係にあり、前者を保護することは後者を抑えるための有効な手段であると考えたのであろう。

平沼は以前のように教育の振興などでは共産主義の影響を受けた勢力を抑えきれないという危機意識があり、より実行力のある民間の国家主義者との連携が必要と考えるようになったのではないかと思われる。

法相就任——関東大震災と治安維持令

一九二三年九月、第二次山本権兵衛内閣成立に伴い、平沼は大審院長を辞任して法相に就任する。宮中入りには閣僚経験が有利に働くことからも、以前から平沼は法相就任を望んでいたと思われる。第二次山本内閣は非山県系の官僚を主体とした内閣であり、法相就任要請を受諾したのであろう。

なお、平沼は回想では、シーメンス事件で山本自身は無実だったにもかかわらず第一次山本内閣が総辞職となったので、その汚名をすすいでやりたかった。打診を受けたときにちょうど関東大震災が起き、地震がなければ断るつもりだったと述べている。これらも就任を受諾した要因ではあろう。

第二次山本内閣下で司法省が直面した課題は関東大震災である。九月一日、関東地方をマグニチュード七・九の大地震が襲った。地震直後の火災により多くの家屋が焼失し、死者・行方不明者約一五万人、罹災者数約三四〇万人に及ぶ甚大な被害をもたらした。混乱のなか交通や通信が途絶え、人々の間で朝鮮人が井戸に毒を入れているなどの流言が広まり、一部の自警団による朝鮮人の殺害が行われた。

司法省は関東大震災後の流言蜚語（りゅうげんひご）を取締まるため、治安維持令を立案し、閣議・枢密院を経て九月七日、緊急勅令として公布した。その前日の六日、平沼が法相に就任している。

治安維持令では生命身体もしくは財産に危害を及ぼす犯罪を煽動すること、「安寧秩序」を紊乱(びんらん)する目的を持ち、治安を害する事項を流布することなどを禁止し、違反者には一〇年以下の懲役または禁錮などを科した。

治安維持令は九月六日の段階で枢密院本会議で可決されており、同日に法相に就任した平沼は起草に直接関与していないが、一二月、議会で治安維持令の議会承認を求めた際、平時でもこのような法律が必要で、立法化するかもしれないと答弁している。

国民精神作興に関する詔書

他方で、第二次山本内閣では一九二三年一一月、御名御璽(ぎょめいぎょじ)に摂政(せっしょう)の名を付して、「国民精神作興(さっこう)に関する詔書(しょうしょ)」が発布された。これは関東大震災後の危機のなか、教育勅語（一八九〇年一〇月）と戊辰(ぼしん)詔書（一九〇八年一〇月）の精神に立ち返り、復興を呼びかけたものである。教育勅語は国民に天皇に対する忠孝と儒教的道徳の重要性を説き、戊辰詔書は日露戦争後の人心の動揺を受け、上下一致し、勤倹して励み、国運の発展に努めることなどを訴えていた。これらは当時国民の拠(よ)るべき価値基準とされていた。

山本首相は告諭で詔書の意図を次のように述べている。

殊に欧州大戦の齎せる経済界の変調に促されて人心放縦に流れ、節制を失い、国情と相容れざる外来思潮と相待ちて、思想詭激に趨かんとするの風あり。今にして反省自覚を以て中正に帰するに非ずんば、社会の頽廃は遂にこれを済うに由なからんとす〔中略〕教育の振作、殊に徳育を根底として重を人格の養成におき、弛緩せる風紀の振粛につとめ、浮華を去り、軽佻を斥け、我邦道徳の大本たる忠君愛国の思想を基礎として〔中略〕官民斉しく奢侈を戒め、冗費を節し、性格の安固を図り、経済上の実力を養い、進んで力を産業の進暢に尽し、以て国家の興隆を致さざるべからず。

（『国民精神作興に関する詔書義解』訂補二五版）

詔書は平沼の政治観とも共通点が多い。詔書は岡野敬次郎文相が内閣から委嘱を受け、起草したものだが（『田健治郎日記』一九二三年一一月九日）、山本内閣もそれを承認している。山本内閣も平沼と同様の危機意識を持っていたといえる。

なお、議会でも漢学の必要性を認識していた。第四四議会（一九二〇年一二月〜二一年三月）では漢学振興のため政府が適切な処置を取ることを求める「漢学振興に関する建議案」が衆議院に提出されている。建議案は一九二二年と二三年にも衆議院に提出されているが、そこには、日本社会全般が無秩序に西欧化に進んでいくことへ警鐘を鳴らす意味合いもあった。

一九二三年二月には、漢学振興を目的とした大東文化協会が設立される。会頭には大木遠吉（貴族院議員、原内閣法相）、副会頭に江木千之（貴族院議員、清浦奎吾内閣文相）と政友会領袖の小川平吉、理事に鈴木喜三郎検事総長らが就任。翌年二月には、同協会が経営する大東文化学院（現大東文化大学）の開院式が行われている。平沼は大東文化学院の初代総長に就任した。大東文化学院は私立専門学校として出発し、学則に「皇道及国体」に醇化した儒教、東洋文化の教育を掲げていた。

大東文化学院教授となった北昤吉（北一輝の弟）は、大東文化協会と新聞『日本』は「国粋思想の牙城」であった回想している（「小川平吉翁の回顧」）。『日本』は小川平吉の経営する新聞である。編集方針に、①白色人種のイデオロギーであるデモクラシー・コミュニズムからの東洋思想の防衛、②国際連盟の否定、③東洋思想に基づく体制の構築などを掲げていた。平沼も一九二五年五月の発刊打ち合わせ会合に参加しているが（『昭和初期政治史研究』四〇〇〜四〇六頁）、それ以外で『日本』との関わりは確認できない。

このように、第一次世界大戦後のデモクラシーや労働運動の高揚を受けて、体制側の指導者層のなかには急激な社会変動を恐れ、伝統的、復古的な思想の重要性を打ち出し、急激な変化を緩和しようとする動きがあった。平沼は大戦中から伝統的、復古的な思想を推進する勢力の中心にあった。

普通選挙法の推進

第二次山本内閣では男子普通選挙の実施も焦点となっていた。平沼は犬養毅逓相とともに閣内で普選法の制定を推進する立場を取った。平沼はすでに一九二三年七月には、普選は不可避な情勢だと考えていたが、普選運動に同情的であったわけではない。納税による選挙権・被選挙権の制限は限界と考え、普選運動が過熱する前に政府がイニシアティブを取って、十分な対策を講じたうえで実施しようとしたのである。

当時、普選運動の主体となっていたのは憲政会である。第四五議会（一九二一年一二月～二二年三月）では憲政会・国民党などが共同で普選法案を提出した。政友会の反対で法案は否決されたものの、普選運動は活発化し第四六議会（一九二二年一二月～二三年三月）でも全国主要都市で集会やデモが行われた。加藤友三郎内閣は普選は時間の問題と考え、選挙権の拡張を主とする選挙法改革の調査を進めていた。

他方で、官僚・軍部・無産政党の一部・民間の国家主義者のなかにも普選導入論者が少なからずいた。彼らは普選を政党内閣制の確立ではなく、第一次世界大戦によって必要性が認識されるようになった国家総動員を実現するために必要な前提条件と考えていた。

政党内閣に批判的で天皇主権説を説く上杉慎吉東京帝国大学教授は、一九一七年から第一次世界大戦後の民主化の大勢に適応しつつ、国家的統合を推進する手段となるという理由で、普選の導入が必要と考えた。のちに陸相となる宇垣一成も、一九一八年以降に総力戦への転化を意識し、兵役義務に選挙権が伴うことが必要と考えるようになる。

後述するが、平沼も国本社などの演説で、挙国一致による国策遂行を可能にする国民精神の復興などを訴えていることから、同様の意図があった可能性がある。

一九二三年一〇月、山本内閣は普選法案の方針を決定する。同月二一日、平沼は新聞に、普選法案を次の議会に提出することに決定し、次回の総選挙から実施可能だが、それは政府の決心次第である。実施にあたって取締りを厳重にする必要がある、との談話を寄せた。

しかしその後、衆議院多数党の政友会が反対するなか、山本は普選時期尚早（しょうそう）論に傾く。一二月二七日には皇太子暗殺未遂の虎ノ門事件が起き、翌月に第二次山本内閣は総辞職した。平沼が虎ノ門事件に大きな衝撃を受けたことは間違いない。大逆事件では計画の段階で検挙したが、虎ノ門事件は実際に摂政が狙撃されたのである。しかも「国民精神作興に関する詔書」が出されたわずか一ヵ月半後のことだったからだ。

治安維持法との抱き合わせ

さて、平沼は山本内閣総辞職による法相辞任直後の一九二四年一月、貴族院議員に勅選されるが、翌月には貴族院議員を辞職し枢密顧問官に就任した。

枢密顧問官に推挙された経緯は史料的に明らかでないが、この時期は枢密院議長が首相に顧問官推薦の書面を出し、首相から形式的に上奏して天皇（摂政）の裁可を経ていた。手続き上は浜尾新枢密院議長の推薦であろう。

その後の普選と平沼の関わりについて簡潔に述べておこう。一九二四年一二月、加藤高明内閣は普選法案を枢密院に諮詢した。枢密院審査委員会委員として平沼は政府に有和的な姿勢で臨んだ。それは日本共産党などの取締りを目的とする治安維持法を同時に成立させる方針について、政府と一致していたためであろう。枢密院審査委員会では政府の危険思想の取締りや教育の改善についての政策実施を普選実施の前提として政府に求めている。結局、普選法案は第五〇議会（一九二四年一二月〜二五年三月）に提出され、一部修正後、可決された。

この第五〇議会では政府の方針通り治安維持法も成立した。治安維持法は「国体」の変革、または私有財産制度の否認を目的として結社した者、事情を知って加入した者を一〇年以下の懲役または禁錮に処すことなどを定めていた。

普選と治安維持法の関係については、政府に普選法成立のための交換条件として枢密院が治安維持法を呑ませたという理解がなされることが多い。他方、治安維持法がこの時期にできた直接的な要因は普選法ではなく、同年一月のソ連との国交回復であったとする説もある。

平沼は次のように、第二次山本内閣法相時に普選法と治安維持法を抱き合わせで成立させる方針だったと回想している。

私は司法省にいた時考えていた。欧州では共産党の結社を認めていたので、日本にも出来ると思い法律で厳禁することが大切だと大臣に言ったことがある。然しこれはなかなか行われなかった。行われる機会を得たのは普選実施の時である。それは山本内閣の時で犬養が普選の主張者であった〔中略〕犬養は私が反対すると思って、私の処へ来た。その時はどうしても普選になる事情であった。そこで私は、それは同意してやるが、共産党の結社を禁ずる法律を出すが賛成するかと言うと、賛成すると答えた。（『回顧録』）

国本社の改組、政治運動へ

他方で、平沼は法相辞任後まもなく本格的に政治運動に乗り出す。

先述したように、平沼は政党による汚職や第一次世界大戦後の社会主義運動の高揚を憂慮し、一九二一年半ばの時点では宮中入りを望んでいた。しかし、大審院長・法相を経た二年後には将来の政権獲得を視野に入れ、政治運動に乗り出すことを決断する。その要因は主に二つ考えられる。

第一に、治安悪化への憂慮である。平沼は第一次大戦後の社会秩序の動揺を憂慮したが、虎ノ門事件を受け、自らの手で積極的に共産主義、無政府主義の勢力を抑えようと考えたのであろう。それに加え、政党の党利党略への懸念も深めていた。

第二に、閣僚を経験し政治家として自信を持ったことである。平沼は「司法大臣となるより、寧ろ大審院長で司法部をよくし、停年〔定年〕で引きたいと思っていた。それが入閣するようになった。これにより私の境涯が変って来た。時勢も変って来たので、元のようなことは段々なくなって来た」と振り返る（『回顧録』）。先述したように一九二一年半ばに宮中入りの希望を当時の首相原敬に語っているので、この回想は正確ではないが、法相経験が転機となったことは間違いない。

平沼は法相辞任時、五七歳。政治家に転身するには遅い年齢である。もっとも、エリート官僚として大きな政治的挫折なく司法部の頂点に立った自信があり、国の現状や将来についての憂慮を深めるなか、強い政治への意欲を持つことになったのであろう。

平沼は枢密顧問官の職のまま一九二四年五月に国本社を改組し、自ら会長に就任した（以後、改組前を第一次国本社、改組後を国本社と表記）。平沼は国本社の改組にあたり二つの改革を行い、第一次国本社時代の体制を一変させた。

まず、組織活動の目的の再定義である。第一次国本社は「国家主義の高調」を活動目的にした。しかし、改組後の国本社では、第二次山本内閣時に出された「国民精神作興に関する詔書」の精神に依拠し、国民に道徳観念を広めることを目的とした、いわゆる教化団体であることを示し、具体的な政治目標を打ち出さなかった。「国本社々則」には、活動目的として「国本を固くし国体の精華を顕揚するを以て目的とす」としか書かれていない。

次に、第一次国本社では新人会への反発から国家主義団体の興国同志会の関係者が中心だったが、改組後は役員に政官の有力者を就任させた。本部顧問・理事は表の通りである。平沼は人材を集めるにあたって自らの人脈を活用した。一つは先述した辛酉会の人脈であり、宇垣一成、加藤寛治らを参加させた。

6−2　国本社本部の顧問・理事，1924年5月

顧　問	
斎藤実	朝鮮総督・元海相
山川健次郎	枢密顧問官・元東京帝国大学総長
本部理事	
荒木貞夫	憲兵司令官・陸軍少将
宇垣一成	陸相・陸軍中将
岡田忠彦	衆議院議員・前内務省警保局長
加藤寛治	第二艦隊長官・海軍中将
樺山資英	貴族院議員・元内閣書記官長
後藤文夫	元内務省警保局長
小橋一太	憲政会所属衆議院議員・元内務次官
小山松吉	大審院検事
斎藤七五郎	軍令部次長・海軍中将
四王天延孝	軍務局航空課長・陸軍大佐
白岩龍平	東亜同文会理事長
宿利英治	行政裁判所評定官
鈴木喜三郎	法相
竹内賀久治	弁護士
田辺治通	元逓信省通信局長
中田錦吉	住友総本店理事
中松盛雄	弁護士
原嘉道	弁護士
平松市蔵	弁護士
山岡萬之助	司法省刑事局長
山口勝	予備役陸軍中将

出典：竹内賀久治伝刊行会編『竹内賀久治伝』（竹内賀久治伝刊行会・酒井書房〔発売〕，1960年）を基に筆者作成

もう一つは司法官時代の人脈であり、小山松吉、鈴木喜三郎ら多数の司法官を参加させた。国本社本部理事には、改組時に鈴木喜三郎、小山松吉、山岡萬之助、原嘉道が就任。その後小原直、和仁貞吉も加わる。彼らは平沼閥とそれに連なる司法官・弁護士である。

国本社は組織を急激に拡大させ、一九三二年には全府道県に地方支部を設置するまでになった（「国本社試論」二五三頁）。それを可能としたのは陸軍と司法官との関係である。

平沼の側近で第一次国本社設立者の竹内賀久治は、陸軍士官学校の士官候補生だった経歴を持ち、同期の荒木貞夫・四王天延孝を通じて加入者を集めた。荒木は平沼の親友でもあった。

荒木は「会の使命が『国体観の明示』にある以上は、会員に軍人、官吏が加わる事に差支えあるまいとの見地から、陸相を理事に迎え、将軍は先ず全憲兵を入会」させた。地方では師団長クラス、現役退役将官クラスの陸海軍人、裁判所長及び判検事が支部拡大の中心となった。さらに、財閥の三井（池田成彬）・住友（小倉正恒）・安田（結城豊太郎）から運営資金を得ていたことも大きい（「国本社試論」二四九〜二五一頁）。

一九二六年一一月時点の「国本社役員名簿」では、本部では司法省・内務省の高級官僚や司法官、陸海軍人が多くを占めていた。とりわけ司法省官僚・司法官については、本部評議員では司法省官僚・検事が四九名、判事が四八名、弁護士が二四名参加している。名義貸しの者もいるかもしれないが、国本社を通じた平沼の人脈はこの頃には判事・弁護士の間にも一定程度広まっていたと思われる。他方で、地方支部では幅広い有力者が参加していたことが確認できる。名簿に記載されている肩書によると、支部では衆議院議員が二〇名役員に名を連ねている（現職のみ）。党派別では立憲政友会一〇名、憲政会六名、政友本党一名、無所属その他三名となっており、党派に著しい偏りは見られない。なお、当時の第一次若槻礼次郎内閣からも若槻首相、岡田良平文相、安達謙蔵逓相が本部役員となっている。地方支部では地方自治体首長や地方議会の議員・議長が多数参加しており、支部全四六ヵ所中、一三ヵ所が県庁・市役所内、四ヵ所が学校や図書館に設置されていた。

このように一九二六年一一月段階では、国本社は特定の党派の利害を代弁している、あるいは政党内閣に肯定・否定といったイメージは特になかった。また、地方では一定の公益性を有する事業として認識されていたといえる。

儒教的理想とその実態

平沼は法相を辞任した頃から、『法律新報』や『国本』の論説で儒教に基づく観念的な政治の理想を訴えるようになる。

その要点をまとめると、共存共栄、親和共同は人間に本来備わった性質であり、国家は人類の親和共同によって建設されている。国家の目的は万民一物もその所を得ないものがないようにし、政治の目的は人に本来備わった性質を高めることにある。日本は建国の基礎を

「天地の大道」に置き、皇室は徳をもって君臨し、万民は皇室を戴いて天業を輔翼してきた。

また、日本は事実上皇室中心の一大家族として自然に発展してきた。治者対被治者の葛藤なく、支配者対被支配者の闘争はない。これは建国の基礎が力でなく、徳にあることを示す。武門が跋扈し、覇道が行われたことがあったが、これらは一時の変体だとする。

ただし、平沼は武力を否定したわけではない。彼によると、徳治を完成させるには力が必要であり、力がなければ国内では秩序が成り立たず、外国よる侵攻の際に対処できない。日本は古来尚武の国であるとする。

それらを踏まえたうえで、近来、知識階級が唯物思想に基づく思想に心酔しているが、仁愛に主力をかけるべきである。一身を修め、一家をととのえなければ国家を治めることはできない。教化こそ政治の主要なものであると主張した。

平沼の議論の特徴は、明治維新後日本が進めてきた急激な西洋化を批判し、その反省から儒教的道徳に依拠した秩序の構築を説くことにある。ただし、具体性に乏しくかなり観念的かつ理想主義的なものといえよう。もっとも、平沼自身も次のように、徳に基づく天皇の国家統治は建前だと認めることがあった。

> 皇室は徳を以て海内に君臨せられまして、国民全体は互いに親和共同し、その職の如何を問わず総て皇室を扶翼し奉ると云うのが要するに我国建設以来の常態で、これに依

りて永遠に国家を持続するのが日本の建前である。（「我国に於ける法治」）

平沼は観念的で復古的な国体論者のように思われがちである。しかし、儒教は徳川時代に統治のイデオロギーとして機能した。儒教の本来の姿は天道を基礎とする普遍主義であり、その振興が特定の政略的意図に基づくという非難を回避することもできた（『昭和維新試論』二一八〜二一九頁）。平沼も回顧録で「日本では儒教が皇道の扶翼として、教育の最も重要な部分となっている」と述べる（『回顧録』）。

平沼は司法官として天皇の名において法律の定めるところにより裁判を行ったが、天皇の意向に従ったことはない。また、国本社の活動の指針とした「国民精神作興に関する詔書」も、実際には平沼が閣僚であった第二次山本内閣が文案を決定している。さらに、後述するが、平沼は天皇の政治関与に批判的であった。これらを踏まえると、平沼が日本の伝統的価値観や天皇制の重要性を強調するようになったのは、外来思想への対抗や国民統合、秩序維持の手段としての側面があったといえるだろう。

政党政治の是正、国際主義の批判

他方、平沼は全国の国本社支部設立式などで積極的に講演を行った。そこでは国本社を天皇制の権威に依拠した教化団体と標榜し、外交では国際連盟を通じた国際主義に反対する。

内政では政党による党利党略ではなく、一定不動の国策が重要であるとし、教育などの重大政策については政党内閣の交代によって転換すべきではないと主張していた。平沼は政党政治の弊害を是正できる中立的な官僚と自らアピールし、現状に不満を持つ幅広い勢力を糾合しようとしたのであろう。

なお、平沼にとっての一定不動の国策とは、後述する田中義一内閣時の国策調査会設置構想を踏まえると、寺内正毅内閣時の臨時外交調査委員会を拡充させた機関による決定を意図したようだ。

臨時外交調査委員会とは一九一七年六月、「天皇に直隷（ちょくれい）して時局に関する重要案件を考査、審議」することを目的として宮中に設けられ、委員には国務大臣礼遇が与えられた。寺内首相は諸政治勢力との間に連絡をつけて、内閣の基盤を補強し、内閣の標榜する「挙国一致」に一定の形を与えようとした。

平沼は政党の党略に基づく政策変更を防ぎ、行政の長期的な安定性及び非政党勢力の政策決定過程への参加を担保しようとしたのであろう。

また、国民が国策に無条件で従うべきという発想は、国民の政治的な判断能力を信用していなかったからだろう。それには司法官、とりわけ検事としての職責が影響したと考えられる。平沼は犯罪や汚職の増加など政治・社会の負の側面を目の当たりにしたことから、官僚中心の行政を維持して、国民をいかに官僚の望む政策に誘導するか、という牧民官的な意識が強かったといえる。

薩摩系、政友会との関係構築の模索

さて、第二次山本内閣崩壊後、一九二四年一月に貴族院を基盤に置いた清浦奎吾内閣が成立したが、五月の総選挙で政党内閣樹立をめざす政友会・憲政会・革新倶楽部による護憲三派が勝利する。翌月、清浦内閣は総辞職し後継として護憲三派による加藤高明内閣が成立した。以後一九三二年五月まで政党内閣時代が続く。

ただし、政権交代は民意を反映する二大政党の間で行われるべきとする「憲政の常道」は憲法上明文化されていない。時代の趨勢は政党内閣にあったが、政党間の熾烈な政権獲得競争や政党員による贈収賄事件、選挙違反事件の続発により、政党政治の弊害が重大な社会問題となっていた。

こうした状況下で、平沼は薩摩系など非政党勢力だけでなく、政友会との関係構築を模索する。政権の運営にあたっては政党の協力が不可欠との認識があったのだろう。

まず、薩摩系の中心的存在である上原勇作（元帥陸軍大将）、及び薩摩系と諸政治勢力との連絡役の役割を果たしていた樺山資英貴族院議員に接近した。上原は国本社本部の顧問を務めており、一九二五年五月以降、国本社の活動にたびたび参加していた。

また、樺山とは遅くとも一九二七年一月頃から大東文化学院の事業を通じて交流しており、樺山は国本社本部理事も務めていた。一九二七年四月、平沼は樺山を訪問し、「内外事情を略述して書面とし」、牧野伸顕の秘書下園佐吉を通じて牧野に送っている（「樺山資英日記」一九二七年四月一六日）。牧野は薩摩出身だが、一九二一年二月の宮相就任後、薩摩系の政治運動からは距離を取り、西園寺と連携して宮中の問題を処理し、西園寺の信頼を得ていた。平沼は薩摩系を通じて牧野への接近を試みたのであろう。

さらに、平沼は非政党内閣の首相候補者として期待されていた旧山県系官僚の田健治郎にも接近する。平沼は第二次山本内閣法相時代に農商相だった田を高く評価しており、田が一九二六年五月、枢密顧問官に就任した際にも田の就任に尽力している。田は国本社評議員を務め、国本社講演会にたびたび参加した。後述するが、平沼は一九二六年半ばには田とともに組閣することを考えるようになる。

他方、政友会とは一九二六年四月に弟分の鈴木喜三郎が政友会に入党したことで関係を深めた。党首の田中義一は第二次山本内閣で陸相を務めており、遅くともそのときから顔見知りであった。一九二六年一二月二日、松本剛吉（元老西園寺の私設秘書役）は西園寺から平沼と田中の関係を問われた際、「最も好し」と答えている（『松本日誌』）。

こうした政治勢力への接近を試みる平沼の力の背景には司法部があったと考えられる。平沼は小山松吉・小原直ら平沼閥の司法官との密接な関係を通じて、司法省・検察に相当程度影響力を保ち、少なくとも一九三〇年まで、平沼は彼らを通じて情報を得ていた。汚職や選挙違反の情報を握っている平沼の存在は政党にとって脅威であり、それは平沼の政治的影響力の源泉ともなった。

枢密院副議長へ

一九二六年四月、穂積陳重枢密院議長の死去に伴い、倉富勇三郎は枢密院副議長から枢密院議長に昇任した。平沼は倉富の後任に座る。平沼を推挙したのは倉富だった。先に少し触れたように、倉富と平沼は同じ司法官出身で、その後も臨時法制審議会委員・枢密顧問官などとして同僚の間柄にあった。倉富は元老西園寺に、平沼とは「司法省以来の親友」だと述べている（「倉富日記」一九二六年五月一五日）。

倉富勇三郎（1853〜1948）司法省入省後の東京控訴院検事長時代，日比谷焼打事件の対応責任を問われ左遷．その後は内閣法制局長官，枢密院議長などを歴任．司法官僚出身の有力者に．細事も記す膨大な日記は有力な史料とされる

西園寺と憲政会内閣の第一次若槻内閣は、平沼の枢密院副議長就任に特に反対していない。『東京朝日新聞』（一九二六年四月一二日）は倉富・平沼の正副議長就任により「法制局の上局」になったとの見方を示した。また、松田源治（衆議院議員）は、「だれが議長になっても政治に影響を及ぼすべきでないから何人がやってもいい」ので議長は適任であり、副議長も「学識経験」ゆえに「適材適所」だと

述べている。この時点で平沼は、世間では政治的な人物と認識されていない。

倉富議長は大臣の経験がなく、西園寺らから政治的能力を評価されていなかった。そのこともあってか、倉富は議長就任後、平沼と緊密に連携して枢密院を運用する方針を取り、枢密顧問官補充人事、枢密院審査委員会の人選などについて平沼と相談のうえで決定した。平沼は副議長就任後、倉富とともに枢密院の運用を主導する立場となったのである。

なお、平沼は一九二六年一〇月に帝室制度審議会委員として李王家関係の諸案・皇室裁判令案などの作成に貢献したことにより男爵を授与されている。翌月三日に授爵祝賀会が開催され、平沼と縁のある朝野の有力者百十数名が来会した（『国本新聞』一九二六年一一月一〇日）。主な参加者の内訳は法曹関係者（司法官・弁護士）三八名、陸海軍人二四名、大学関係者七名、内務官僚（元含む）七名、実業関係者七名、貴族院議員四名、衆議院議員三名、枢密顧問官二名である。法曹と陸海軍人の割合が多く、議会関係者が少ない。彼らの多くは国本社の役員を務めていた。ただし、第一次国本社の運営の中心だった民間の国家主義者は綾川武治以外見当たらない。これらは平沼の政治的人脈が国本社、及び陸海軍人、法曹関係者を中心とするものであったことを示す一例といえるかもしれない。

元老西園寺公望への接近

平沼は短期間の間に政治勢力との関係を築こうとするなか、事実上首相を決める権限を持つ唯一の元老となっていた西園寺への接近を試みた。

まず、一九二六年三月に西園寺の私設秘書役松本剛吉と長時間会談している。この会談は平沼の側近竹内賀久治と平沼閥の司法官小原直らが松本に平沼と会うよう勧告し、実現した。保守的な政治観を持ち、非政党内閣の首相候補者を探していた松本は会談後、日誌に次のように記し、平沼を首相候補補者とみなすようになった。

予は始めて平沼氏の政治家而（し）かも有数の政治家なることを看取せり。予は曽（かつ）て平沼氏を以（もっ）て単に人格高き学究者なりしと思い居りたりしに、今回の会談に依（よ）り〔中略〕氏は政治家に要する凡（すべ）ての資質を具備し居り〔中略〕岡野〔敬次郎。一九二五年没の枢密院副議長〕氏以上の人物にして、確かに首相の器なることを見抜きたり。

（『松本日誌』一九二六年三月二五日）

平沼も会談後、松本を厚遇した。四月二一日には四時間ほど会談し、松本は「平沼氏よりは政治及び宮中に関する重大なる種々の話を承（うけたまわ）りたり。此間更（このかんさら）に隔意（かくい）なく、予を待つに数十年来の知己（ちき）の如くに扱われ、其（その）心持の好（よ）さ筆紙に尽せず、将来皇室及び国家の為め、〔平沼〕氏の驥尾（きび）に附して子分同様の働を為すべき旨を誓い置けり」と日誌に記している（『松本日誌』）。

平沼は日頃無口で政治的な話をむやみにしない。たとえば、一九二六年から三四年にかけて枢密院で平沼と連携した二上兵治枢密院書記官長は、倉富議長に「平沼は如何にも無口なる人にて用件以外には何ごとも云わざる人なり。言少き人は大層意地悪しき人の様に思わる」(「倉富日記」一九三一年二月一日)との印象を述べている。

平沼は普段と異なり松本に政治家としての自己をアピールし、元老西園寺への接近を図ったのだ。

一九二六年五月、平沼は松本の斡旋により西園寺と初めて会談する。当初、西園寺は先述した平沼の国策樹立などに賛成する素振りをみせた。

多様な政治勢力に接近し、西園寺と接触したことで、薩摩系のなかで後継首相に平沼の名が挙がるようになった。たとえば、一九二六年八月、薩摩出身の岩切重雄(政友本党所属衆議院議員)は松本との会話で、田中義一政友会総裁と床次竹二郎政友本党総裁は汚職疑惑がある。そのため、憲政会内閣の第一次若槻内閣が崩壊しても両者には政権が回ってこないとの見方を示し、田健治郎枢密顧問官、あるいは平沼を首班とした内閣を希望している。

松本から薩摩系の意向を聞いた平沼は、薩摩系と手を組み政権を狙っている、との説を強く否定している。しかし、これまで見てきたように、平沼は明らかにこの時期、薩摩系を含む政治勢力との提携を模索しているので、本心ではないとみるべきである。おそらく平沼は政治基盤の一つとして薩摩系を利用しようとしたが、薩摩系を中心とした内閣の擁立運動に利用されることには反対だったのであろう。

松本や薩摩系が平沼に期待した背景には、非政党勢力の政治家の払底があった。松本が期待していた非政党勢力の首相候補者は、第二次山本権兵衛内閣文相などを務めた岡野敬次郎と原敬内閣法相を務めた大木遠吉であったが、平沼が西園寺に面会するまでにすでに死去していた。また、第二次山本内閣内相を務めた後藤新平も内相辞任後、政界で十分に影響力を発揮できていなかった。

西園寺の警戒――国家主義的言動、政治運動

しかし、元老西園寺は平沼の国家主義的言動や政治運動を警戒していた。

西園寺は一九二六年九月に発覚した井上哲次郎筆禍事件での平沼の対応を問題視する。この事件は井上哲次郎大東文化学院総長が著書のなかで、三種の神器の一部がすでに失われていると記述したことについて、国家主義者が不敬だと問題視したことを指す。著書は発禁処分となり、井上は批判を受けて公職辞任に追い込まれた。

平沼は玄洋社の総帥頭山満らから井上の三種の神器に関する記述を伝えられ、大逆罪で起訴された朴烈（ぼくれつ）と金子文子の怪写真が政界の要人に配布され、政治問題となった朴烈事件とはまるで比べものにならないほど悪く、けしからんと批判した。また、若槻首相と岡田良平文相に井上の著書の問題を警告した。平沼は松本剛吉にこのことを西園寺に伝えるよう依頼し

た。
しかし、以上の話を聞いた西園寺は平沼の態度を「甚だ迂闊千万」であるとし、自分の所にも玄洋社の頭山からこの件で書類が届いたが、それほどの問題でなく、政争の具にしてはならない。井上の記述は「決して驚くに足らず、平沼は何うかして居る」と批判している（『松本日誌』一九二六年九月二九日、一〇月三日）。

西園寺公望（1849～1940）

この背景には一九二五年から二六年にかけて、議会ではスキャンダル合戦が繰り広げられ、それも「国体」問題を政権獲得の手段とする動きが出ていたことがある。たとえば、先述の朴烈事件は憲政会内閣打倒を策謀した国家主義者の北一輝が写真を入手し、政友会幹部の森恪に持ち込んだことに始まる。森は朴烈事件を理由に「国体擁護」を唱えて若槻内閣に総辞職を迫っていた。なお、平沼は朴烈事件を問題視したが、倒閣運動に関与した形跡はない。

一九二六年一二月二日には、西園寺は松本に対し、「平沼が野心を起し運動するとの説あり〔中略〕田〔健治郎〕とは余程政治上に於ける識見は違うと思う、平沼が悪いと云うにはあらざるも、未だ少し早きことはなきや」と述べた。また、松本が「平沼男〔爵〕に田〔健治郎〕男〔爵〕がつけば面白き仕事が出来る」と言うと、西園寺は「君は伊太利のムッソリニ抔のことを思うだろうが、日本は未だ其処までは行かない〔中略〕国策樹立の話をされたるが、夫れが未だ若いではないか」と答えている（『松本日誌』）。

平沼の国家主義的な思想や政治行動、軍人・国家主義者などの人脈が西園寺の懸念を招いたのであろう。後述するように、平沼はファシズムに明確に反対であったが、『国本』ではムッソリーニやファシズムを高く評価する論説がしばしば掲載されていた。

意図を見抜けない平沼

だが、平沼は元老西園寺の意図を見抜けず、一九二六年一二月一四日、松本を介して西園寺に対し次のような意見を伝えている。

大正天皇が崩御した場合は新しい天皇に迷惑をかける恐れが多く、更始一新のため西園寺の組閣を希望する。その際は、自分は田健治郎とともに西園寺を援助し、他の閣僚は田と相談して若い者を出し、西園寺に迷惑をかけない。西園寺が組閣するのであれば若槻首相に辞職を勧告してもよい。綱紀粛正が最も必要なので、自分は法相でもよい。田中義一政友会総裁を推薦する場合は援助してもよいが、山本権兵衛元首相・伊東巳代治枢密顧問官らでは賛成できない、と（『松本日誌』）。

これは事実上の田・平沼内閣成立の希望である。西園寺はこれに何ら返答しなかった。

両者の仲介役であった松本が平沼に西園寺の意向をどのように伝えたのかは史料的に明らかではないが、その後平沼は西園寺に同様の構想を持ちかけていないことから、少なくとも西園寺が積極的に支持していないことを察知していたのは間違いないだろう。

しかし、平沼は本来慎重な性格であるにもかかわらず、その後も一九三二年五月に斎藤実内閣が成立する頃まで、西園寺に期待を持ち続ける。それはまず、西園寺が強い政治的意思を持った政治家であるということを十分に理解していなかったからだろう。

平沼が西園寺と顔を合わせたのは、第二次西園寺内閣期（一九一一年八月〜一二年一二月）であり、平沼は「私は西園寺さんのお気に入っとったんです」と回想する（『回顧録』）。だが、その後ほとんど接触はなく、西園寺を政治的に淡泊な人物と誤解していた可能性が高い。先に記した構想も西園寺を担ぎ上げ、自らが実権を握るというものである。もっとも、西園寺の底意を見抜けなかったのは平沼だけではない。西園寺は元老として中立的なイメージを維持しようと老獪に振る舞い、一九三二年五月に政党内閣期が終わるまで、軍部や国家主義者などからの期待を保った（『元老西園寺公望』八・九章）。

次に、自らの権力基盤に一定の自信を持っていたからであろう。平沼は司法官として高い実務能力を示し、自らの力で独自の基盤を作り上げた。また、平沼はわずか二年で薩摩系・政友会と関係を築き、枢密院を主導する立場となった。さらに、国本社の活動も順調であった。それに加えて、平沼に心酔し、首相就任を策謀する松本が仲介役であったことも影響した可能性が高い。西園寺は平沼を批判しているが、松本がそのことを平沼に伝えた形跡は確認できない。このこともきわめて露骨な政治的提言を伝えたことにつながったのであろう。

第7章　枢密院・国本社での躍動——陰謀家イメージの拡大

枢密院の台頭——台湾銀行救済緊急勅令問題

一九二六（大正一五）年四月から枢密院副議長となった平沼の職務は枢密院の運営だった。枢密院は天皇の諮詢（しじゅん）に応じ、重要な国務を審議する機関であり、憲法及びその付属法や条約、緊急勅令などを諮詢事項としていた。憲法に関係する重要な法律や条約の批准については貴衆両院のみならず、枢密院で可決される必要があり、「第三院」あるいは「憲法の番人」と称されることもあった。

なお、緊急勅令とは議会閉会時に突発した緊急事態に限り、内閣の立案する法律と同じ効力を持つ勅令を議会を通さず枢密院の可決のみで出すものである。ただし、次の議会で承認を得られなければ失効した。

枢密院が創設される一八八八（明治二一）年から明治が終わる一九一二年頃まで、内閣と枢密院が緊急勅令をめぐり深刻に対立した事例はなかった。

しかし、一九一四年頃になると枢密院と内閣はしばしば対立する。その動きの中心は、藩閥第二世代の枢密顧問官、伊東巳代治や金子堅太郎である。彼らは憲法制定に関与した経験から憲法秩序の維持を重視していた。また、山県有朋は枢密院議長在任中、自派の官僚ばかりを枢密顧問官に登用し、一九一〇年代前半には枢密院は政党に反感を持つ保守的な官僚の牙城となっていた。彼らは政党が台頭するなか、内閣を牽制して枢密院の存在意義を示そうとしていた。ただし両者の対立は、最終的にほとんどの場合、内閣が枢密院との妥協を選択し政変を回避した。

一九二二年二月に山県枢密院議長が死去した後、憲政会総裁の加藤高明や若槻礼次郎らは議会政治の確立をめざし、国民に対して責任を持たない枢密院が政治的に行動することを避けるため、正副議長人事で政治的影響力を持たない枢密顧問官を昇格させた。倉富勇三郎・平沼の正副議長就任も当初、この流れに位置づけられた。

しかし、倉富議長・平沼副議長は、枢密院の権限及び厳格な法令審査を維持することを望み、かつ意思決定にあたっては法規、先例を重視した。ただし、彼らは保守的な政治観を持ち、枢密院の権限を維持する方針であったものの、枢密院が政変の責任を負う事態を避けようとした。だが、結果として一九二七（昭和二）年から三〇年にかけて、枢密院は政党内閣との対立を激化させていく。

枢密院が第一次若槻内閣下で直面した最大の問題は、台湾銀行救済緊急勅令問題（以下、台湾銀行問題）である。これは一九二七年四月、若槻内閣が金融恐慌の煽りを受け、休業した台湾銀行を緊急勅令により救済しようとしたものである。しかし、枢密院では異論が続出した。とりわけ若槻首相が枢密院審査委員会で、議会の召集は可能だが、議論により財界が不安を持つおそれがあるため、緊急勅令としたと説明したことに対し、枢密顧問官は議会軽視と反発を強めた。

枢密院審査委員会とは、重要な案について枢密院本会議前に事前に数名の枢密顧問官が内容を精査し、審査報告を作成するために設置される。本会議で審査報告が覆ることは事実上なく、枢密院で最も重要なプロセスである。平沼は台湾銀行問題で審査委員長を務めていた。

倉富は枢密院審査委員会の雰囲気が険悪であることから、若槻首相に妥協案として支払猶予令を示したが、若槻は拒否し枢密院と対決した。結局、四月一七日の枢密院本会議では全枢密顧問官の反対により政府の勅令案は否決、若槻首相は対抗上奏せず総辞職した。枢密院の提案は相当程度妥協的であり、政変を回避できた可能性は十分にあった。

なお、この問題で平沼が憲政会内閣に反感を持ち、倒閣のための陰謀を企てたと指摘する研究もある。しかし、「倉富勇三郎日記」を見れば、平沼は倉富と協調して行動し、支払猶予令により妥結する方針であったので、その解釈は正確ではない。もっとも、政府側が対決方針を決めると、平沼は政府案を否決すべく枢密院顧問官へ了解を求め、病気の有松英義枢密顧問官を本会議に出席させるなど多数派工作に動いている。

四月二〇日、後継として政友会内閣の田中義一内閣が成立した。田中は組閣後すぐに枢密院の提案通り、支払猶予令により対処することを決め、翌々日に支払猶予令が枢密院を通過した。

田中内閣と平沼の密接な関係

しかし、憲政会・政友本党（両党は合同し一九二七年六月一日に立憲民政党を結成）は民意を反映しない枢密院による政変を問題視し、枢密院改革の必要性を提起した。五月七日には、衆議院で枢密院弾劾決議案が可決されている。また、この日の衆議院本会議では中野正剛が、勅令案は否決される運命にあり、内閣総辞職の兆しがあると四月一五日に平沼が政友会の鈴木喜三郎へ電報を送ったと指摘した。

平沼はこれに憤慨し、新聞への談話で枢密院審査委員会で否決された政府案が枢密院本会議で否決されることは、政治を語るものは誰でもわかる。そのようなことをわざわざ電報で送るはずがないと中野を批判した。平沼の弁明は説得的であり、電報も確認できていない。

他方で、平沼と田中義一内閣は組閣時から密接な関係にあった。田中に大命が降下されると、枢密院が結果として若槻内閣を倒閣させた経緯を踏まえ、平沼は自身の入閣をあらかじめ断り、松本剛吉を通じて弁護士界の有力者で平沼閥に連なる原嘉道を法相、弟分の鈴木喜三郎をその他の大臣に就任させるよう希望を出していた。

これに対し、田中首相は原を法相、鈴木を内相に起用する。その一方で、政友会に近い貴族院会派の研究会、薩摩系、後藤新平、伊東巳代治の入閣を断った。党外勢力では平沼のみに政治的配慮を行ったことになる。また、田中内閣には国本社役員が四名入閣する（理事の鈴木内相・原法相、評議員の白川義則陸相・小川平吉鉄相）。こうした政友会との密接な関係が平沼への批判につながっていた。

平沼と近い政治観を持つ田中首相は、枢密院などに基盤を持つ平沼を非政党勢力の提携相手として重視したのであろう。

国策調査会設置問題――平沼の構想の頓挫

もっとも、田中義一内閣が成立する一九二七年四月から三一年初頭までの間、平沼が自ら政権獲得に動いた形跡はない。その理由として主に二点挙げられる。

第一に、田中と親しく、かつ政治観が近かったからであろう。西園寺が積極的に支持しない以上自らの政権は困難であり、政友会及び田中と内政外交の大枠の政策で一致していた。第二に、政党内閣の風潮が広まり、非政党内閣の成立が困難となっていたからである。そのためか、この頃には田健治郎や薩摩系の上原勇作（元帥陸軍大将）との接触も減り、政権獲得構想は停滞していた。平沼は首相への野心を持っていたが、政治状況を踏まえ、自らの望む政策の遂行を優先して、政党とも協調する姿勢を持っていた。

他方で、平沼は田中内閣成立後まもなく、田中首相に国策調査会設置を提案した。その理由として、近年のように内閣の更迭ごとに政策の根本方針が変更することは国家の不利益となる。とりわけ、外交方針を確定しなければ、外国から軽侮（けいぶ）され在外邦人が迷惑する。ゆえに、国策の大方針は権威ある委員会を組織して決定し、その決定の裁可を仰ぎ、内閣が更迭されても方針は変えないようにしておく必要があると説明している。

田中義一（1864～1929）

平沼の構想は先述したように、寺内正毅内閣時に設置された臨時外交調査委員会と多くの共通項を持つ。政党内閣に対抗し、非政党勢力が内閣の政策に関与し続ける体制の構築である。しかし、臨時外交調査委員会は与党を持たない寺内内閣が政友会など政党を取り込むために設置された側面があり、政友会が与党的立場にあった加藤友三郎内閣時の一九二二年九月に廃止されていた。

田中は当初、内閣の上にさらに最高機関を設けることに消極的な姿勢を取り、具体化しなかった。しかし、第五五議会（一九二八年四月～五月）終了後に、国策調査会の設置に動き出す。それは一九二八年二月の総選挙で政友会が過半数を獲得できず、内閣の議会運営が不安定になったからだ。

田中は国策調査会委員を国務大臣礼遇とし、民政党総裁の浜口雄幸も委員に含めて会の決議を権威あるようにする考えだった（「倉富日記」一九二八年六月一三日、八月四日）。

しかし、この構想には政府与党内でも反対意見が出た。また、なにより浜口が参加しなければ機能しないという問題があった。田中は八月に浜口と会談したが、浜口は応じなかった。以後、国策調査会設置問題は自然消滅に終わる。

治安維持法改正問題

一九二八年二月の衆議院総選挙で田中内閣は何とか第一党の座を維持したが、鈴木喜三郎内相は総選挙での選挙干渉の責任を追及され、五月に辞職する。また、鈴木内相によって登用された山岡萬之助内務省警保局長（平沼閥で司法官出身）も連帯責任を負い辞職した。ただし、鈴木らの辞任により平沼と田中内閣との関係が途絶えたわけではない。一九二五年四月に公布された治安維持法の改正問題があったからだ。田中内閣は第五五議会に治安維持法の改正案を提出した。

改正案の要点は主に二つである。第一に、日本共産党に入党していない者でも、党の目的に寄与する行為を行った者を罰しようとした（目的遂行罪の導入）。第二に、「国体」変革を目的とした結社を組織、指導した者に対する量刑を引き上げ、最高刑を死刑とした。

では、なぜ政府は治安維持法制定からわずか三年で改正の必要があると考えたのか。

一九二二年七月に結党した日本共産党は二四年春に解党したものの、二六年一二月に再建し、二八年二月一日に中央機関紙『赤旗』を創刊。同月二〇日の第一回普選では公然と労働者、農民の前に立ち活動した。警察は検察指揮のもと、一九二八年三月の三・一五事件で日本共産党員及びその関係者を治安維持法違反で一斉検挙する。しかし捜査の結果、党員ではないが、党の活動に参加している者が多数おり、彼らを取締ることができないことがわかった。これが改正のきっかけである。

治安維持法改正案が議会に提出されると、民政党など野党は批判を強めた。衆議院委員会では厳罰主義の弊害、社会政策の実施の必要性などが指摘され、改正案は審議未了で廃案となった。そこで、田中内閣は緊急勅令で法案を成立させることを決める。

陰謀家のイメージへ――改正への協力

原嘉道法相は倉富・平沼枢密院正副議長を訪問し、事前に緊急勅令への了解を求めた。倉富・平沼は緊急勅令の必要性を認め、審議未了の法案をそのまま枢密院に提出することについても、違憲と判断した先例がないことを理由に問題視しなかった。

平沼は枢密院審査委員会の委員長に就任し、九名からなる審査委員会での通過に努めた。倉富と平沼は当初、情勢を楽観していた。しかしその後、世論のみならず、枢密院内でも反対意見が強まる。文部官僚出身の久保田譲（くぼたゆずる）枢密顧問官ら三名の審査委員は政府が議会を回避して緊急勅令を選択したことなどを指摘し、緊急勅令案に強硬に反対する。この背景には台湾銀行問題で枢密院の反対により第一次若槻内閣が崩壊し、枢密院批判が高まったことも影響していた。

その後、久保田らは枢密院審査委員会で政府に再考を求める動議を出したが、平沼はこれを認めず、六月二二日に政府案は多数決により可決された。

問題の紛糾を受け、平沼は倉富と二上兵治枢密院書記官長に、公開されないはずの枢密院審査委員会の議論がことごとく新聞に漏洩したことを理由に、枢密院副議長辞職の意向を示した。その際、「兼て自分（平沼）は国本会〔社〕の事に全力を尽くし度希望を有し居るに付、其方の為にも此際辞職し度」（「倉富日記」一九二八年六月二六日）と述べている。もっとも、その後まもなく倉富と二上に慰留され、辞意を翻した。

枢密院本会議では前例のない二日間に及ぶ議論の末、六月二七日に多数決で可決された。六月二九日に緊急勅令は公布、即日施行される。

この間、『東京日日新聞』と『東京朝日新聞』は、枢密院審査委員会の紛糾を大きく報じ、枢密院を批判した。また、小川郷太郎民政党政調会長は新聞への談話で、台湾銀行問題で緊急勅令の適用を否定しながら、治安維持法改正を是としたことについて批判した。枢密院は審査機関としての中立性を大きく損なったのだ。

しかし、平沼は一九二八年九月四日、倉富に予審判事が共産党事件の幹部ではない被告人に対し、緊急勅令により死刑になることを告げたところ、被告人は懲役三、四年くらいは覚悟していたが、死刑は困るので、早速共産党は辞めると言ったと話し、「緊急勅令は余程効能ありたる様なり」と話している。また、翌年一一月六日にも倉富が改正案は原法相の功績だと話したことに同意し、原を高く評価した（「倉富日記」）。

先述のように、平沼は一九二六年四月に枢密院副議長に就任した時点でも、政治家というイメージは定着していなかった。しかし、この治安維持法改正緊急勅令をめぐり、枢密院審査委員会の段階で、平沼は政友会内閣と通謀した陰謀家というイメージが広まっていく。

たとえば、『都新聞』では、「吾等は平沼副議長の皇室中心主義者たり、熱烈なる憂国者なるを知る、然れども其行動は常に准政友会員たるの観あり。政治に干与すべからざる枢府〔枢密院〕に入りたる後も、政友会と一脈の気の通ずるものあるは十目の視十指の指さす所である〔中略〕今後を戒慎するか、否ずんば公然政界に打って出るを可とする」と記す（『法律新聞』一九二八年八月二八日の『都新聞』転載記事）。

国家主義的な論調の『日本及日本人』（一九二八年七月号）でも、「謹言重厚の人、自から好んで策士と為り、黒幕となり、陰謀家となるべくも思われざれど、その身辺に漸やく疑雲の濃厚となり来れるを争うべからず」と平沼を評した。

不戦条約批准問題

その後、平沼と田中内閣は一九二八年九月に浮上した不戦条約批准をめぐって不和が生じる。枢密院が不戦条約にある「人民ノ名ニ於テ」という文言を天皇大権に抵触するものと問題視し、批准をめぐり紛糾したのである。

田中内閣は当初、この文言が憲法上妥当でないと考え、アメリカ政府に字句を変更するよう求めた。しかし同意を得られず、やむを得ず字句について代理関係を意味するものではないと解釈し、一九二八年八月に条約に調印した。

田中内閣は枢密院に条約の無条件批准を求めたが、倉富・平沼・二上は、不戦条約の批准は必要だが、憲法に抵触するおそれのある文言については容認できないとの見解で一致し、「人民ノ名ニ於テ」という文言を留保し、それを批准文に加える「留保付批准」の方針を立てた。

他方で、平沼は当初批准拒否を主張していた伊東巳代治枢密顧問官に対し、「此の条約を御批准なさ去ることとすれば外国にては天皇陛下が批准を御拒みなされたりとして宣伝し、責を陛下に帰し奉ることになる」と述べ、説得している（「不戦条約の批准問題」一〜四頁）。

一九二九年三月下旬以降、田中内閣と枢密院との交渉が本格化した。田中内閣は批准書のほかに宣言書を発して、内閣の責任を回避する方針を取った。内閣側との交渉にあたった伊東、金子堅太郎枢密院顧問官も交渉過程でそれに応じる姿勢に転じた。倉富・平沼らは内閣及び伊東らに不満を持ったが、結局宣言書を出す方針を受け容れ、一九二九年六月に枢密院で批准案が可決された。

他方で、民間でこの件について政府批判を活発に展開したのが元駐独大使の本多熊太郎である。彼は退官後、在野で評論活動を行い、国本社の活動にも積極的に参加していた。

本多は不戦条約について、憲法と「国体」への抵触が立派な拒絶理由となり、調印した条約を必ず批准しなければならない義務はないと主張していた。一九二九年二月には不戦条約御批准奏請反対同盟を結成し、田中内閣打倒と平沼内閣成立をめざして積極的に運動を展開する（「解題」『本多熊太郎関係文書』六八九頁）。もっとも、平沼は不戦条約批准が必要と考えており、この点で本多と平沼は一致していない。

なお、本多は手記で、国本社が注目を浴びるようになると、平沼の側近の間には平沼に「国政整理の大任に当らせたい」との思いがあったのだろうが、自分はそういった相談に何らあずかったことはないと述べている（『本多熊太郎関係文書』二五頁）。

また、平沼も倉富に「近頃は一般に政党内閣に厭き、中間内閣説が大分説かるる様になり居るが、中間内閣としても頗る困難なり」と述べ（「倉富日記」一九二九年二月五日）、「中間内閣」（非政党内閣）の成立が困難な情勢だと見ていた。

不戦条約問題で倒閣すれば、枢密院批判がさらに高まる。また、後継には民政党内閣が成立する可能性が高いので、この問題で平沼が倒閣に動くとは考えにくい。しかし、本多の運動が平沼の政権欲に対する懸念を世間に広めたことは間違いないだろう。

平沼の野心への警戒、国本社の政治的イメージ

枢密院の紛糾と国本社の勢力拡大を受け、元老西園寺の私設秘書原田熊雄は平沼を警戒していた。

原田は第一次若槻内閣崩壊後の一九二七年七月に河井弥八内大臣秘書官長、八月には牧野伸顕内大臣に平沼が宮中入りの野心を持っていることを伝えている。国本社についても一九二九年四月、原田はメモに国本社が海軍軍人を誘惑しており、「国体論を中心として、社会的思想的に動いて、いつでも政治的に活動し得る様に準備しつつある」と記している（原田熊雄メモ」『西園寺公と政局』別巻）。

元老西園寺も一九二九年七月、外交官出身の内田康哉枢密顧問官との会話で、「平沼は自ら組閣するなどの覚悟はなき由なるも」、国本社を基礎とし、寄付金を盛んに募集しているようである。「彼の希望は内大臣府を有力にし、君主独〔親〕裁の実」を挙げることにあるようだと述べていた（「内田伯遺稿 二」『内田康哉関係資料集成』第一巻、三六八頁）。

さらに、一九二八年九月一七日には、小原駩吉（貴族院議員・元宮内省内匠頭）が倉富に「平沼は時に不用意の中に宮内大臣となることとの希望を云い出すことありとの話」があると述べている（「倉富日記」）。この頃には宮中関係者の間に平沼が宮中入りを狙っているという噂はある程度広まっていた。

他方、二大政党と枢密院との対立は国本社のイメージにも変化をもたらす。時期は少し後になるが、一九二九年一二月四日、平沼は倉富に、国本社の用で熊本に旅行するが、熊本では民政党幹部の「安達謙蔵・小橋一太等が国本社の役員なる故、変な工合なり」と語り、倉富は「熊本にては余程用心せざれば君（平沼）は倒閣の陰謀者なりとて攻撃せらるべし」と応じている（「倉富日記」）。

また、国本社役員だった荒木貞夫は戦後の談話で、「鈴木〔喜三郎〕が〔一九二六年四月に〕政友会に入って内相になってから国本社ははっきり政友会系とみられた。出発当時には若槻〔礼次郎〕等の憲政会系の人々も顧問として入っていたが、これを契機として自然やめてしまった。そして次第に政党人や首になった鈴木系の知事連が出入りするようになって、だんだん当初の目的がうすれていった。それで自分も足が遠のくことになった」と述べている（『昭和初期政治史研究』三六三頁）。

この頃には国本社が政友会系に傾斜するようになったことがうかがわれる。

張作霖爆殺事件——天皇の政治関与への批判

この間、一九二八年六月には張作霖（ちょうさくりん）爆殺事件が起こる。奉天軍閥指導者の張が日本との関係を軽視するようになるなか、関東軍内で満蒙権益への危機感が高まり、河本大作陸軍大佐らが張を爆殺したのである。

田中首相は当初、昭和天皇に犯人の証拠が挙がれば軍法会議にかけると上奏したが、閣内の同意を得ることができなかった。平沼も犯人の公表と軍法会議の開催に反対していた。一二月一三日、松本剛吉に対し、河本大佐らが犯人だということは間違いないようだが、それを世間に公表して軍法会議にかければ、将来の列国に対する面目上、「由々敷大事」であり、田中内閣は「之が為め退かねばなりはせぬか」、と述べている（『松本日誌』）。

その後、田中首相は張作霖爆殺事件の処理をめぐり、昭和天皇から矛盾があると叱責を受け、一九二九年七月二日に内閣を総辞職した。

七月二四日、平沼は倉富との会話で、事件を牧野内大臣、薩摩系の陰謀との見解を示した。また、政党の弊害はすでにその極に達しているが、「中間内閣」としても各々が勝手なことを言い、安定しないので、西園寺が内閣を作り、一時的でもその弊害を除くことができればよいと話している（「倉富日記」）。

他方で、九月一日、倉富が、天皇に政治的責任を問えないのはもちろんだが、実際に権力を行使してその責任をまったくとらないわけにはいかない。天皇は田中への叱責のような行動を取らないようにする必要があると言ったことに、平沼は「然り」と同意している（「倉富日記」）。ここでも平沼は、天皇の政治関与に批判的だった。

さて、一九二九年七月二日に浜口雄幸内閣が成立した。平沼は民政党内閣の成立はやむを得ないと考えていたが、まもなく同内閣の思想問題への宥和的姿勢に不満を持つ。

その後、後述するが政友・民政両内閣の高官による汚職疑惑が相次いだ。これを受け、平沼は一一月二一日、倉富に現内閣が崩壊するとすれば、「綱紀紊乱」によるもので、同一の理由で崩壊した政友会に大命降下する理由はなく、「超然内閣」の成立は困難だが、時勢をその方に進展させる必要があると主張している（「倉富日記」）。この時期には、平沼は政党内閣を見放していた。

ロンドン海軍軍縮条約問題と枢密院

浜口内閣の最大の課題となったのは、ロンドン海軍軍縮条約の批准である。一九三〇年一月から開催されたロンドン会議では補助艦の軍縮が話し合われた。日米英の協議の結果、総括的比率は対米六割九分七厘、対英六割七分九厘となり、当初海軍が希望していた七割をほぼ確保できたが、潜水艦現有量の維持は認められず、大型巡洋艦は対米六割二厘にとどまった。政府はこれを受け入れる方針だったが、加藤寛治軍令部長・末次信正軍令部次長を中心とする海軍軍令部は強く反対する。

平沼は以前から西欧中心の国際秩序への不信感を持っており、アメリカの目的が中国利権の拡大にあり、日本の利権に多大な悪影響をもたらすと考え、条約批准に反対だった。ロンドン海軍軍縮条約では外交と軍事が主な争点となるが、平沼は辛酉会・国本社の人脈から、官僚・軍人の意見を聞いていた。

平沼は倉富に、外交官のなかでは杉村陽太郎国際連盟事務局次長・広田弘毅駐オランダ公使・本多熊太郎を話のわかる人であると述べ（「倉富日記」一九二九年五月二二日）、評価している。このなかで、平沼の外交政策に最も影響を与えたのは先述した本多であろう。本多はたびたび外交政策の教授を行っていたようであり、吉田茂（田中内閣外務次官）はロンドン海軍軍縮条約時の平沼の意見について、本多などと同様と述べている。

軍事については、陸軍では主に荒木貞夫、海軍では主に加藤軍令部長から情報を得ていたと考えられる。荒木とは極端な反共産主義や、総力戦に際して国民の精神力を重視するという点で一致しており、親しい間柄だった。平沼は倉富に、荒木とは「親友」だと述べている（「倉富日記」一九二九年一月二六日）。加藤とも辛酉会以来の付き合いで、親しかった。一九三〇年三月二五日には、倉富が海軍はどこまでも強硬に主張するようにし、日本の主張のために会議が決裂してもよいと述べたことに平沼は同調し、加藤に会って事情を詳しく聞くと伝えている。

このように、平沼は枢密院副議長を務めながら、辛酉会・国本社の人脈を通じて官僚・軍人から専門知識を仕入れて政治情勢を判断していた。ただし、彼らは官界や軍のなかで必ずしも主流派ではなく、平沼と政治観が近い人物であり、政治家としての新たなビジョンを獲得する機会とはならなかった。

元老西園寺や牧野伸顕内大臣ら宮中側近は英米との協調を重視し、条約締結に賛成であった。だが、加藤軍令部長は依然として条約締結に反対であり、昭和天皇に上奏しようとしたが、鈴木貫太郎侍従長（兼枢密顧問官）に日程の都合を理由に拒否される。この間、四月一日に閣議で決定された全権への条約調印の回訓案は、浜口首相により昭和天皇に奏上され、ただちにロンドンに向けて電送された。

加藤軍令部長の上奏が阻止された事件は四月下旬頃までに政界や陸海軍人、民間の国家主義者の間に広まった。彼らは宮中側近への批判を強め、宮中側近に影響されているとみなされた昭和天皇への不信感も広まった。四月九日、平沼は倉富に「鈴木貫太郎抔は実に不埒なり。鈴木を〔枢密〕顧問官としたることに付ては自分（平沼）も責任あるが、如何にも不都合なり」（「倉富日記」）と述べている。

条約批准には枢密院の可決が必要であった。条約反対派は枢密院を最後の砦として期待した。平沼は枢密院の意思決定について、倉富と相談のうえで枢密院では判断できず、軍の判断による方針を決めた。平沼は条約反対派の東郷平八郎（元帥海軍大将）に期待していた。しかし、七月二三日に海軍軍事参議官会議で決定された奉答書は、補充さえすれば国防上の支障はほぼないとする内容であった。

これを受け、倉富と平沼は批准する方針だったが、倉富が浜口首相に枢密院での審査材料とするため奉答書を見せるよう要求したところ、浜口が拒否したため、枢密院側は態度を硬化させる。だが結局、政府の強い姿勢や枢密院内でも多数を得られない可能性があることを理由に譲歩し、一〇月一日に批准案は枢密院本会議で全会一致により可決され、翌日に条約が批准された。

統帥権擁護の意識、宮中への画策

ロンドン海軍軍縮条約の批准で争点となったのは、兵力量決定にあたって統帥部の同意を必要とするのか否かである。つまりは、明治憲法第一一条（統帥権）と第一二条（編制権）をどのように解釈するかという問題である。第一一条は軍の統帥事項（軍の作戦・用兵に関わる事項）を国務の範囲外に置き、第一二条は軍の編制や常備兵額の決定を国務事項とした。統帥権と編制権との関係ついては、これまで明確な憲法解釈が示されてこなかった。

一九二五年に塚本清治法制局長官が、編制事項の内容によっては国務と統帥が密接な関係を持ち、相互に影響を受けるとの見解を出している。明確ではないが、場合によっては編制事項でも国務と統帥が共同で輔弼すると解釈しうるものである。

一方、ロンドン海軍軍縮条約問題で美濃部達吉東京帝国大学教授は軍の編制についての輔弼の責任は内閣に属する。そのため、内閣は専門家である軍令部の意見も尊重すべきだが、内閣と軍令部との共同の任務ではないと主張していた。美濃部の解釈は国民の支持を背景とする政党内閣が軍の編制でも主導権を握り、決定することを可能にしようとするものだった。浜口首相は議会で憲法解釈を明言しなかったが、実質的には美濃部説を支持していた。

一九三〇年五月七日、平沼は倉富と二上枢密院書記官長との会話で、塚本法制局長官の答弁を「一番明瞭なり」と述べ（「倉富日記」）、内閣と統帥部双方の同意が必要との見解を示している。たしかに平沼は政党内閣に反感を持っていたが、それのみならず、主権行使の機関が分立する明治憲法の体制の維持を意図し、統帥権を擁護した（この点については「ロンドン海軍軍縮問題と平沼騏一郎」八頁も参照）。

政友会は政略的観点から統帥部の同意が必要だと主張し、議会で政府を「統帥権干犯」だと批判した。しかし、このことは統帥権の範囲を広げる要因の一つになる。のちの軍部の台頭を考えると、政策的には重大な誤りであった。

なお、ロンドン条約問題の最中、平沼は牧野内大臣に対する不満を共有する伊東巳代治枢密顧問官、玄洋社の総帥頭山満らと宮中の牧野グループを排斥し、平沼と平沼に近い者を宮中に入れようと運動していた。伊東は二上に「宮内大臣（一木喜徳郎）は直に辞職すること に内定し居る由〔中略〕其後任には平沼（騏一郎）が適任なる故、之を推し度。内大臣（牧野伸顕）も辞職せざるべからず」と述べ、平沼を宮相に推薦していた（「倉富日記」一九三〇年七月一〇日）。しかし、元老西園寺公望が平沼を忌避していることから、宮中入りは成功の見込みがなかった。

また、平沼と倉富はこの時期、枢密院を改組し、大物を顧問官に加えて枢密院が元老や内大臣を補佐し、宮中問題を含め国家の重要事項のみの諮問機関となることも構想していた。しかし、西園寺は枢密院の力をなるべく削減することを年来の主張としており、この構想も実現しなかった。

『国本』の論調

さて、ここで平沼の台頭とともに政界で注目を集めるようになった国本社についてあらためて触れておこう。当時、国本社はどのような活動を行っていたのであろうか。

まず、国本社の雑誌『国本』の論調に少し触れておく。『国本』は第一次国本社時代の一九二一年一月に発刊され、改組後も引き継いだ。

第一次国本社は『国本』発刊の目的として「国家主義の高調」を掲げ、日本の国家主義を擁護していた。

外交では、ワシントン海軍軍縮会議への反対と排日移民法に対する反発などを論じた。その際、白色人種に対する有色人種の団結と対抗を訴えるアジア主義を基調とし、アメリカの軍事的・経済的脅威を強調したことが特徴である。

特に、一九二四年五月一五日、アメリカ連邦議会でいわゆる排日移民法が成立したことは、第一次国本社の同人を憤慨させた。『国本』一九二四年五月号では「移民問題の重大化」という「特集」が組まれた。同月号の編集後記では「今や、太平洋を隔てて人種戦の序幕は切って落とされた。彼米国は、多年正義と人道の仮面を被りて、吾等の前に巧言令色を呈し来れるも、遂いに自らの手を以ってその仮面を剝ぎとったる新移民法なる人種的の宣戦を布告したではないか」と述べ、アメリカの態度を強く批判している。

雑誌『国本』（1929年1月号）

内政では議会の機能不全を批判しつつも、議会そのものの否定ではなく、制度や意識の改革を訴えるものが多く、重要課題であった普通選挙についての言及はわずかであった。

しかし、一九二四年五月の国本社の改組後、『国本』の構成及び内容も変わる。

まず、第一次国本社時代より文化や歴史、小説など創作物の割合が増え、総合雑誌としての性格を強めた。これは国本社が国民精神の涵養を掲げたことや全国の幅広い層の読者から支持を獲得しようとしたからであろう。

もちろん、依然として政治外交に関する論説を扱っていた。また、国本社が陸海軍と関係を深めたことから、新たに軍事関係の論説や現役陸海軍人からの寄稿も確認できる。

外交では桑原冊次郎が中心的な論客だった。桑原の肩書は「ドクトル・オブ・シヴィル・ロー」とのみ記されている。経歴は不明であるが、一九二〇年代から三〇年代にかけて主に保守系の雑誌で評論活動を展開していた人物である。一九二二年には『平民大宰相原敬』という原を顕彰する伝記を出版していることから、政友会系の人物であったと推測される。

桑原は人種論と英米への不信感から国際連盟及び軍縮に一貫して反対姿勢を取り、対中政策では中国における日本の権益維持と反共産主義を重視する姿勢から、田中外交を支持した。

内政では国際主義などに対抗し、国家主義の重要性を説く論調に変化はない。ただし、一九二六年に起きた先述の朴烈事件など共産主義者・無政府主義者による事件が相次いだことから、共産主義などへの思想的対応についての議論がより多くみられるようになる。

具体的には、西洋の思想を取り入れる際は、「国体」や日本の文化、国民性との適合が必要であることを強調する論調であった。また、共産主義に対抗し、国家主義的精神を養うための教育のあり方についての議論も行われていた。

国本社会長としての積極的な講演活動

次に、国本社の活動のもう一つの柱であった講演活動はどうだったのか。

平沼は枢密院副議長に就任する際、国本社の活動の継続を条件とし、倉富と若槻内閣はそれを承諾した。そのため平沼は副議長就任後も、枢密院の主要な問題や緊急案件以外はあまり関与せず、頻繁に国本社会長として全国各地で講演活動を行った。

たとえば、一九二六年四月には香川（六日）、徳島（七日）、浜松（一八日）、三島（二五日）、五月には津山（七日）、倉敷（九日）、上越（一五日）、新潟（一七日）、盛岡（二九日）に赴き、各地での支部設立式で講演を行った。また、六月には沼津（五日）、銚子（一九日）、神戸（二六日）、京都（二七日）、和歌山（二八日）での支部設立式で講演を行っている（『国本新聞』)。

当時の交通事情などを考えると、かなり頻繁に東京を離れている。このような平沼の行動については副議長就任から四ヵ月経たずして、倉富と二上から次のような不満が出ている。

二上　平沼が度々旅行して其の関係し居る会の主義を宣伝することに付ても大分非難の声もあり、未だ新聞には出ざるも、自分（二上）も如何と思い居る。

倉富　此ことは平沼の就任の時、予め条件として副議長となりたるものに付、予より之を止める訳には行かず。尤も、予は此の如く頻繁に出張することは思い居らざりしなり。本人の自省を待つより外に致方なく、塚本清治抔は初め平沼より条件として提出したるとき政府としては政府より依頼も致し度位のことなりとまで云いたる様のことなり。

二上　平沼自身にも世評のあることを分り居る模様にて、自分（平沼）のことを彼此云う人ありとの話を為し居りたることあり。

（「倉富日記」一九二六年八月二日）

平沼はさまざまな世評があることを理解しつつも、国本社の活動を重視し、尽力していたことがわかる。また、国本社の活動を政府より依頼したいくらいだとの塚本清治（加藤高明内閣法制局長官）の発言はこの当時の国本社のイメージを示す一例として興味深い。

なお、一九二六年六月二六日の神戸支部発会式には約二〇〇〇人が参加し、盛況であった。これは国本社活動が順調であったことを示す一例といえる。

この日の講演のタイトルは、服部一三（貴族院議員・支部長）「我国本と新思想」、鈴木荘六大将（参謀総長）「世界の大勢と国民の覚悟」、原嘉道（弁護士）「我公権の本質」、本多熊太郎（元駐独大使）「大戦後の世界」、平沼「我国の精神と国本社の使命」となっている。国本社の活動が文字通り観念的な教化や道徳にとどまらず、平沼及び彼と協調する官僚・政治家・軍人らの政治観を鼓吹（こすい）することにあったことは明らかであった。

異彩を放つ国本社

では、国本社は同時代の国家主義運動のなかでどのように位置づけられるのか。

まず、国家主義団体の始祖というべき玄洋社の会員数は、会員名簿記載分でみると一八八二年から一九四〇年にかけておおむね百数十人程度で推移している。ごく小規模の政治結社であった。黒龍会は一九〇一年の設立当時、会員数はわずか五九名だったが、数年後には一〇〇〇人程度までは拡大したようである。しかし、一九二一年には財政難から機関誌が停刊となるなど衰退していた。一九二〇年代半ば以降、黒龍会主幹の内田良平は組織の拡張を志向するが振るわなかった。

他方で、第一次世界大戦後には二つの新たな思想基盤を持つ団体も生まれた。

第一に、国家社会主義系の団体である。その代表例として一九一九年に設立された猶存社が挙げられる。先述したように猶存社は大川周明、北一輝、満川亀太郎らを中心に、日本国家の「改造」とアジア民族の解放を掲げて運動を展開し、のちの「国家改造」運動の先駆となった。しかし、あくまでも同志的結合に過ぎず、一九二三年二月のソ連の外交官ヨッフェ来日をめぐり北と大川が対立し、翌月に解散した。

第二に、社会主義や急増する労働争議、小作争議に反感を持ち、日本の伝統的思想を掲げる団体である。大日本国粋会（一九一九年設立）や大日本赤化防止団（一九二二年設立）などが挙げられる。彼らは労働運動や社会運動に対してスト破りなどを行い、存在感を示した。

そのなかでも最も勢力を誇ったのが大日本国粋会だった。同会は古来の温情主義による労使間の美風良俗が外来思想により衰退していることを危惧する中安信三郎元衆議院議員らにより設立された。会長に大物弁護士の磯部四郎（元政友会所属衆議院議員で、一九一四年から貴族院議員）、総裁に貴族院議員で原敬内閣法相を務めた大木遠吉を据えるなど、政官の有力者、特に政友会系とつながりを持ち、スト破りを時に暴力的手段を用いて行った。

しかし、大日本国粋会は設立当初より「任俠（にんきょう）を本領とする者の集団」で、「何の統制もなく、何の訓練もなく」、磯部らも名義だけであって何ら実行力がないと評されていた（「結社と其秘密」）。一九二二年七月には磯部会長の後任問題で紛糾し、関東本部が会から離脱したことにより、活動は停滞する。

他方で、虎ノ門事件をきっかけに一九二四年一二月、政友会領袖の小川平吉を中心に青天会が結成され、二五年六月からは新聞『日本』を刊行する。その目的は「国体の精華」の発揚だけでなく「自主的外交により東洋の平和を確立」、「東西人種の平等」といったアジア主義・人種論を取り入れていた。五百木良三や内田良平といった民間の国家主義者のみならず、政官の要人も参加している。軍人では荒木貞夫、東条英機、永田鉄山ら、貴族院議員では近衛文麿、渡辺千冬ら、官僚では平沼、山岡萬之助ら、政党からは若槻礼次郎、川崎卓吉らが含まれている。しかし、青天会がどの程度勢力を拡大したかは明らかでない。

このように新たな思想基盤を持つ団体も生まれたが、一般大衆の組織化を志向せず、具体的な政策体系を持たなかったため、おおむね一九二〇年代後半には衰退した。内務省警保局が指摘したように、一九三〇年以前の国家主義運動は「概ね教化若くは修養的範疇を脱し得ず、殆んど社会より顧みられざる実情」だった（『社会運動の状況』昭和一〇年）。

こうした明治期からの国家主義団体と比較すると、国本社の拡大は異彩を放つ。その最大の要因は平沼のリーダーシップにあったといえる。

明治期からの国家主義団体の活動は、議会外からの政府批判と強硬外交の主張だった。第一次世界大戦後、社会運動の高揚を恐れる保守的な政治家を会長に据える団体が現れたが、会長になったとしても、その政治家自らが活動を主導することはなかった。

だが、国本社は平沼が会長として文字通り先頭に立って、会の組織改革及び活動を主導した。平沼は組織、イメージの刷新にある程度成功し、自らの政治的人脈を駆使して支部を拡大させた。教化団体を標榜し、演説では実質的には平沼らの政治観を鼓吹するという巧妙な態度を取り、政党政治に対抗する中立的なイメージを打ち出し、保守層の共感をもたらしたのである。

一大勢力を誇る平沼閥

他方、司法部の平沼閥はどうなったのか。

先述したように平沼は一九二四年一月に、後任の鈴木喜三郎も六月に法相を辞任し司法部を離れた。この結果、両者が司法部に直接影響力を及ぼすことは難しくなった。もっとも、司法部には平沼から強い影響を受けた司法官が多く在籍し、平沼は彼らを通じて影響力を保持していた。

たとえば、平沼は松本剛吉に、第一次加藤高明内閣の小川平吉法相時代から「司法省は駄(だ)れ」ているので、近日ごく秘密に個人の資格で司法省要職の者を集め相談する予定であると述べている(『松本日誌』一九二六年九月一九日)。第6章で少し触れた朴烈事件において流出した怪写真は予審判事が撮らせたものであり、司法部の不祥事でもあった。平沼は司法部の状況に危機感を持ち、司法省の要職者に注意を与えようとしたのであろう。一九二七年六月九日にも、平沼が司法官会同で東京に集まっていた司法官を個人的に集めて招待会を開催したことが確認できる。

田中義一内閣が成立すると、先に触れたように平沼の推薦により原嘉道が法相に就任した。また、平沼閥の小原直が司法次官となり、小山検事総長も留任した。鈴木は内相に就任し、内務省警保局長には平沼閥の山岡萬之助元司法省刑事局長が登用された。その結果、平沼閥が司法省・内務省の中枢を占める。

一九二九年七月に成立した民政党内閣の浜口内閣でも平沼閥の小山松吉検事総長、小原司法次官が留任した。

この浜口内閣では、先に少し触れたが政友会、民政党による贈収賄事件が相次ぐ。まず、八月下旬、勲章疑獄事件と五私鉄疑獄事件が発覚した。前者は田中内閣のもとで天岡直嘉（あまおかなおよし）賞勲局総裁が借金返済のため、自らの権限を悪用し、天皇即位大礼の際に叙勲されようとする人の決定に便宜を図り、叙勲を望む民間人から賄賂をとった事件である。後者は小川平吉（田中内閣鉄相）らが鉄道利権（私鉄買収、敷設免許）をめぐり不法な報酬金を受け取った事件である。

この間の検察の捜査情報が平沼にもたらされている。情報は一連の事件の捜査の中心となった塩野季彦東京地裁検事正から得ていたようである（「倉富日記」一九三〇年一月一二日）。塩野は「国本社の関係と、同時に鈴木内相の寵児（ちょうじ）であることは司法部誰れ知らぬ者はない」と評される人物であり（『法律新聞』一九二八年七月二五日）、平沼・鈴木の登用により司法部で頭角を現してきた平沼閥の一人である。

次に、越後鉄道疑獄事件が発覚する。一九二九年一一月、越後鉄道前社長で民政党員の久須美東馬が政府の鉄道買収が完了するまでの間、政府高官に運動費を送った容疑である。『読売新聞』（一九二九年一一月二〇日）では、小橋一太文相らが久須美から収賄したのにもかかわらず、渡辺千冬法相・小山検事総長らは協議のうえ、久須美を不起訴とすることを決定し、塩野検事正らが抵抗していると報じられた。

伊東巳代治枢密顧問官らは平沼を通じて検事に督励させようとした。伊東の話を聞いた平沼は、すでに「有力なる検事に注意を与え置たり。全体は伊東と同意見なるも、今日直に自分（平沼）より検事に注意することは穏当ならずと思う」と述べている（「倉富日記」一九二九年一一月二〇日）。平沼は依然として検察に対し、影響力を持っていたことがわかる。

検察が政党員の関与する贈収賄事件を相次いで立件したことにより、政党は検察批判を強めた。一九三〇年五月には衆議院で、民政党の小俣政一議員らにより「司法権紊乱に関する質問趣旨書」が提出された。この趣意書では塩野検事正が政友会のため、浜口内閣倒閣を狙っていると批判している。しかし、実際には政友会員の贈収賄事件も検挙しているのでその指摘には疑問が残る。

もっとも、史料的根拠は十分に示されていないが、平沼閥の存在と贈収賄事件で鈴木喜三郎系の人物が一人も起訴されていないことを理由に検事局陰謀説を支持する見方もある

（『昭和初期政治史研究』三七三～三七六頁）。塩野検事正は平沼閥の中核だが、主に鈴木により登用されたので、その可能性もありうる。

平沼は回想で、「藩閥時代は刑事問題で困らした事もなく、力もなかった。政党が頭を抬(もた)げてからである。民政党の天下の時は政友会は私に余程いい〔中略〕とうとう終いに私に対して迫害のようなことをしたのは政友会であるが、後には民政党に当りが強かったので、政友会はよかった。政党の連中で民政党を憎む者は私に対して同情した」と述べている（『回顧録』）。

いずれにせよ二大政党による政権獲得競争が過熱するなかで、検察の党派性が問題視されるとともに、政党が検察側に圧力をかけるようになったことがわかる。

なお、注目すべきは平沼が事件を通じて、内閣に妥協的な小山検事総長よりも、強硬な姿

小山松吉（1869～1948）

小原 直（1877～1966）

塩野季彦（1880～1949）

勢を見せた塩野検事正を評価するようになったことである。一一月二七日、平沼は倉富との会話で、新聞で取りざたされた小山の法相就任に否定的な態度を取った。また、一二月四日には「只今最も苦み居るものは塩野検事正」で、「全体検事総長は少しも困らずして済む職務なり」と述べ、塩野に同情を寄せた（「倉富日記」）。

　一九三〇年末になると、平沼と小山松吉検事総長との関係は明確に悪化した。一一月二一日、二上枢密院書記官長が倉富に話したところによると、「平沼は非常に小山松吉のことを非難」しており、二上が「検事総長となすことは君（平沼）が推薦したるに非ずや」と言ったところ、平沼は、「然り、其時は彼の様に弱き人とは思わざりし」と答えた。続いて、二上は牧野菊之助大審院長が定年を迎えることから、彼の後任について尋ねると、平沼は「当然和仁貞吉なり」と答えた（「倉富日記」）。

　和仁東京控訴院長は国本社本部理事に就任するなど平沼と関係性があり、平沼閥に連なる。具体的な経緯は明らかでないが、平沼の指摘通り翌月に和仁が大審院長に就任している。

第8章　政権獲得をめざす――一九三〇年代初頭の平沼内閣運動

軍統制崩壊への危機感

ロンドン海軍軍縮条約問題の紛糾を機に、政党内閣・英米協調外交への不満が一部で拡大する。一九三〇（昭和五）年一一月一四日には、浜口雄幸首相が佐郷屋留雄（国家主義団体愛国社の社員）に狙撃され重傷を負う事件が起きた。翌年三月には、宇垣一成陸相を首班とする軍事政権を樹立しようとするクーデタ計画、三月事件が発覚する。

この頃になると、政界では枢密院副議長の平沼と国家主義団体との関係が取りざたされるようになる。たとえば、一九三〇年一一月、元老西園寺公望の私設秘書の原田熊雄は浜口首相狙撃事件を受け、平沼が国家主義団体を庇護し、司法省へ手を廻して国家主義団体への取締りを徹底していないと問題視している。

また、一一月二一日、倉富勇三郎枢密院議長は実行犯の佐郷屋が『日本及日本人』（国家主義団体政教社発行の雑誌）と国本社の宣言書を読んで感憤したと供述したとの新聞報道を知り、二上兵治枢密院書記官長にどんな趣旨の宣言書か尋ねている。国本社会員でもある二上は、「常に現内閣を攻撃し居る故、其中には犯人の考を刺戟する様の説もありたるならん。自分（二上）は其内容を記憶せず」と応じている（「倉富日記」）。国本社の「宣言書」とは具体的に何を指すのか不明だが、いずれにせよ、平沼は浜口狙撃について疑念を持たれていた。

しかし、平沼がロンドン海軍軍縮条約問題後のテロ・クーデタ未遂事件に関与したことを示す史料はない。第6章で触れたように平沼が一九一〇年代末頃からあえて民間の国家主義者との接触を深めたのは、単なる思想的共鳴だけでない。共産主義に対抗し、天皇を中心とする秩序を守るための手段として国家主義勢力を利用するという政治的意図があったのであり、テロ・クーデタを奨励したわけではない。そもそも民間の国家主義者の政治的影響力は限定的であり、平沼の政権獲得の基盤とはなり得ない。

むしろ平沼は、この頃から軍内で青年将校による下克上の機運が高まり、軍統制が崩壊していることを強く危惧していた。平沼は事態収拾のため、荒木貞夫・真崎甚三郎ら陸軍皇道派と加藤寛治・末次信正ら海軍艦隊派との関係を深めていく。

なお、陸軍皇道派は政党内閣と協調し、三月事件に関与したとされた宇垣一成元陸相及び宇垣派を排撃し、極端な反共産主義や精神主義を高唱していた。海軍艦隊派はロンドン海軍軍縮条約に反対する勢力の間で形成され、ワシントン、ロンドン海軍軍縮条約からの脱退や軍令部の権限拡張などを主張していた。陸軍皇道派と海軍艦隊派は非常時のなか青年将校らを統御しうる存在として支持を集め、影響力を拡大していく。

一九三一年四月一八日、平沼は真崎、荒木、加藤、側近の竹内賀久治（弁護士）、田辺治通（逓信官僚出身で、元大阪府知事）と「陸海壮年将校の憤慨」について話し合った。ここで、平沼は「外に事を構え内を抑えよ〔中略〕対露一戦の為め海陸結束を促し、此事成れば東郷〔平八郎〕、山本〔権兵衛〕を促して君側を清む」と述べている（『加藤寛治日記』）。つまり、対ソ危機を提唱して陸海軍の不満をそらして結束させ、これらが成功すれば東郷と山本を動かして牧野伸顕内大臣ら宮中側近を排斥するという構想である。

九月一六日にも、平沼は倉富・二上に、海軍軍人の硬化が非常に激しくなり、現役軍人が公然と政談演説を行い、聴衆も大いにこれを喜ぶ状況

加藤寛治（1870～1939）

荒木貞夫（1877～1966）

末次信正（1880～1944）

真崎甚三郎（1876～1956）

であり、「軍人の硬化は之を放任し置きては不可」であり「之を緩和する手段」を講じなければならない。宮内省辺では時勢をどのように見ているのか、牧野内大臣は「鎌倉にて棋を囲みて日々を送る」だけだろう、と話している（「倉富日記」）。平沼は軍人の統制を乱す行動に批判的であったが、軍人の抑圧ではなく、不満の緩和が必要と認識していた。

なお、平沼は八月一四日に元老西園寺を訪問し、荒木・真崎とは懇意にしているが、「これらの人ももう到底手に負えないほど、若い者は今日の状況に憤慨」している、と陸軍の統制が危機的な状況であることを報告している。しかし会談の後、西園寺は原田に「何のために一体平沼がやって来たのだろうか」と聞き、原田は枢密院改組構想について西園寺が同意だと勘違いし挨拶に来たか、「或はいまに陸軍を煽て何かやる前に、警告的に平沼が来たのかもしれません」と応じ（『西園寺公と政局』）、真意は伝わらなかった。

満州事変への対応

一九三一年七月上旬、長春北方の万宝山で朝鮮人の入植者と中国側の農民との間で紛争が起こる。これに日本の領事館警察と中国の保安隊が介入し衝突した。またこの間、満州方面で情報収集をしていた中村震太郎陸軍大尉が、中国軍に軍事スパイという理由で銃殺されたことがわかった。この結果、日中関係は険悪化し、有力紙の多くは対中強硬姿勢を示していた。

平沼は倉富・二上との会話で、「中村大尉虐殺事件が喧しくなり居るが、此事件位にて戦争を始められては困る」と述べ（「倉富日記」一九三一年九月一六日）、中国との開戦に否定的だった。

しかし、九月一八日に満州事変の端緒となる柳条湖事件が起こると、平沼は事件の発生理由を日本政府の優柔不断と考えた。そのうえで、事件を起こした以上はこの機会に満蒙権益に関する懸案を解決すべきとの見解を示し、関東軍の独断行動を支持する。

その後、朝鮮軍が九月二一日に奉勅命令なしに独断で越境し、関東軍を支援した。これは明らかに統帥権干犯で天皇大権の侵害にほかならないが、平沼は問題視していない。

平沼は明治憲法の権力分立的な秩序を原則としていたが、常に法的解釈に忠実だったわけではない。このときには憲法よりも自らの望む政策を優先したのである。

軍統制の目論見——皇族の参謀総長・軍令部長擁立

平沼は関東軍の行動を追認したものの、先述したように、青年将校たちによる下克上の機運が高まり、軍の統制が崩壊していることを憂慮していた。九月二三日、平沼、荒木貞夫、加藤寛治の三人は会談の結果、閑院宮載仁（かんいんのみやことひと）親王（元帥陸軍大将）、伏見宮博恭（ふしみのみやひろやす）王（元帥海軍大将）をそれぞれ参謀総長、軍令部長に擁立し、皇族の権威を利用して、軍の統制を回復しようとする。その後、一九三一年一二月、閑院宮が参謀総長、翌年二月に伏見宮が軍令部長に就任した。もちろん、平沼は軍の人事に直接関与できないので、荒木・加藤及び彼らを支持する軍人が実現させている。

皇族擁立について平沼は、軍の統制回復のためと考えたが、皇族に責任を負わせることはできない。結果的に、より下部に権力が移行し、軍のセクショナリズムを助長させてしまう。

この間の一九三一年一〇月一六日、平沼は倉富との会話で、軍統制について次の三点を述べている。

①軍の規律が弛緩し、実権が佐官級以下に移っているが、「少壮軍人」のなかには忠誠心のない者や世論の影響を受けた者もいる。一度方向を誤ればその害はゆゆしきことになる。

②牧野内大臣も軍部内の事情を知っており、平沼が速やかに適当なる処置を講じる必要があると言ったところ、牧野も同意した。

③宇垣一成元陸相らは軍部内で信用を失っており、軍部内で信望を保っているのは東郷平八郎（元帥海軍大将）のみである。満州事変は始末がつくだろうが、軍人跋扈（ばっこ）の端を開いてしまってはいけないので、「此際（この）は天皇陛下が真実大元帥として軍を統率遊ばさるる様にあり度。陛下より東郷に対し御依頼遊ばされても宜（よろ）しきことと思う」（「倉富日記」）。

統制が失われていく軍部への強い危機感がうかがえる。ロンドン海軍軍縮条約で軍の強硬派を擁護したが、軍統制の崩壊を予想していなかったのだろう。また、天皇が大元帥として統率する必要があると述べているが、実際には東郷が天皇の信任を背景として軍の統制を回復させることに期待を抱いていたとみるべきである。東郷は一九三二年一月に国本社顧問に就任するなど平沼と関係を深めていた。

一九三一年一〇月一七日には、橋本欣五郎陸軍中佐を中心とする参謀本部将校が大川周明ら民間の国家主義者と共謀し、満州事変の拡大を図るため、首相・閣僚らを殺害し、警視庁、各新聞社などを占領、荒木陸軍中将を首相兼陸相とする内閣を実現させようとするクーデタ未遂事件が発覚した。十月事件である。

一〇月二一日、平沼は倉富との会話で当時の状況について以下の三点を語っている。

①「満州の方〔関東軍〕は非常なる意気込にて、殆(ほと)んど手を着け様なき有様(ありさま)」であり、満州に独立国を建国し、外国がそれを承認した後、軍人は天皇の処罰を待つ計画である。

②「藤原〔氏〕が軍人を軽んじたる結果、遂に源平氏を現出したるが、今日は政党が軍人を激せしめて此(この)事体〔事態〕を惹(ひ)き起」した。

③兵卒は全体の計画について知らされておらず、のちに兵卒は欺かれたと恨むことになり、「忽(たちま)ち共産主義ともなるべく、此(か)くなれば其害は実に諮(はか)り難」い。

平沼は政党による軍人軽視を十月事件の原因とみなした。ただし、佐官級、尉官級以下の若い軍人を信用しておらず、一番下級の兵への共産主義の浸透を憂慮していた。

もっとも、平沼は枢密院での陸軍追及には消極的であった。一〇月二八日、枢密院の会議で石黒忠悳(いしぐろただのり)枢密顧問官が軍人の計画について陸相の出席を求め、説明を聞きたいと要望したことに対し、「彼の如き事を質問するは適当ならず」と述べている（「倉富日記」）。しかし結局、一一月四日に南次郎陸相は枢密院で報告会を開いた。
陸軍に有和的だったのは満州事変の解決が不十分であれば、軍によるクーデタもあると考えるなど、国内治安への不安を抱いていたからであろう。

平沼内閣運動の始動

第二次若槻内閣が満州事変を収拾できず、関東軍が独走するなかで、陸海軍統制の崩壊がいよいよ喫緊の課題となった。一九三一年一二月に犬養毅内閣が成立したが、政界では非政党内閣の首相候補者として平沼の名が再び挙がるようになる。

少し時期は戻るが、一九三一年八月、内大臣秘書官長兼宮内省参事官の木戸幸一と原田熊雄は平沼内閣説について話し合っている。一一月には原田は西園寺に、平沼内閣論は政友会の鈴木喜三郎一派の策動であるが、平沼ならば軍部、政友会の鈴木派、民政党の安達謙蔵派(民政党内の党人派系の勢力)も挙国一致という形で同意する可能性があると報告した。

さらに、一九三二年二月一九日、小畑敏四郎陸軍大佐は木戸に、「強力内閣の首班として荒木陸相を立たしむるの可否」について、「今少し修練せしめ度く、先ず平沼氏辺りを首班とすることを希望」している(『木戸幸一日記』)。

危機の続発を受け、前章で触れたように政党員による贈収賄事件を目にし、一九二九年一一月に政党内閣に見切りをつけていた平沼は、この時期に自ら政権獲得運動に本格的に乗り出していく。なお、本書では以後、一九三一年から三四年五月まで展開された平沼の政権獲得運動を平沼内閣運動と呼ぶ。

平沼が最も重視したのは陸軍皇道派、海軍艦隊派及び、それに連なる軍有力者との提携である。一九三二年一月には、海軍の要路者を国本社の要職に就任させたことが確認できる。東郷平八郎を顧問に、東郷と親密な関係の小笠原長生（予備役海軍中将）を理事に就任させた。また大角岑生海相を評議員から理事へ昇格させている。陸軍ではすでに荒木・真崎と連携を深めていた。加藤と荒木は国本社改組当時から理事であり、真崎は遅くとも一九二九年の時点で評議員だった。

結果として、平沼と提携する陸海軍人が国本社との関係を深めていく。従来、国本社は軍内の派閥対立を反映したものではなかったが、ここに至り派閥的色彩を帯びた存在となった。犬養毅内閣では荒木が陸相、大角が海相に就任するなど平沼と提携した陸海軍人のなかには軍の中枢を占める者もおり、平沼の最も有力な権力基盤となっていく。

平沼が政権獲得をめざしたのは権力欲だけではない。彼は佐官級・尉官級以下の若い軍人からの信望が厚い陸軍皇道派、海軍艦隊派と提携し、彼らを通じて軍内の統制を回復させることで危機を収拾しようとしたのである。具体的には、①ワシントン海軍軍縮条約、ロンドン海軍軍縮条約からの脱退、②クーデタ防止のために対ソ危機の提唱と軍拡を実施、③宮中側近の更迭、④東郷及び皇族の権威を利用した軍統制の回復を考えていた。

五・一五事件とファッショのイメージ

一九三二年五月一五日には、海軍の青年将校により犬養毅首相が暗殺される。五・一五事件である。翌日、平沼は倉富に、このまま放任すれば今後暴動が続発する恐れがあり、牧野内大臣らを更迭する必要がある。元老西園寺にこのことをなるべく早く進言する必要があると述べている。牧野更迭を主張したのはかねてから宮中入りを希望していたことにくわえ、張作霖爆殺事件で昭和天皇が田中義一を叱責した件について、牧野ら薩摩系による陰謀とみていたからであろう。牧野はロンドン海軍軍縮条約賛成派でもあった。

他方で、五・一五事件を引き起こすような、佐官級・尉官級以下の若い軍人の統制を乱す行為にはやはり強い危機感を持っていた。五月一九日、平沼は倉富との会話で、今朝の新聞に荒木陸相が鈴木喜三郎政友会総裁の首相就任に反対ではないとの見解を示したことに、「少壮軍人」が憤慨していると書いてあった。このようになれば軍人、しかも「少壮軍人」が政治を左右することになり、一時はともかく、後々大きな禍根を残すと述べている。

平沼は内心、自らが犬養の後継首相となることを期待していた。しかし、昭和天皇は西園寺に「ファッショ」(ファシズムと同義)に近い者は不可であると伝えた。西園寺は天皇に後継首相として海軍軍人出身で穏健派の斎藤実朝鮮総督を推薦し、五月二六日に斎藤内閣が成立する。なお、西園寺は斎藤を奏薦する前に、牧野・東郷・荒木・上原勇作(元帥陸軍大将）ら九名と面談したが、そのなかで平沼を推薦したのは東郷のみだった。

平沼は陸海軍の支持を背景に首相に就任することを望んだが、荒木が平沼の名を挙げなかったように、この時点で陸軍での平沼の支持基盤は十分ではなかった。五・一五事件の翌日に近衛文麿貴族院副議長が小畑敏四郎陸軍少将から聞いた話によると、「少壮軍人」の間では犬養内閣の後継として平沼でもすでに不満であり、小畑らが平沼の人物を説明した結果、ようやく平沼でもよいとの意向を示したという。

他方で、ロンドン海軍軍縮条約問題後、国本社が民間の国家主義者・陸軍による国家改造運動に関与しているという疑惑が広まっていた。一九三二年三月二三日、イギリスの『タイムズ』紙は国本社を日本のファッショ団体の代表として報道している。

これに対して平沼は、「日本の革新運動」と題する声明を出し反論する。そこでは、「我国の革新運動」は常に国家の最高目的である道徳の維持を基礎として行われた。天皇と国民との道徳関係、国民相互の道徳関係、万民輔翼の政治はその要素であり、永遠に変更すべきでない。また、日本には排外の思想はなく、ファシズムは外国の国情に起因する。日本には日本独自の道徳を本とした目的・使命があり、外国のファシズムとは何ら関係がないと主張している（『東京朝日新聞』一九三二年四月二〇日）。しかし、国本社、平沼がファッショだというイメージは払拭できなかった。

この頃、平沼が軍部や国家主義者の一部と提携し、ファッショ内閣を成立させようとしているというイメージはメディアでも浸透していた。たとえば、斎藤内閣成立後の一九三二年七月、野村秀雄（のちに朝日新聞社代表取締役）は、「非政党主義の軍部の一部と右翼陣営の国本社一党とはあくまで政友会単独内閣を排撃し、国本社理事（ママ）平沼騏一郎男〔爵〕を擁立してファシズム的超然内閣の出現を願望」していると指摘している（「斎藤内閣成立秘話」）。

平沼と国本社のファシズムへの評価

では、平沼及び国本社はファシズム（ファッショ）をどのように評価していたのか。『国本』の論調をみていこう。

一九二二年一〇月、イタリアのムッソリーニが権力奪取のために起こしたローマ進軍について『国本』では、太田耕造と満川亀太郎がムッソリーニを民族主義の雄として評価していた。その後、ムッソリーニは共産党などを弾圧し独裁体制を形成していくが、『国本』はムッソリーニとファシズムを高く評価し続ける。

しかし、ファシズムを否定する論調も見られる。本多熊太郎は一九二八年八月号で、日本の国情はイタリアほど混乱しておらず、もし「当時の伊太利の如き国情に日本が堕した場合には、ムッソリーニの出現を見る前に、必ず外部よりの一大国難に逢着（ほうちゃく）」する。「吾々（われわれ）がムッソリーニから学ぶべき点は、政治の形式ではなく、その精神にあるのである、あんな形式の政治が日本に行われる様な国情に陥ってはならぬ」と述べている。

平沼は一九二九年一月号で、「近頃イタリー、スペイン等で、所謂独裁政治の声を聴き、我国でも、何程か之に共鳴している人もあるやに見受くるが、かくの如きは、我建国の精神とは全く相入れぬことである」と述べている。当時のイタリアなどで行われ、ファシズムと呼ばれていた独裁政治の日本への導入を明確に否定していたことがわかる。

日本では国内外の現状打破の機運の高まりを受け、ファシズムに対する関心が高まり、メディアでは早いものだと一九三一年四月から特集が組まれている。

『国本』のファシズムに関する論説も、一九三二年に入ると論調に変化が見え、ファシズムへの移行を必然ととらえる論者も現れた。一九三二年四月号の編集後記でも、ファッショ運動は「議会政治に対する絶望的一表現と見るべきで、好むと好まざるに拘わらず、現実の傾向的大勢であれば、容易に引込まぬ代物であろう」と述べている。ファッショ運動への賛否は明らかにしていないが、議会政治の反動で、現在の大勢であるととらえていた。

これは明らかに平沼の見解と異なる。彼の支持する天皇主権説はあくまでも天皇が統治権の主体であり、主権行使の機関が分立し、各々が天皇を輔弼するというものである。そのため、特定の勢力が独裁的権限を持つことは天皇の権限を脅かすものとみなした。これは後述のように、ナチスドイツや大政翼賛会などへの姿勢でも一貫している。

国本社にはさまざまな思想を持つ国家主義者が幅広く参加しており、おそらく平沼は編集を太田耕造らに任せ、紙面構成に介入しなかったのであろう。

その後、先述した一九三二年四月の平沼の声明を機に、『国本』ではファシズムに共感を示す論説は減少していく。一九三二年一二月号の編集後記では、「所謂ファッショ運動に多少同情は表し得るが、到底共鳴し得ない」とファッショを否定した。その後の『国本』の紙面構成は、文化や歴史、小説など創作物の割合が増加し、論考は観念的なものが多くを占める。その結果、政治的性格が弱まっていった。

このように、平沼自身は遅くとも一九二九年の時点でファッショ（ファシズム）に明確に反対していたが、『国本』の論調は一九三二年四月の平沼の声明までむしろ好意的に見ていた。このような雑誌の姿勢が西園寺らの平沼への懸念を高めた可能性がある。

国際連盟脱退への思い

さて、斎藤実首相はロンドン海軍軍縮条約締結支持を表明し、宮中の支持を得ていた。もっとも、約一〇年間朝鮮総督を務めていたこともあり、陸海軍や政党などに支持基盤がなかった。斎藤に大命降下した翌日の一九三二年五月二四日、平沼は倉富に、「此度斎藤が内閣を作りても其統一は至難なるべく、今年末頃までには復た政変あるやも計り難し。海軍にては頗る不平多き様なり」と述べ、倉富も同意した（「倉富日記」）。平沼・倉富は斎藤内閣では陸海軍内の不満を抑えることができないと考えていたのだ。

しかしこの時期、平沼自身が倒閣運動を行った形跡はない。それは「満州国」（以下かっこを略す）承認と国際連盟脱退という重大な外交問題があり、斎藤内閣の外交指導について、大枠では不満がなかったためであろう。

満州国について、平沼は一九三二年三月一六日、倉富と二上に「満州〔国〕を承認せざる様のこととなれば軍部は到底承知せず、内閣も維持出来ざるならん」と述べ（「倉富日記」）、承認は当然だと考えていた。ただし、平沼はそのためにも英仏への外交工作が必要と考えた。特にフランスは「只今日本に対し余程好意を有し居る様」だと分析し、ソ連への対抗としてもフランスと同盟を結ぶことは有効とした（「倉富日記」一九三二年六月一五日）。また、一九三二年一月に日本人日蓮宗僧侶が中国人に襲撃された事件をきっかけに、日本海軍の陸戦隊と中国軍が衝突するに至ったが、この事件について平沼は連盟の印象悪化を懸念し、「兎も角上海事件は困りたるものなり。急に局を結ぶ必要あり」との見解を示している（「倉富日記」一九三二年二月二四日）。

平沼は連盟脱退を望んでいたわけではない。関東軍は満州の南に位置する熱河省を当初から満州国の予定領域としており、一九三三年二月二三日に熱河侵攻を開始する。これにより連盟脱退が避けられない状況となった。それに先立つ同月一三日、平沼は倉富に、前日の有田八郎外務次官との会談で連盟脱退を避ける方策がないか相談したことを伝えている。平沼の意見は次の発言に集約されている。

連盟の形勢は非常に切迫せり。陛下も非常の御軫念あらせらるる趣なり。実業家連中も連盟脱退に付、大に懸念し居る模様なり。蔣介石等も日本にて満州に於ける支那の宗主権さえ認めれば夫れで満足する考なりとのことなり。昨日外務次官有田が来訪し、自分（平沼）の意見を強く論ずは非ざれるべきも何か方策はなきやと云い、上を頰冠りして通ることは出来ざるべきやと云うに付、自分（平沼）は頰冠が出来れば勿論宜しきが、夫れが出来るやと云い置き、自分（平沼）より有田に対し、満州以外の事にて何か支那の面目を立てて満州のことを承認せしめる工夫はなきやと云い置たり。

（「倉富日記」一九三三年二月一三日）

平沼は満州国以外でなるべく中国と妥協し、連盟にはそのまま居座ればよいとの立場だった。ただし、「除名せらるる様ならば、潔よく脱退せざるべからず」、「余り不面目なことをすれば内乱が起るべし。夫れは脱退せざるべからず」（「倉富日記」一九三三年二月一三日、二月一四日）とも述べている。

結局、二月二四日に連盟総会でリットン調査団の報告書が、日本の反対とシャム（現タイ）の棄権を除く全加盟国の賛成で採択された。日本は三月二七日、連盟からの脱退を表明する。

平沼内閣への期待と懸念

五・一五事件後、平沼への期待は英米協調外交に批判的で親軍的な勢力の間で高まっていた。五・一五事件直後、政友会幹部の森恪は鈴木喜三郎内閣成立が不可能な情勢となると、次善策として平沼内閣を検討している。薩摩系も平沼に期待していた。財部彪（浜口雄幸内閣海相）は斎藤内閣成立の際、斎藤に平沼を内相か文相に入れるよう進言している。さらに、中野正剛らのちに国民同盟を結成するグループの間で、一九三二年八月頃には平沼擁立論が出ており、翌一九三三年一月から二月にかけて平沼擁立に向け活動していた。国民同盟とは一九三二年一二月、安達謙蔵・中野らが民政党を脱党し、結成した親軍的な政党である。国民同盟は綱領で、統制経済の確立、極東モンロー主義、日満経済ブロックの建設などを掲げた。

他方で、メディアでも平沼は一九三二年頃から宇垣一成朝鮮総督と並ぶ非政党内閣の首相候補としてたびたび取り上げられた。

一九三二年一二月、政治評論家の御手洗辰雄は後継内閣として「第一にチラリと強く射る光は平沼だ〔中略〕この数年来、政機動くといえば先ず平沼の名が出る」とした。その要因として、①国本社会長としての影響力、②司法部での基盤、③枢密院で実権を掌握したことを挙げた。そのなかで最も重視したのが国本社であり、「全国に社員十万と号せられ、各方面の中堅階級を糾合して社会的一大勢力を把握するに至った〔中略〕平沼自身、表面何と言明しようと、その一党は事ある毎(ごと)にいろんな方面に、盛んな暗躍明躍する〔中略〕殊(こと)に今年に入ってからのそれ等の活躍は物凄まじい」と指摘している（「政界惑星物語」）。

また、一九三三年六月、東京日日新聞社政治部長の阿部真之助も、平沼が「一個の惑星」であり、「彼の強みは軍部との諒解が、満点であるに存する。軍部の首脳部は、大多数国本運動の帰依者であって、彼の政界進出に反対しないのみか、寧(むし)ろ大に歓迎しているのだ。現に斎藤組閣以前、九分通り大命平沼に降下すべしと期待されたのは、軍部の慫慂(しょうよう)預って力があったと伝えられる」と記している（「鈴木・平沼・宇垣」）。

一方、政治評論家でリベラリストの馬場恒吾は平沼擁立に懸念を示していた。一九三二年八月、馬場は軍部や政友会の森が平沼擁立を図り、世間では「ファッショ内閣」と呼ばれている。平沼は有力者には議会主義の尊重を言明しているが、衆議院を幾度でも解散して既成政党に代わる政党を作ろうとしており、このことは実質的に議会政治の否認につながりかねないと危惧した（「非常時の政界展望」）。

馬場は一九三三年八月にも、現在の日本の政治体制が「ファッショ独裁に行くか、社会主義独裁に行くか、或は政党政治に復帰する」のか、わからない段階にあり軍部の支持を背景とする平沼内閣が成立すれば、ファシズムを加速させるとした（「現代政治の段階」）。

この時期の平沼は、英米協調外交に批判的で親軍的な勢力から期待を集める一方、軍の台頭を抑止し、英米協調外交・議会中心主義を守ろうとする勢力から警戒されていた。

組閣への自信――斎藤内閣の後継の座

平沼はこの間、軍部のみならず貴族院副議長の近衛文麿、国民同盟の中野正剛らにも接触して斎藤内閣の後継首相の座を狙った。

一九三三年一月に平沼が近衛と中野に語った内容は、平沼の内政外交の認識を知るうえで重要である。以下少し長くなるが、引用する。

まず、一月二五日に木戸幸一が近衛からの話として次のように日記に記している。

> 最近、近衛公の許に中野正剛氏来訪〔中略〕〔平沼〕男〔爵〕は日露開戦等は考え居らず、軍部を抑え得るは余輩なりと答え、且つ自分は側近の大官らの交〔更〕迭等は口にしたることはなし〔中略〕平沼男〔爵〕は政局につき可なり詳細に意見を述べ、今日陸軍は対露策戦を説き、海軍は日米開戦を唱う、如斯して各自勝手な方策にて動く様にては誠に心許なし、宜しく国策の統一を図ること急務なり、而して之をよくなし得るは、余を措て他になしとの抱負を暗に説きし様子なり。而して海軍にも二派あり、遡れば結局東郷〔平八郎元帥海軍大将〕、山本〔権兵衛元首相〕との対立なるが、最近之が調和にも努力し、加藤〔寛治〕、財部〔彪〕の間の融和にも相当成功せり等話し、外交策としては支那とは手を結ばざるべからずと云い、内治方面に就ては既成政党打破を唱え、政党

にても良きことを為すならばよし等と称せる荒木〔貞夫〕陸相は弱しと云い、軍部方面にては真崎〔甚三郎〕参謀次長に信頼を置けるものの如し。

（『木戸日記』一九三三年一月二五日）

近衛は原田熊雄にも平沼との会談について次のように伝えている。

〔平沼は〕実によくしゃべる、「胸襟を開いて語る」といったような具合に、食事をしながら四、五時間にわたってしゃべり続けたが、ファッショはいかんようだとか、「やはりどこまでも議会政治で行く。但し今日の政党は困る。無論解散は二遍でも三遍でも辞するところではない。今日軍部がかれこれやっているが、彼等に委しておいたら、国家をどこに持っていくか判らん、それで、陸軍を抑えることは勿論自分に自信があるし、海軍もまた然り。殊に今日は財部と末次〔信正第二艦隊長官〕との間を調停して二分されている海軍を一つに纏めようと思っている」とか、また対支〔中〕外交については、南方になんとか手を打たなければならん。吉田〔茂〕大使の話もきいてみたが全然同感である」とか言っていた。どうやら財部とは始終往来し、安達〔謙蔵〕とも会い、たまには山本権兵衛をも訪ね、床次〔竹二郎〕も加わっているらしい。

（『西園寺公と政局』）

『木戸日記』と原田の談話の内容は少し異なる点もあるが、平沼は軍部が国家を左右することを懸念し、一九三三年一月下旬には陸軍統制と海軍内派閥の融和に自信を持ち、政権への意欲を示すまでになっていたことがわかる。既成政党には強硬な姿勢を示し、議会の動向に左右されず政権運営を行う超然内閣を彷彿とさせる発言をしている。

ただし、実際には政党の協力なしに政権を運営することは不可能であり、政友会幹部の床次竹二郎だけでなく、親軍的な政党の国民同盟にも接近を図ったことがうかがえる。一党独裁を嫌っていたが、政権基盤の一つとして新興政党の国民同盟に期待したのであろう。もっとも、平沼は五・一五事件発生直後などに牧野内大臣の更迭を主張しており、側近の大官らの更迭などを口にしたことはないとの発言は事実と異なる。

外交では日ソ開戦、日米開戦論に積極的ではなく、中国との提携を訴えている。

近衛文麿（1891～1945）

平沼が対中提携を訴えた理由は財界への配慮もあったようだ。一九三二年一〇月五日には倉富に、「支那は今少し折合わざれば、日本の商人は大打撃なり。上海辺りは結局共同管理となす方便利ならん〔中略〕支那が何と云うても好市場なり。政治家は支那の市場を宥和することは是亦之を為さざるべからず」と述べている（「倉富日記」）。

なお、平沼は反共産主義者であったが、対ソ戦を現実的に検討していたわけではない。むしろ対外的危機を作り、陸軍の矛先をソ連に向けるためだった。三井財閥の池田成彬にも、「陸軍の今日の勢を外に向けざれば危険と見、之をロシアに向けては如何」と伝えている（『木戸日記』一九三一年一一月一四日）。

観念的言説とメディアからの評価

他方、平沼がメディアで説いた観念的な言説も幅広い層から期待を高めた要因の一つだった。平沼は枢密院副議長に就任した頃から新聞や雑誌でしばしば論説を発表したが、それらのほとんどは日本の伝統的な精神への回帰を抽象的、観念的に主張するものである。

たとえば、「徳治」については先に少し触れたが、皇室は徳をもって君臨し、国民は親和共同してその職を問わずすべて皇室を扶翼するというものに過ぎない。

また、「昭和維新」については一九二九年一月に次のように述べている。

> 最早明治初年の日本ではなく、何処から見ても押しも押されもせぬ世界の一等国であるから、従来のように徒に西洋の物真似をして喜んでいる場合ではない。飽くまでも、固有の精神を基盤としてこれを拡充し発揮して、逆に西洋諸国に対して政治の模範を示して行くべきである。然るに、西洋模倣の流弊が今や社会の各方面に亙って、幾多の悪影響を及ぼしていることは掩うべからざる事実である。殊に最近西洋流の唯物観に基

く一種の社会思想が侵入して来て、将来我が国の運命を担って立つべき青年学生の間に相当危険な感化を及ぼしつつある事実に鑑（かんが）みても、誠に怖るべく戒むべき傾向といわなければならない。尤（もっと）もかくいえばとて、外国のものは何でも排斥せよというような頑迷固陋（ころう）の見を支持してはならぬことは論を俟（ま）たない。（「昭和維新の意義」『回顧録』所収）

日本固有の精神の重視と共産主義への反感は明確だが、それ以外は具体的にどのようにすれば「昭和維新」となるのか明らかではない。これらはいかようにも解釈できた。

東京日日新聞社政治部長の阿部真之助は、一九三三年六月、平沼の「口癖にする国体精神は、道徳談義の範疇（はんちゅう）にあって、未だ政治理論のカテゴリーに入らない。政治は方策であり、方策の実行だ。平沼にどんな方策があるか、誰も聞かない。彼も語らない」と指摘している（「鈴木・平沼・宇垣」）。

一方、東京日日新聞社のある記者は、平沼の精神を政策的に表現すれば「余程ファッショ政治に近いものとなって現われる」。平沼が自身の主義を実行するならば「第一に果たさねばならぬ義務は、行き過ぎた資本主義の修正を措（お）て外（ほか）にない筈（はず）」だとした（『非常時十人男』）。つまり、平沼の精神がファッショ政治に近いもので、資本主義の修正をも意味するものと解釈していたのだ。

平沼内閣運動の高揚と挫折

一九三三年一〇月、次年度予算をめぐって閣内で対立が生じ、この問題で斎藤内閣が崩壊するとの見方が出ていた。

一〇月一五日、中野正剛は鈴木貞一陸軍大佐に、平沼が「軍の要望を悉く認」め、「組閣の大命あるや軍の中堅の支持により改革」を行う意向だと伝えた。これに鈴木は、「平沼と雖も軍の考と同一考の下に施政するに於ては敢て異議なし」と答えている（「鈴木貞一日記」）。中野の話なので留保が必要だが、正しいとすれば平沼は内心警戒している佐官級の軍人にも迎合する態度をとり、支持基盤の拡大を図ったといえる。

結局、予算問題は一二月に荒木陸相が農村対策費を陸軍予算のなかから拠出して解決し、斎藤内閣は危機を乗り切った。しかし、陸軍の間では荒木陸相への批判が高まった。そして、斎藤内閣を見限り、陸軍との提携を模索する平沼に組閣させようとする動きが強まる。

荒木は一九三四年一月二三日に陸相を辞任したが、後任の林銑十郎も平沼と親しく、二月には林も平沼の組閣を支持する。同月、鈴木貞一陸軍大佐は原田熊雄に、「矢張り平沼氏を一度出す方可然と思考す、腫物を其儘になすは不可なり、一度政権を与うるに於ては必ずや平静となるべし」と述べ、原田も「小生も一度渡して見る方可然と考えり、大した事は出来ずと信ず」と応じている（「鈴木貞一日記」一九三四年二月一五日）。

こうして、一九三四年に入ると平沼内閣運動は最も活発となった。

しかし、平沼は一九三四年五月三日に倉富が枢密院議長を辞職した際、議長への昇格を阻まれ、衝撃を受ける。倉富は後任に平沼を推薦したが、元老西園寺はそれを拒否し、前例を踏襲せず一木喜徳郎宮相を後任議長としたからだ。

平沼の昇格阻止は元老西園寺の意向によるものだが、その背景には枢密院議長のポストが従来よりも重要となっていたことも関係していた。牧野伸顕は一九三〇年五月の時点で、後継内閣推薦は枢密院議長にも下問されてしかるべきであり、倉富はその資格に乏しいが、今後、枢密院議長の選任にはその点を考慮に入れて慎重に行うべきとの見解を示していた。

平沼は西園寺がいる以上、自らの政権獲得は不可能と考え、代わりに加藤寛治の擁立を構想する。五月二二日、平沼は真崎に、「適当なる組閣者を求めんと欲するも見当たらず〔中略〕予は加藤海軍大将を最も適当と信ず、予は自ら首班たるの地位を棄て全力を以て隠然之を補佐せんと欲す、此が為には陸海軍の結束が最大の要件なり」と述べている。真崎がこれに対し、「予個人は大賛成」であるが、成功の見込みはあるかと尋ねると、平沼は「陸海軍の結束堅固ならば見込十分あり」と答えている（『真崎日記』）。

その後、平沼は西園寺と関係の深い中川小十郎貴族院議員を通じて西園寺に加藤擁立を持ちかけた。しかし六月二一日、西園寺は原田に加藤擁立について平沼が内相となって実質的に首相をやるつもりではないかと述べ、まともに取り合わなかった。

陸海軍内の平沼支持派の衰退

これと前後し、平沼と提携する陸海軍人が次々と政治的影響力を失っていった。海軍では東郷が一九三四年五月に死去し、七月頃には加藤と末次信正が政治的策動をしたと伏見宮博恭王（軍令部総長・元帥海軍大将）から叱責され、翌年一〇月に加藤は後備役に編入される。

一方、陸軍では皇道派と統制派による派閥抗争が激化した。荒木貞夫・真崎甚三郎を中心とする皇道派は一時陸軍内で台頭したが、その後林銑十郎陸相や永田鉄山軍務局長ら統制派が勢力を増していた。一九三四年一月に荒木の後任陸相となった林は、永田とともに青年将校運動の取締りを強化した。

一九三五年七月一六日、青年将校運動への宥和的な姿勢を問題視された真崎が教育総監の地位を追われた。八月一二日には、真崎更迭を永田軍務局長の陰謀と考えた相沢三郎陸軍中佐が永田を殺害した。相沢事件である。九月五日、林はこの事件の影響で陸相を辞任する。

先述したように平沼は、荒木・真崎だけでなく林とも良好な関係を築いており、彼らが主要ポストから去ったことで陸軍を抑える見通しを失った。一九三五年七月一四日、原田熊雄は木戸幸一との会話で、三井財閥の池田成彬から聞いた話として、池田は平沼に「今少し周囲を奇麗にしては如何」と言い、平沼は「自分も来年は七十になるし、元老、重臣方面の気受もよくないので、政界乗出し等の野心は持たないから安心せられたし」と答えたという（『木戸日記』）。また、少し後になるが、一九三八年末にも平沼は政治評論家の山浦貫一との会談で「森恪君のような人は行動して成功する種類の人物だが、自分のようなのは行動したら必ず失敗するから、ぢっとしている方がいい」と述べている（『近衛時代の人物』五三頁）。

実際、平沼は荒木・真崎らとも以前のように親密ではなくなり、平沼内閣運動の失敗により政治運動に慎重になった。依然として政権への野心は持っていたが、それを見せず、周囲から推されるまで待ち、自身に有利な政治状況での組閣の機会をうかがうようになる。

これまで述べてきたように、平沼は一貫して佐官級、尉官級の若い軍人に不信感を持ち、軍統制の崩壊を危惧した。そして、軍内で信望を保つ陸軍皇道派・海軍艦隊派との提携により、軍統制を回復し危機を収束させようとした。たしかに強い権力への意志を持っていたが、青年将校を煽り、テロ・クーデタを推奨した、あるいはイタリアのファシスト党のような独裁政治を導入しようとしたといったイメージは誤りである。もっとも、提携した皇道派や艦隊派の軍人が行った政策はむしろ軍の統制をより難しくしたのであり、彼らとの提携が政策的に誤りであったことも間違いない。また、平沼は軍統制崩壊の危機を軍内部の協力者を得てひとまず収束させようとしたことは確かだが、明治憲法の分立的統治構造の克服について明確なビジョンを持っていたわけではなかった。たとえば、一九三三年一〇月の海軍艦隊派主導による省部事務互渉規定改定により海相の権力は低下し、統帥部門の海軍軍令部の権限が強化される。このことは統帥権の独立を強化し、軍統制をより困難にするが、平沼が改定に反対した形跡はない。

政党内閣崩壊後の平沼閥

ここで、一九三〇年代の司法部と平沼閥の動向についても確認しておきたい。

ロンドン海軍軍縮条約問題後、平沼が政権獲得運動に乗り出すと、平沼閥は大きく動揺する。すでに平沼閥の中核である小林芳郎と山岡萬之助は司法部を去り、先述したように一九三〇年末以後、平沼は小山松吉検事総長（のちに斎藤実内閣法相）への不満を募らせた。

他方、弟分の鈴木喜三郎は政友会幹部として、政友会内閣の復活をめざしていた。政党内閣を見放し、軍部との協調による組閣をめざす平沼との構想の相違は明確となっており、以前のように親しい間柄ではなくなった。

小山と小原直司法次官（のちに岡田啓介内閣法相）も、遅くとも五・一五事件後には平沼が国家主義者との関係が深いことを問題視し、平沼の意向に沿わず平沼と近い国家主義者の検挙を積極的に行う。

検察は五・一五事件の捜査で、平沼の側近竹内賀久治と望月茂（『国本』編輯発行人・印刷人）を検挙した。小山法相は原田熊雄に、竹内と望月が本間憲一郎（国家主義団体紫山塾塾頭）を「匿（かく）しているように思える節もあった」ことから検挙し、三、四日間勾留した。「これには平沼さんあたりも非常に怒っていたらしい」と述べている（『西園寺公と政局』）。

一九三三年七月一一日には、天野辰夫（国家主義団体の愛国勤労党中央委員）らが中心となり、全国の国家主義団体を動員し、斎藤内閣の全閣僚、牧野伸顕内大臣らを殺害する計画が発覚した。神兵隊事件である。この事件が発覚した際にも、小山法相は原田に対し、国本社が関係しており、「右傾の徹底的検挙をやる」意向を述べている（『西園寺公と政局』）。もっとも、国本社が組織として事件に関与したことを示す史料は見つかっていない。

この間、一九三三年二月二八日の浜口首相狙撃事件の控訴審では、適用法条を殺人未遂と改めたが、実行犯の佐郷屋に求刑通り死刑判決が下された。一二月には、司法省に国家主義勢力を専門とする第二思想部が新設されている。

この姿勢は五・一五事件の裁判でも変わらない。五・一五事件は海軍青年将校と陸軍士官学校候補生、民間の国家主義者の共謀だったため、陸海軍側は軍法会議、民間側は通常の裁判所で裁かれることになった。

陸軍の軍法会議は被告らに同情的で一律懲役八年を求刑した。一方、海軍の軍法会議では首謀者の古賀清志中尉に死刑を求刑するなど法に基づく求刑であったが、この求刑に対して減刑嘆願運動が全国的に広がった。海軍内でも加藤寛治らは論告に批判的で、海軍首脳部に減刑するよう圧力をかけた。結局、九月一一日の陸軍の判決では被告全員に求刑の半分の禁錮四年、一一月九日の海軍の判決でも首謀者の古賀中尉に禁錮一五年など求刑よりも大幅に減刑された判決が下された。

他方、司法省は裁判官の公平な裁断を妨げる恐れがあることなどを理由に五・一五事件についての嘆願書を受理しなかった。民間の国家主義者の裁判は論告求刑では法律に基づき重刑を科すべきとし、橘孝三郎に無期懲役など厳しい求刑を行い、判決でもほとんどそのまま踏襲された。これらは陸海軍と比べてかなり重い量刑だった。

では、こうした状況に平沼はどのように反応したのか。一〇月七日、二上兵治枢密院書記官長は平沼との会話で、「海軍の少壮者は余り騒ぎ居る模様なり」と述べ、平沼も「全く無政府状態なりし」と応じている（『倉富日記』）。明確ではないが、軍統制の点から海軍内の減刑嘆願運動に賛成ではなかったことがうかがえる。

帝人事件と平沼陰謀説

五・一五事件の裁判後、斎藤内閣が直面した最大の問題は帝人事件である。この事件は『時事新報』が一九三四年一月から三月の連載記事で、政財界人の帝人株売買などを批判したことがきっかけとなった。この記事により世論は沸騰し、検察は捜査を開始した。

五月末にかけて大蔵省幹部が次々と逮捕され、斎藤実首相は内閣総辞職を検討するようになる。また、検察の行動の背後には、斎藤内閣倒閣を狙う平沼の陰謀があるとの風聞が飛ぶようになった。たとえば、高橋是清蔵相は原田熊雄に、「或（あるい）は平沼が倒閣のために若い検事を煽（おだ）ててやらしているんだとか〔中略〕そうやたらにすぐ軽率に辞めるわけにも行くまいけれども、結局致方（いたしかた）ない」と述べている（『西園寺公と政局』）。

しかし五月二八日には、小山松吉法相は原田に、「『黒田〔越郎〕検事が平沼の一党だ』とか、『司法省のファッショだ』とか、いろいろ言われているけれども、これはみんなデマであって、実際のところは非常に慎重にやっている」と否定した。また、三宅正太郎大審院判事も原田に、「非常に慎重にやっているから、そんなことは絶対にない」と否定し（『西園寺公と政局』）、検察は公正だと見ていた。

その後、小山法相は六月二九日の閣議で大蔵省高官の起訴事実について予審に付し、前閣僚、現閣僚が事件に関係した事実があることを報告した。この報告を受け、七月八日、斎藤内閣は総辞職した。

この間、平沼は捜査情報を得ていた。四月一八日、平沼は倉富・二上との会話で、黒田英雄大蔵次官も事件に関係しており、それが判明すれば、高橋蔵相は留任できないだろう。中島久万吉前商工相らは「馬鹿な奴」で、家宅捜索により種々の証拠を押収されたようである。これは「全く斎藤（実）に交し、斎藤よりの受領証にて大臣の受領なりとて之を保存し置き、押収せられた」と述べている（「倉富日記」）。平沼は事件当初より、中島らの収賄容疑が事実だと考えていた。ただし、平沼が帝人事件の捜査に関与した直接的な証拠はない。

七月八日、斎藤内閣の後継として岡田啓介内閣が成立し、法相には小原直東京控訴院長が就任した。小原は回顧録で、法相就任前に平沼と鈴木喜三郎政友会総裁に相談すべきだったが、当時の政治情勢と両者の岡田内閣への心構えを察して、あえて意見を聞くことをやめたと述べている。小原は平沼、鈴木の意向に反することを予想したうえで入閣を決断したのであろう。

その後小原法相は三土忠造（斎藤内閣鉄相）らを起訴する。小原は回想で、岡田啓介から「特に考慮の余地はないかと、切に懇望され〔中略〕三土氏は、かねて尊敬する政治家であるから、できることなら、起訴を見合わせたい」と考え、再調査を行った。しかし、「事件全体に誤りはなく、三土氏の起訴はやむをえない」と考え、起訴したと振り返る（『小原直回顧録』一九四〜一九五頁）。つまり、小原は岡田内閣に協調的な姿勢であったが、三土は有罪に当たると考えていた。

国体明徴運動への姿勢

岡田内閣では天皇機関説問題をきっかけに国体明徴運動が起こる。天皇機関説が政治問題化したのは、一九三五年二月一八日、貴族院で菊池武夫議員が美濃部達吉らの著書を列挙し、天皇機関説は「国体」に反すると述べ、政府の所信を質したことがきっかけだった。二月二五日、美濃部は貴族院で弁明を行ったものの、国家主義団体や在郷軍人会などを中心に、政府に機関説排撃を求める国体明徴運動が拡大していく。

二月二五日、小原法相は原田熊雄に、国体明徴運動の狙いが機関説の排撃だけではなく、天皇機関説を主張する一木喜徳郎枢密院議長を「瑕つけ、議長の席が空いたら平沼男〔爵〕

を上に上げようというのが目的らしい」と述べ（『西園寺公と政局』）、警戒していた。それは平沼の野心への警戒だけでなく、議会で帝人事件を取り上げた江藤源九郎衆議院議員と菊池議員が平沼と親しい関係にあったことも影響していたのだろう。

平沼は二月二六日、陸軍皇道派の真崎甚三郎教育総監との会談で、美濃部の説について「重大なる問題にて、此の儘放棄すべきものにあらず」と述べている。また、国体明徴問題を機に真崎を中心として陸軍をまとめるよう提案した（『真崎日記』）。

その後、真崎は天皇機関説を否定する訓示を陸軍内で出そうと考える。平沼も真崎の策に賛成し、側近竹内賀久治を通じて、真崎になるべく速やかに団隊長を集めて訓示することがよいと伝えた。真崎は訓示案の訂正を平沼に依頼したうえで、四月六日に訓示を陸軍部内に発した。

四月七日、司法当局は美濃部を取調べ、出版法違反だが処分は社会情勢を静視して決めると表明した。これに続き、内務省は四月九日に美濃部の著書三点を発禁とし、翌日には文部省も国体明徴に関する訓令を出した。しかし、国家主義団体は美濃部らの処分にとどまらず、彼らを生み出した時代風潮、及び岡田内閣の責任を追及していく。

司法当局は美濃部の処分を先送りする方針を続けたが、七月に入ると国体明徴運動はますます拡大した。同月末には、陸海軍も内閣に対し天皇機関説排撃を明示する声明の発表を要望した。これを受け、岡田内閣は八月三日に国体明徴に関する声明を出した。

検察は九月一五日に美濃部を再度取調べた。そして、一八日に美濃部は貴族院議員を辞職し、検察は美濃部が謹慎の情があることを理由に起訴猶予とした。

この当時長崎控訴院検事長だった宮城長五郎の伝記によると、光行次郎検事総長は議会終了後、各控訴院の検事長七人を集め、美濃部の起訴について意見を求めた。ここで起訴すべきとの意見を述べたのは、塩野名古屋控訴院検事長と宮城のみであった。

このように、この時期の司法省・検察の中枢は斎藤内閣・岡田内閣と協調し、軍部・国家主義勢力の介入を防ぎ、部内で自律的に司法処理しようとしていたのである。

もっとも、一九三一年から三四年五月まで展開された平沼内閣運動で、平沼は軍部を支持基盤とした。そのため、司法部の動向は平沼内閣運動の展開にあまり影響しなかった。

第9章　平沼内閣発足——枢密院議長から政権トップへ

枢密院議長への昇格、後継首相推薦

平沼内閣運動挫折後、平沼の政治的影響力は大きく低下していた。平沼は特に陸軍内の派閥対立の激化による統制崩壊を憂慮し、組閣の見通しを持てなかった。一九三五（昭和一〇）年二月二六日、皇道派の真崎甚三郎は平沼に出馬の決意があるか尋ねたところ、いまの陸軍の状態では「其意（そのい）なきが如く」感じたと日記に記している（『真崎日記』）。

前章で述べたが、斎藤実内閣下の帝人事件で平沼が倒閣に動いた形跡はなく、岡田啓介内閣下の国体明徴運動への関与も限定的であった。政治的影響力が大きく低下し、宮中周辺から警戒されているなか、自ら動くことの政治的なリスクが高かったからであろう。

さて、この状況下、一九三六年二月二六日に陸軍青年将校によるクーデタ未遂事件が勃発する。二・二六事件である。斎藤内大臣、高橋是清蔵相、渡辺錠太郎教育総監らが殺害された。岡田首相は難を逃れたが、岡田内閣は二月二六日に総辞職となり、後継として広田弘毅内閣が成立した。なお、平沼が二・二六事件に関与した形跡はない。

二・二六事件により元老西園寺公望の影響力は低下し、内大臣ら宮中グループが後継首相推薦や枢密院議長など国家の重要人事に大きな力を持つようになる。

事件後、一木喜徳郎枢密院議長は辞任の意向を示し、平沼の議長昇格を支持した。斎藤の後任として内大臣となった湯浅倉平も同様の意向であった。西園寺は昇格に反対したが、湯浅らは国本社などとの関係を断つことを条件に昇格を認める。平沼も枢密院議長のポストが二度も素通りすると、自らの威信がさらに低下してしまうことを懸念してか、湯浅に自ら国本社などとの関係を断つことを申し出、三月一三日に平沼は枢密院議長に就任する。

国本社は平沼の辞表を受理したが、後任の会長を決定するに至らず、六月には解散を決定する。これは理事三二名の総意であった。このような終焉からも、国本社が平沼の影響下にあったことがわかる。

広田内閣崩壊間近の一九三七年一月二四日、枢密院議長の平沼は湯浅内大臣ら宮中側近の判断により、後継首相推薦の際に意見を問われている。このとき平沼は近衛文麿貴族院議長のような人物を望むと抽象的に回答したが、元老西園寺は宇垣一成元陸相を推薦し、翌日宇垣に大命が降下された。

しかし、陸軍は宇垣が三月事件に関与していたことなどから反対した。一月二六日、平沼は松平康春貴族院議員に、「宇垣内閣の成立は困難と思う。近衛〔文麿〕公〔爵〕が出馬せらるれば最も可なるが、陸軍なれば林〔銑十郎〕大将、海軍なれば末次〔信正〕大将なれば適任」と述べ、松平によると「海軍の方が稍可なるが如き口吻」だった。また、平沼自身は「出馬の意を積極的に有せず、副議長よりも止められたり」と話したという（『木戸日記』一九三七年一月二六日、『西園寺公と政局』）。

一月二九日に宇垣は大命を拝辞した。これを受け、元老西園寺と湯浅内大臣は相談のうえ、平沼を後継内閣の第一候補、林銑十郎元陸相を第二候補とした。西園寺が平沼を推したのは適当な人物がいないことから、消極的に挙げたに過ぎないと考えられる。

湯浅からの打診に平沼は、「終始自分の性格と手腕は其の任に非ず、今後の情勢は右と左に分れて争うこととなるべしと思わるるところ、現在の地位に居りて聊かなりとも此の点の解決に努力したし、との一点にて固辞」した（『木戸日記』一九三七年一月二九日、『西園寺公と政局』）。平沼の辞退により二月二日に林が組閣する。

平沼の固辞の理由は抽象的だが、おそらく陸軍中堅層や官僚の一部が国家社会主義に傾倒していることへの危惧、軍統制の見通しを失ったこと、陸軍の反対により宇垣の組閣断念を目の当たりにしたからであろう。

一九三七年二月に成立した林銑十郎内閣は総選挙で敗北し、五月末には湯浅倉平内大臣から崩壊間近の林内閣の後継首相について、再び平沼は意見を問われている。平沼は近衛貴族院議長を第一候補とし、親英派で外交官出身の松平恒雄宮相を第二候補として推薦した。その理由として今後の政局は国際関係のうえで、イギリスとの提携が是非必要であるからだと説明している。また、近衛内閣の外相に松平を起用し、もし近衛が長く首相を続けられない場合は、松平に譲ってもよいと提案した。その後、六月四日に第一次近衛内閣が成立する。

平沼がこの時期、対英協調の重要性を力説したのは、華北問題・対ソ戦を重視し、英独と提携して中国とソ連とが連携しないようにすべきと考えていたからである。少し時期は遡るが、一九三五年七月二三日、殖田俊吉（元大蔵官僚で一九三三年まで関東庁財務局長）は真崎に、平沼が同月に死去した杉山茂丸（政治浪人）に述べてきた意見は、満州を第一とし、ソ連とは将来衝突を避けられないので公債を発行しても軍備を増強すること、英独に接近し、中国とソ連が連携しないようにすべきというものであったと伝えている。

平沼が対英協調を訴えた主な理由は、反ソ連、反共産主義にあったといえよう。なお、一九三五年六月にはじまる華北分離工作は日中関係を険悪化させることになるが、この工作についての平沼の態度は必ずしも明確ではない。ただし、冀東（きとう）防共自治委員会が設立される一九三五年一一月には、竹内賀久治が真崎に、「平沼男〔爵〕は北支の形勢を憂いありて、状況により自ら伏見宮殿下に言上するの意あり」と伝えており（『真崎日記』一九三五年一一月二〇日）、工作に賛成でなかったと思われる。また、平沼は防共を手がかりに英米を含む各国との協調を図ろうと考えていた。

大命降下へ――平沼内閣成立の経緯

一九三七年七月七日の盧溝橋（ろこうきょう）事件をきっかけに、日中戦争が始まった。平沼は七月末に近衛文麿首相らとともに、宮崎龍介（中国と関係が深い革命運動家宮崎滔天（とうてん）の長男）を南京に送り込み、国民政府の指導者蔣介石と和平交渉させる構想を立てたが、陸軍の妨害により失敗する。平沼が中国との全面戦争を望んでいなかったことは明らかだが、それはおそらく対ソ戦、中国のソ連への接近を警戒していたからであろう。

近衛内閣は南京陥落を受け、一九三八年一月一六日に「国民政府を対手とせず」とする声明（第一次近衛声明）を出し、自ら交渉を打ち切り戦争は泥沼化する。近衛は戦争終結の見通しを失い、木戸幸一文相兼厚相らにたびたび辞意を漏らすようになった。そのため、三月二〇日の時点で木戸は塩野季彦法相と平沼の首相擁立について相談している。先述したように、塩野は平沼閥の司法官で、平沼の推薦により近衛内閣法相となっていた。

近衛首相は戦争収拾の糸口を見出すため、内閣改造により五月二六日に宇垣一成を外相に据え、翌月三日には板垣征四郎を陸相に据えた。しかし、うまく機能せず、九月には元老西園寺公望の私設秘書原田熊雄に辞意を漏らすようになった。

近衛首相は一二月にも木戸に、和平工作はあまり期待できず、諸方面も行き詰まっているので、日中戦争が「長期建設」の段階に入ったこの機会に辞職したいと伝えた。一二月中旬頃には近衛や宮中側近の間で、平沼が後継内閣の事実上の第一候補となっていた。

なお、平沼と近衛は一九一七年頃から顔見知りで、平沼の回想によると、近衛は始終、平沼に「好感を有っていた」という（『回顧録』）。近衛は第一次世界大戦後の国際秩序について、英米などが不平等な現状を維持しようとしていることに不満を抱いていた。この点で平沼と共通点があった。

英米協調を重視する湯浅内大臣や池田成彬蔵相（三井財閥）は平沼を首相候補とするにあたって、彼の外交姿勢を懸念した。もっとも、この時点で一九三一年から三四年五月までの平沼内閣運動時と比べると、両者の政策の差異は小さくなっていた。

一二月二六日に木戸厚相らから首相就任の打診を受けた平沼は、国民政府ナンバー2の汪兆銘（おうちょうめい）を対象とした和平工作が進展し、汪が重慶を脱出したことから、近衛の続投を主張した。ただし、大命降下した場合の受諾については含みをもたせた。その後、二九日には大命降下すれば首相就任を受諾すると明言する。

一九三九年一月四日、近衛内閣は総辞職し、湯浅内大臣は元老西園寺の意見を聴取したうえで、自身の責任をもって昭和天皇に平沼を後継首相として推薦した。そして同日、平沼に大命が下る。平沼騏一郎、七二歳のときである。

組閣――近衛前内閣、政党への配慮

一九三九年一月五日、平沼は組閣をわずか二〇時間ほどで完了させた。組閣本部は塩野法相の提供した司法大臣官邸を利用し、平沼の側近塩野、田辺治通、竹内賀久治、太田耕造らを参謀として人選を進めた。

政治運動を本格的に開始して約一五年後にようやく政権の座にたどり着いた。平沼内閣運動時に比べると政治的影響力が衰えていたとはいえ、感慨もひとしおだっただろう。

平沼騏一郎内閣，1939年１月７日　最前列に平沼と近衛文麿無任所相，次列右から側近の塩野季彦法相兼逓相，木戸幸一内相，有田八郎外相，荒木貞夫文相

組閣の特徴は、第一に平沼の後任となった近衛文麿枢密院議長、木戸前厚相、及び池田前蔵相（三井財閥）らに配慮した人事である。平沼は近衛に汪兆銘工作の継続性の点から無任所相を兼任することを要請し承諾を得た。閣僚の大部分は近衛内閣からの留任であり、平沼の側近で入閣したのは田辺治通内閣書記官長と留任した塩野法相のみであった。なお、かつての提携相手荒木貞夫も文相のまま留任している。

蔵相には、平沼と以前から親しい小倉正恒（住友財閥）に交渉したが断られたため、池田前蔵相に選任を依頼し、池田の意向通りに行動するとみなされた石渡荘太郎大蔵次官の昇格に決まる。

さらに、平沼は内相に末次信正の留任を望まず木戸前厚相の就任を望んだ。木戸は就任の際、内務省の政治問題の対処を任せるという条件を提示し、平沼はこれを快諾した。末次は前年二月に起きた国家主義団体の防共護国団による政友会・民政党本部占拠事件などをめぐり、右派に対する取締りが不十分だと衆議院で批判を浴びていた。また、末次が決めた内務省三役（内務次官・警保局長・警視総監）人事も不評であった。木戸は内相就任後、人事異動により末次色を一掃する。

組閣の特徴の第二は、政党への配慮である。政務官はすべて衆議院議員から採用し、各政党からの推薦により決定した。それに加え、八田嘉明商工相が拓相、塩野法相が逓相を兼任する体制をとることで、政党側に対しのちに兼任を解き、大臣を政党員からも採用する可能性があると期待を抱かせた。

一月五日、最初の閣議を終えた平沼は、内閣記者団に一般施政方針として、近衛内閣時の御前会議で決定した対中方針を基礎とし、引き続き政策の実現に努めるとした。しかし、その他の政策政綱を公表せず、今後の閣議での意見聴取のうえ、議会の施政方針演説で明示するつもりだと述べるにとどめた。

他方、議会・政党については次のように述べている。

憲法に基く議会がある以上、尊重せねばならぬ。政党は議会政治の発達に伴い自然に出来たもので、必ず存在すべきものであるから、これを無視しては何も出来ぬ。政党の健全なる発達は自分も衷心(ちゅうしん)から希望している。国民組織再編成とか新党運動とかについては何も考えていない。政党出身閣僚は政党代表という意味ではないが、政党に籍を置き、政党に力ある人を入閣させることは政治の運用を円滑なさしめる所以(ゆえん)と思う。政党の健全なる発達を図るには先ず政治教育を完全にして行かねばならぬ。日本政治の基礎は万民輔翼ということにあり、国民は如何なる職業にあっても皇室を輔翼し奉ることが日本精神である。〔中略〕政党も万民輔翼の大きなモットーの下に発達して行けば各自の私心は自然に消散する。そうなれば政党も正しくなる。私心を捨てて、皇室のため国民のために尽すという考えを強くすることが政治教育の基礎であると思う。

（『東京朝日新聞』一九三九年一月六日）

政党が皇室や国民のために尽くすよう求めてはいるが、憲法に基づく議会・政党の尊重を明確にしている。また、政党員の入閣も匂わせ、平沼内閣運動時の超然内閣を想起させる強硬姿勢は鳴りを潜めていた。一月二一日の議会再開を直前にひかえ、政党側を懐柔しようとしたのであろう。さらに、近衛を党首とした政党を結成し、強力な戦争指導体制を作ろうとする動きも否定している。

他方で、平沼は検事総長時代からの冷徹なイメージを払拭することに努めた。平沼は記者団との会見に非常に上機嫌で望み、愛想よく対応した。記者は「なかなかの上機嫌で大いに笑う、とてもおだやかな親しみ深いおぢいさんだ」との感想を記した。また、平沼の家族や執事も平沼が冷たい人ではないと新聞に談話を寄せている（『東京日日新聞』一九三九年一月五日、一月六日）。

一月六日、元老西園寺は原田に、平沼内閣の組閣についてただ一言、「エラスティック〔elastic 融通が効く〕だからね」と述べた。原田はこの発言について、「責任の地位につけばそう滅茶なことはできもしないし、やりもしない」という意味だと推測した（『西園寺公と政局』）。

一方、かつての盟友で陸軍皇道派の真崎甚三郎は二月一一日、政治評論家の岩淵辰雄が「財閥にては平沼に依り軍の意向を緩和し平沼も之に乗らんとする形跡ある」と述べたことに同意し、「我欲の迷人等地獄に落ち込むことを知らず」と応じている（『真崎日記』）。平沼が組閣にあたって親英米派や財界に配慮した人事を行ったことを批判したのである。

平沼がエラスティックな面を持つことは平沼内閣運動でも見て取れる。しかし、過激な既成政党打破や権力欲を露わにした平沼内閣運動時と比べると、首相への野心を見せず、組閣時にも政治状況を現実的に分析し、平沼色を出さずに政権運営の安定化を図った点で、政治家としての成長を示すものとも解釈できよう。

施政方針演説、議会からの追及

一月二一日に再開した議会で、平沼は施政方針演説を行った。

まず、「皇道」に言及した。平沼は政治の基礎を五ヵ条の御誓文にある「旧来の陋習を破り天地の公道に基くべし」とすべきで、「惟うに天地の皇道〔ママ〕は、即ち万物をして其の所を得しめることに帰着するのでありまして、政治の要諦茲にあらねばならぬと考える〔中略〕此の御精神の及ぶ所は、国内政治たると国際関係たるとは問わない〔中略〕東亜の新秩序建設も亦此の根本精神を基礎として」進めるべきとした。平沼は「天地の公道」と「天地の皇道」、万物をしてその所を得させる精神とを同じ意味と位置づけている。

そのうえで、日中戦争下の対中政策について次のように述べる。中国側が日本の精神を理解する必要があり、抗日を継続する勢力は壊滅させる。「今日の如く共産主義が支那大陸に彌漫し、遂に其の政権をも支配せんとするものある〔中略〕何としても之を排除せねばならぬ」。そのためには第三国の理解の増進、提携・協調が必要である。「盟邦独伊両国が今次事変の当初より一貫して我国に全幅の支持を与え」てきたことは明らかで、防共協定によって緊密を加えつつある、と。

最後に、国内の戦争遂行の方針を述べた。平沼は前途多難だが、「祖先が有ゆる国難をも克服して参りましたる如く、我等国民全体が親和協同して、皇室を輔翼し奉る万民輔翼の精神を以て、一切の努力を之に傾倒すべき」である。生産力の拡充、貿易の振興、労務の調整、物価の規整などについて研究し、遂行する。特に、生産力拡充については総合的な拡充計画を樹立し、実現するとした。また、経済統制も引き続き実行し、国家総動員法の所要の条項を発動して国内諸般を刷新する方針を示した。

翌日から両院での審議が始まったが、日中戦争の最中にあって議会側は攻め手を欠いていた。議会側からの追及は主に次の三点である。

第一に、近衛が枢密院議長と無任所相を兼任しているのは、枢密院の「施政不干与」の原則に反すると質した。平沼は、兼任は法理上差支えなく、政治上の必要からやむを得ず実行した。先例もあると答弁し、政党側はそれ以上責任を追及することができなかった。

第二に、中国との和平について質した。平沼は、近衛内閣が提唱した東亜新秩序は道義に基づくもので、領土的野心がなく、賠償を取らない。また、中国に中央政権ができた場合、租界と治外法権を撤廃する。もっとも、日中間の防共に関する協定が必要であり、日本軍が中国に駐兵して防衛することもあるとした。これらは一九三八年一一月三〇日に御前会議で決定された「日支新関係調整方針」に含まれる内容である。

他方、議会側は後述する防共協定強化問題についても、具体像の提示を要求したが、政府側は交渉中の案件であることから答弁を避けた。ただし、平沼は「『コミンテルン』の破壊政策は世界全体の平和を害するもの」であり、「防共協定の精神」はますます強化すべきだと述べている。

第三に、平沼の政治信念について質した。

まず、「皇道」主義と全体主義の違いを問われ、平沼は、「皇道」は「全体のことも考えなければならぬし、又個人のことも考えなければ」ならず、「全体の為に個人を犠牲にすると云う絶対の考とは全く違う」。「皇道は斯の如き意味ではないと考えて居ります。我が皇道はすべての者をして其の所を得せしむる」ことだと説明した。

次に、外国の新聞が独伊の全体主義と英米の民主主義との対立という視点でとらえ、日本を独伊と同列とみなしているとの質問を受けて、平沼は「皇道」と独伊の全体主義とはまったく異なり、「是程の誤解はない」。日本は民主主義国にも全体主義国にも属さず、日本の東亜新秩序建設などは道徳や正義に基づくものであることを認識させる必要があると答弁した。

もっとも、「皇道」をどのように具体化させるかについて、平沼は明らかにしていない。

こうして大した議論もなく、三月二五日に議会は閉会した。政府提出案八九件のうち、七八件は原案可決、一一件は修正可決された。

「革新政策」への巧妙な対応

四月七日、平沼は内閣改造により閣僚の兼任を解き、拓相に小磯国昭予備役陸軍大将、逓相に田辺治通内閣書記官長を起用した。田辺の後任には側近の太田耕造（弁護士）を据えた。結局、議会からは閣僚を補充しなかった。『東京朝日新聞』は四月八日の記事で、内閣改造について「深謀の首相がそもそも組閣の最初から用意していた切札」で、議会対策のために隠していたのかもしれないと指摘している。

くわえて『東京朝日新聞』は、内閣改造により平沼内閣はいよいよ「革新政策」に取り組むとの見方を示した。「革新政策」とは政治機構・組織の改編、国策調査機関の設置などにより首相による指導体制を強化するとともに、統制経済・計画経済を導入して国家統制を強めることにより、国家総動員体制を構築しようとするものである。

陸軍はすでに一九三六年、広田弘毅内閣下で国家総動員体制樹立のため、国策調査機関である内閣調査局の拡充、府県の統廃合、町村合併、新たに首相監督下の機関を設置して内務省から地方官人事権を移すことなどを要求していた。

このうち、内閣調査局は発言力を増し、一九三七年五月に企画庁に再編強化された。一〇月には陸軍軍務局主導により内閣資源局と合同し、企画院が設置された。企画院の権限としては首相監督の下、総合国力の拡充・運用についての起案や各省が立案した案の審査などが定められた。陸軍は平沼内閣成立時には、企画院の拡充を行い、企画院総裁に大臣級の人物を就任させるよう要求していた。

しかし、平沼は生産力拡充計画の早期実現を理由に陸軍の要請を拒否し、青木一男企画院次長を昇格させた。その後、陸軍は平沼に企画院総裁の無任所相就任を要請したが、平沼だけでなく、海軍・大蔵省の反対もあり実現しなかった。また、企画院は五月下旬に貿易省設置案を提案したが、平沼は難色を示し、商工省も反対したことで実現しなかった。

結局、平沼内閣期に「革新政策」は何ら進展を見せなかった。平沼は新聞への談話や議会答弁で、企画院拡充や文官任用令改正について検討中と述べるなど「革新政策」への期待を抱かせつつ、実質的には見送るという巧妙な手段を用いたといえよう。

政治評論家でリベラリストの馬場恒吾は一九三九年二月、議会での平沼内閣の答弁を踏まえ、「時代の趨勢が変化しつつあり。官僚独善の政治では駄目だと云うことは官僚内閣が先ず第一に悟」り、「官僚政治は現に平沼内閣に於て退却の準備をなしつつある」と指摘している（「低迷の政局を衝く」）。

平沼が財閥代表の池田成彬前蔵相との関係を重視し、「革新政策」に消極的だったのは、陸軍が推進勢力であり、そのなかには国家社会主義・共産主義の影響を受けた者が少なくないと考えていたためであろう。政治の集権化を極端にまで進めれば独裁を招く。また、経済統制を強化すれば計画経済となる。これらは平沼の信ずる天皇主権説に反する。

平沼はのちに次のように述べている。

今日〔一九四三年〕の状勢の憂うべきは、共産主義が実行されていると云うことである〔中略〕実現したのは満州事変からである。石原莞爾などから話を聴き、官庁の組織などに就いて書いたものがある。これは秘密にしてある。今色々やっている統制経済、企画経済は当時の事を小出しにしている。当時計画したものは共産主義に輪をかけたようなものである。これが実現すればロシヤよりひどい共産主義となる〔中略〕ムッソリーニ、ヒットラーは大体国家社会主義である。西洋は皇室がないからそれで秩序は維持してゆけるであろう。この思想が瀰漫するとソ連の共産主義と大した違いない。

（『回顧録』）

経済ブロックと三国同盟強化問題

平沼内閣にとって、より重要で困難な問題は外交であった。

近衛内閣下の一九三八年一一月、日本・満州国・中国の経済結合などを謳う「東亜新秩序」声明（第二次近衛声明）後、有田八郎外相は日本・満州国・中国による経済ブロックを形成する意向を示した。これにアメリカは反発し、一二月には中国への借款供与に踏み切っていた。

平沼内閣も東亜新秩序建設の方針を踏襲した。なお、平沼自身は一九三八年一一月三〇日の御前会議の席で意見書を提出し、「東亜新秩序」建設に賛成したものの、経済圏の形成については欧米から経済制裁を招く恐れがあることから実施については慎重を期し、あらかじめ対応策を準備するよう注意を促している。平沼は英米などからの経済制裁を受けるリスクを負ってまで自給自足体制を構築する必要を考えていなかったのだろう。

しかし、防共や欧米中心の国際秩序への反感では一致していた。また、平沼がアジア主義を明確に主張したことはないが、いわゆるアジア主義にはさまざまな形態がある。その源流はアジアとの交渉とは無関係に、西洋文明に対抗し、日本の伝統的価値観への回帰を主張する日本ナショナリズムの一つの形態でもあった。そのため、すでに前内閣で決定された東亜新秩序建設に反対しなかったと思われる。

対中政策では、国民政府のナンバー2汪兆銘の重慶脱出後の対応に迫られた。汪兆銘工作は陸軍主導で行われたことから、平沼内閣は中国側の動向を十分に把握しておらず、汪の重慶脱出も蔣介石との暗黙の了解のもとになされたとの見解を示していた。また、汪が国民政府の有力者をどの程度引き抜けるかも不透明だった。

他方、近衛内閣では防共協定強化問題（三国同盟問題）が浮上していた。

一九三六年一一月二五日、広田弘毅内閣下で日独防共協定が締結され、翌年一一月六日にはイタリアも参加した。この協定はソ連の宣伝工作機関コミンテルンへの対抗を主な目的とし、コミンテルンの活動の情報を相互に通報することなどを定めていた。ただし、秘密協定ていた。

ではソ連の攻撃及び攻撃の脅威を受けた際、ソ連の負担を軽くする措置を取らないと規定し

一九三八年一月初旬、翌月からドイツ外相となるリッベントロップから日本に軍事同盟締結の打診が行われた。リッベントロップはドイツの中部ヨーロッパ侵略計画の実行にあたって、フランスとの衝突が予想されるが、その際イギリスがフランス側で参戦することを防止するため、より大きな力の連合である日独伊三国軍事同盟が必要であると考えていた。また、イギリスの軍事力をアジア方面にも拡散させたいとも考えていた。つまり、日独伊防共協定強化の名目だが、実際にはソ連よりも英仏への牽制として日独伊三国軍事同盟を構想していた。

一方、板垣征四郎陸相は日中戦争で英ソが蔣介石政権を支援（援蔣行為）しているため、戦争が終わらないと考え、軍事同盟を締結し、英ソに圧力をかけて援蔣行為を中止させたいという意図があった。くわえて、独伊は満州国や日中戦争で日本の立場に同情的であった。一九三八年五月にはドイツ、一九三七年一一月にはイタリアが満州国を承認している。

一九三八年八月二六日の五相会議で、防共協定を強化し、軍事同盟を締結する方針を決定した。ただし、同盟の対象はソ連を主とし、英仏を正面の敵とする印象を与えないようにした。

その後、有田外相は対英関係への配慮から軍事同盟案の骨抜きを図り、一一月一一日の五

相会議で、ソ連を同盟の主な対象とし、独伊が英仏と戦争した場合は同盟の対象とはならないことで一致した。しかし一二月初旬になると、板垣陸相が部内の突き上げを受け、軍事同盟の対象はソ連だけでなく、英仏も含まれると主張し始め、外務省・海軍と対立する。外務省・海軍は欧州戦争が起こった際、日本が巻き込まれることを懸念していた。この陸軍と外務省・海軍との対立は平沼内閣にも引き継がれていた。

防共協定への思い――ソ連以外への拡大の危惧

一九三九年一月六日、ドイツは日本に軍事同盟案の修正案を提示した。ここでは締約国が第三国から挑発によらない攻撃を受けたとき、他の締約国があらゆる手段で援助する義務を課す条項や単独不講和条項などを盛り込んでいた。

有田外相は同盟の対象をソ連に限定すべきとの考えで、留任に際し平沼首相からその点について同意を得ていた。しかしその後まもなく、有田は行き詰まりを打開するため陸軍側と協議する。

その結果、英仏も同盟の対象とするが、政治的、経済的援助に限定する。また、武力援助は日本もしくはドイツがソ連と戦争になった際、英仏がソ連側で参加したときのみとし、日本が実際に武力援助するかはそのときの状況による。さらに、外部に公表する際にはあくまでも防共協定の延長と説明することで陸軍側と妥結した。そして、一月一九日の五相会議でこの内容を秘密了解事項として加えることが決定された。

平沼もソ連を対象とした独伊との軍事同盟締結を推進した。だが、その意図は専ら反共産主義イデオロギーの観点からであり、ソ連以外の国を対象とした軍事同盟や欧州戦争に巻き込まれることには反対だった。平沼は回想で、首相時代に三国同盟を計画したが、それは「赤の撲滅の為」であると述べている（『回顧録』）。

しかし三月四日、大島浩駐独大使・白鳥敏夫駐伊大使は連名で政府に、秘密了解事項をドイツが受諾する見込みがないとして、その削除を要請した。これを受け、三月二二日の五相会議では独伊が従来の案を受け入れない場合、原則として武力援助を行うが、当分の間留保するという内容の妥協案で交渉することに決定した。

三月二六日、平沼は真崎と会談し、「本問題は既に決定し欧州に於ける戦争に参加することは我が国情の許さざる所とし、之を除きて強化することに決し交渉中なるが、多分纏まるべし」と述べ（『真崎日記』）、楽観的な見通しを示した。

なお、昭和天皇は防共協定強化に反対であり、大島・白鳥両大使の独走を懸念していた。そのため、三月二二日に平沼が拝謁した際、大島・白鳥が訓令に従わない場合の対応とこれ以上協定の内容を変更することはないかどうかを尋ねている。

平沼は前者については召還するか、しかるべき処置を行う。後者については変更するようなことがあれば、交渉打切りもやむを得ないと返答した。天皇はこの二点について文書として提出するよう求め、平沼は三月二八日に五相の署名した念書を天皇に提出している。

平沼による交渉引き延ばし工作

しかし、昭和天皇の懸念は現実となった。大島・白鳥両大使は訓令を無視し、ドイツもしくはイタリアが英仏と戦争になった場合、日本が独伊側で参戦する義務を約束したからだ。四月八日の五相会議では、両大使の言明の是正を主張する有田外相と両大使の行動を尻拭いすべきと主張する板垣陸相が対立した。結局、板垣の意見が通り、「参戦」の字句を拡大解釈し、武力援助も宣戦布告もない場合があるという訓令を出すことに決定した。つまり、ドイツが英仏と戦争になった場合、日本は参戦を表明するが、実際には政治的、経済的援助のみ実施するとし、両大使の言明を間接的に取り消そうとしたのである。

この背景には国内治安の悪化があった。一九三九年四月になると、民間の国家主義団体は防共協定強化交渉の行き詰まりを受け、軍事同盟締結要求運動を本格的に開始していた。この運動には世論を喚起して陸軍を支援する目的があった。

四月一四日、木戸幸一内相は有田外相に、軍事同盟問題について「或(あら)ゆる方法にて此(この)行詰を打開するの要を力説す。万一本件の処置を誤らんか、内政問題として往年のロンドン〔海軍軍縮〕条約問題以上の禍根を残し、悉(ことごと)く所謂(いわゆる)重臣層は徹底的に排除せらるるの余儀なきに至る」。このことを平沼・板垣陸相にも伝えたと述べている（『木戸日記』）。平沼も木戸と同様、国内治安への不安から文言・解釈の点で陸軍側に妥協し、交渉を進めたのであろう。

平沼は天皇への念書の趣旨を踏まえると、大島・白鳥両大使を召還するなどの措置を行うか、交渉を打切るべきであったが、天皇の意向よりも国内治安への影響を重視したのだ。

五月初旬、秘密協定事項における日本側の立場を取り入れたガウス（ドイツ外務省条約局長）の私案が提示された。この案は、実際には大島駐独大使がドイツ側に申し入れ、ドイツ側から提案させたものであった。

五相会議で平沼と板垣陸相はガウス案に賛成したが、米内光政海相と有田外相は自動的に第三国と交戦状態に入り、武力援助を義務づけられるおそれがあると反対した。

しかしその一方で、平沼は五月九日の五相会議で、「参戦」の問題なので、陸海軍統帥部の意見を聞くよう主張した。これは陸海軍の意思統一のため両統帥部を協議に加えて交渉を長期化させ、交渉の責任を軍部に転嫁し、内閣の延命を図る意図があった（「首相平沼騏一郎と『道義外交』」一〇三頁）。

五月二八日に陸海軍は協議を決裂させるべきでないとの立場から、「参戦」・武力援助について肝要な点を曖昧にした覚書を作成した。しかし、独伊はこれを拒否し、交渉は完全に行き詰まった。

平沼のルーズベルト米大統領宛メッセージ

日独伊三国軍事同盟不成立の見込みが高くなった五月以降、平沼はアメリカに接近する。それは国際会議を開き、中国問題と欧州問題をリンクさせ、日中戦争の解決と欧州戦争の回避を同時に実現しようとしたからである。

五月一五日、平沼は有田外相に、フランクリン・ルーズベルト米大統領宛のメッセージを送ることを伝えた。その内容は欧州戦争勃発を防止するため、国際会議開催を要請するものだった。この案は平沼のもとに出入りしていた橋本徹馬（国家主義団体紫雲荘主幹）の提案を採用したものであり、四月一四日にルーズベルト米大統領がヒトラーとムッソリーニ宛に送ったメッセージから着想を得て考案したものと思われる。

ルーズベルトはヒトラーとムッソリーニ宛のメッセージで、欧州、中近東の平和維持のために相互不可侵協定を提案し、軍縮と資源の自由貿易に関する国際会議の招集を呼びかけ、アメリカも参加することを約束していた（『欧州の国際関係』五三五〜五三六頁）。

以後、平沼は元外交官藤井実（ふじいみのる）らを通じて、ユージン・ドゥーマン駐日米参事官らと接触し、メッセージの意図として次の三点を伝えた。

①首相在任中に独伊との軍事同盟を結ばない。②世界市場で原料を同等の価格で入手することが可能ならば、中国との和平条件を緩和する。③国際会議では極東問題も含める用意がある。会議で懸案の問題を解決すれば中国におけるアメリカの権益に関する問題は解決でき、門戸開放についてアメリカの地位を満足させるために努力する（『模索する一九三〇年代』一

五九〜一六〇頁)。

他方、五月二〇日に平沼は新聞記者への談話で、次のように「道義外交」を提唱する。①現在の情勢を放任しておけば戦争は不可避であり、「道義外交を基礎とする日本は世界の平和を維持し、他の強国をして其大精神に従わせるのが日本の大使命である。この使命遂行のため平和を害する国を抑え、志を同じうする国家と提携して行かなくてはならぬ。そのためにはある程度世界の現状を変更する必要がある。当面の問題としては東亜〔新秩序〕建設が第一だ」。

②日本は「皇道精神」が確立しているので共産主義を撲滅できるが、油断できない。中国は危ない状況で、欧州でも「一時の利害のためにソ連と結ぶが、その結果は何処(どこ)も良くない」。

③全体もよくなり、個人もよくならなければならず、「万物をして帰するべきところに帰せしむるという皇道主義に依(よ)らねばならぬ」(『東京朝日新聞』一九三九年五月二一日)。

つまり、「道義外交」、「皇道」の名のもとに、「東亜新秩序」建設方針を維持しつつ、共産主義に対抗する各国と提携し、戦争を抑止しようとしたのである。

こうした行動の背景には、防共協定強化問題の行き詰まりだけでなく、汪兆銘政権が期待外れに終わったことも影響していたと考えられる。一九三八年一二月の汪兆銘の国民政府からの離脱は、当初多くの反蔣介石派も名を連ね、国民政府の改組を促すものと期待されたが、平沼の首相就任後の一九三九年二月頃には反蔣介石派の引き抜きが不可能であることが明らかとなってきた。そこで、平沼は防共を条件として蔣介石と和平を結ぶほかないと考えるようになっていた。

四月八日には、原田熊雄に、「今まで蔣介石を相手にしないとかいう近衛内閣の声明もあったけれども、結局やっぱり蔣介石は人物には違いないし、何かきっかけが出来れば、やはり蔣を相手にしてなるべく速く〔日中戦争を〕終局に導きたい」と述べている（『西園寺公と政局』）。

それに加えて、欧州ではドイツの侵略行為により緊張が高まっていた。ドイツは一九三九年三月にチェコスロバキアを解体してベーメン・メーレン（ボヘミア・モラビア）を保護領とし、スロバキアを保護国とした。四月二八日には、ヒトラーが議会で英独海軍協定とドイツ・ポーランド不可侵条約の破棄を宣言していた。

対米工作の挫折

さて、話を対米工作に戻す。平沼の提案を聞いたドゥーマン駐日米参事官は、平沼の提案を好意的にとらえ、平沼を穏健派とみなしていく。しかし、日本・中国の問題を管轄する国務省極東部のジョセフ・バランタイン次長は、国際会議でアメリカが日中和平の仲介者となることに否定的だった。和平案は日中の妥協であり、このことは日本の軍国主義者の逃げ道を作り、彼らを温存させる。また、妥協である限り日本人、中国人双方の間で不満を持って受け取られ、間に立つアメリカが日中両国民の敵意の的になる、と。

バランタイン次長は、中国が受諾可能で、諸外国の権益を考慮した和平条件を日本が準備しているという証拠がない限り、日本側に満足な回答はできないとし、結局、アメリカ政府は平沼のメッセージに回答しないことを決めた（『模索する一九三〇年代』一七〇～一七三頁）。

平沼の構想にも二つの問題点があった。

第一に、国内での手続き上の問題である。平沼の構想は平沼の側近のみで形成されたものであり、外務省だけでなく、講和の際に最大の問題となる陸海軍との合意がなかった。また、メッセージの内容も欧州戦争防止のため、日米が協力すべきといった抽象的なものだった。

第二に、英米を中心とする国際秩序に依然として反感を持っていたことである。平沼は極秘にロバート・クレーギー駐日英大使と会談した際、独伊との軍事同盟を否定し、問題を英米と協力して解決する意向を示した。ただし、日本はアメリカのようにどの列国のグループからも独立し続けるとも述べ、民主主義陣営と全体主義陣営のどちらにも属さないとの姿勢を示した。

また、平沼はドゥーマン駐日米参事官との会談でも、満州事変が起きた原因として、日本が第一次世界大戦に参戦したのにもかかわらず、イギリスが日英同盟を破棄したこと、ワシントン、ロンドン海軍軍縮条約で日本の行動を制約したことを挙げ、英米への不信を口にしている。そして、日本国民はこれらの行動に強く怒り、日本政府は経済的な安全保障なしに和平を結ぶことはできない。それもかつての状況の回復では達成できないと主張していた。

一方で、アメリカは一九二二年の九ヵ国条約に基づく中国の主権・領土の保全、門戸開放・機会均等を求めており、原則的な対立が存在していた。こうした状況下で、アメリカが日本に有利な国際秩序の建設に応じる可能性はほとんどなかった。

もっとも、当時の中国国民政府は基本的に第三国、あるいは国際連盟を介した和平を望んでいた。そのため、平沼が国際会議による解決を構想したこと自体は、中国の意向に合致する点もあった。

七月二六日、アメリカは一九一一年に締結された日米通商航海条約の破棄を通告した。この条約は通商航海の自由や、居住や商業などについて内国民と同じ待遇とすることを相互に認めることなどを規定したものである。破棄通告は日本側では突然の措置だと考えられた。

しかし、アメリカ政府は一九三七年七月の盧溝橋事件以降、対日制裁を検討しており、三九年に入ると通商条約に反しない範囲での経済制裁を実施していた。そして、次に述べる七月二四日の有田・クレーギー協定を受け、対日経済制裁の障害となっていた日米通商航海条約の破棄を決めたのである。

天津租界封鎖問題

他方で、この前後、イギリスやソ連との間にも深刻な外交危機が顕在化した。

まず、イギリスとの間には天津租界封鎖問題が起こる。これは親日的な程錫庚海関長が英租界内で暗殺され、容疑者の引き渡しを求めた日本に対し、イギリスは証拠不十分を理由に拒否したことに端を発する。陸軍は一九三九年六月一四日から天津の英仏租界封鎖を実施した。陸軍の狙いは租界内の抗日分子の弾圧と対日経済攪乱（かくらん）行為の停止を実現すること、租界当局を反省させ、東亜新秩序建設に協力させることにあった。なお、租界とは条約により中国から行政権を譲渡された特別地域を指す。

この天津租界封鎖はイギリス世論を沸騰させる。日英関係は日中戦争開始後、最悪の状況となっていた。

ロバート・クレーギー駐日英大使は本国の承認を得て、東京で天津問題解決のための会談を行うことを有田外相に提案し、同意を得た。平沼・有田は東京での会談で東亜新秩序建設について、イギリスの譲歩を引き出そうとしていた。

平沼は六月二〇日以降、元外交官の藤井実を通じてクレーギー駐日英大使に接触し、先述したドゥーマン駐日米参事官に伝えた内容と同様の意向を伝えた。

しかしその一方で、平沼は有田・クレーギー会談（七月一五日～八月二一日）にあわせて、陸軍が民間の国家主義団体と連携して行った排英運動の取締りには消極的であった。湯浅内大臣が原田に話したところによると、七月六日に昭和天皇が平沼に「排英運動はなんとか取締ることはできんか」と下問したが、平沼は「取締りにくい」と奉答している（『西園寺公と政局』）。

有田・クレーギー会談の結果、七月二四日にイギリスが中国における戦争状態の進行を確認し、日本軍の妨害となる行為を控えることなどを定めた、有田・クレーギー協定が成立した。これを機に平沼は談話で排英運動を取締まると発表した。

平沼は排英運動を利用しイギリスからの譲歩を引き出そうとしたのであろう。ただし、対日有和を希望するクレーギー駐日英大使は、平沼の発言を好意的に受け止め、平沼への期待を持ち続けた。

八月二日、クレーギーはハリファックス英外相に次の三点を報告している。

①平沼は英米との関係改善を真剣に望み、中国との即時和平よりも欧州戦争の勃発を防ぐことを目的としている。②平沼の命題は競合する列国のグループの局外に立ち、二つの強大な太平洋の列国と特別な友好関係を築き、世界戦争を避ける努力をすべきというものである。③平沼は高尚（こうしょう）な理想を持ち、私がここでいままで会った政治集団よりも広い視野を持った人物である。

また、親日的なフランシス・ピゴット英大使館付駐在武官も回顧録で、平沼について次のように評価する。平沼は租界封鎖問題の際、軍部の完全な支配下にある天津を遠く離れて、東京で会議を開くことが日英両国の体面を傷つけることなく、問題を解決できる唯一の道であると確信し、早急に事を運ぶ必要性を痛感していた。平沼が正式に外務省を通じて駐日イギリス大使に打診すれば、事前に軍部の知るところとなるため、仲介者を通じて駐日イギリス大使に接近した。これらから東京会談を実施できた功の半分は平沼に帰すべきである、と。

いずれにせよ、対米接近工作と東京会談での平沼の政治指導は、問題点はあったが、駐日英米大使館の親日的な外交官は好意的に評価していた。

ノモンハン事件

一方、ソ連との間には五月一二日、ノモンハン事件が勃発した。

これは満州西北部のノモンハン付近で起こった満州国軍警備隊と外蒙軍の衝突をきっかけに、関東軍とソ連・モンゴル軍が国境線をめぐり、大規模な軍事衝突を起こした事件である。

陸軍中央は国境線をめぐりソ連と争うことの意義を認めておらず、冬期到来前に撤退し、好機をとらえ外交交渉によって解決する方針だった。この方針は七月一八日に五相会議で決定される。平沼も不拡大方針を支持したが、当時、陸軍は統帥権を理由に自立性を強めており、独断専行していく。陸軍部内でも陸軍中央と関東軍が対立している状況にあって、平沼が指導力を発揮できる余地はほとんどなかった。

その後の展開についてごく簡単に触れると、戦況はソ連軍が近代装備を備えた部隊を大量に投入し、関東軍は次第に劣勢となった。八月下旬にはソ連軍の攻勢により第二三師団がほぼ壊滅する。関東軍は作戦継続を訴えるが、後述する八月二三日の独ソ不可侵条約締結を受け、陸軍中央は作戦の中止を決めた。ソ連とドイツの緊張緩和によりソ連が極東に兵力を集中できる状況が生まれたため、軍事的な勝算が少ないとみたのである。

陸軍中央は関東軍の主戦派幹部を入れ替え、停戦交渉を外務省に委ねた。こうして駐ソ大使東郷茂徳とソ連外相ヴャチェスラフ・モロトフとの間で交渉が進められ、九月一五日に停戦協定が成立する。

独ソ不可侵条約の衝撃

話を防共協定強化問題（三国同盟問題）に戻そう。八月に入ると防共協定強化問題は佳境を迎えていた。板垣陸相は交渉の停滞に焦燥感を強め、留保なしの軍事同盟締結を主張し始めたのである。

平沼は留保なしの軍事同盟となれば、五相会議での合意とまったく異なると反対する。有田外相が原田熊雄に伝えたところによると、平沼は五相会議で「協定の必要については自分達もそれを認めて来たからこそ、既定方針によって努力して来た。陸軍大臣は、この案は既定方針を枉げたものではない、と言われるが、自分にはそう思えなかった〔中略〕自分としては苟くも一旦お上の御允裁を経ている既定方針以外のことを申上げることはできない」と語った（『西園寺公と政局』）。

なお、八月一〇日には湯浅倉平内大臣が原田に次のような話を伝えている。

陛下は平沼総理に「統帥権について――言葉を換えていえば陸軍について、何か難しいうるさいことが起ったならば、自分が裁いてやるから、何でも自分の所に言って来い」というお言葉であったが、総理は「陛下をお煩わせすることはよくないから、よくよくでなければ、そういうことは願うまい、という心組だ」と言っておった。総理は自分〔湯浅〕に「国務と統帥権独立との関係については、実に困ったもんだ」と慨歎しておった。（『西園寺公と政局』）

平沼はここでも天皇の政治関与に否定的な姿勢を示す。また、ロンドン海軍軍縮条約で統帥権独立を擁護した平沼だが、軍部が政治を左右する事態を望んでいなかったことがわかる。八月二一日、平沼は参内し、昭和天皇に「陸軍が横車を押し時局を紛糾せしめあり、今が外交上手を打つに最好適の時機なりと大に陸軍を攻撃」する内容の内奏を行い（『陸軍　畑俊六日誌』）、陸軍の出方を待つ方針を取った。

同日には、湯浅内大臣は原田に次のような話を伝えている。昭和天皇は平沼が「実際の事態を非常に正しく認識できたようで、まことに喜ばしい」と語っていた。湯浅の考えではもし政変が起きると「総崩れの基をなす虞（おそれ）」があるため、「万難を排してこのままでやらせたい」。平沼も「今日陸軍と激突して辞めるというのもよくないから、なんとか好転させてから辞めたい」との意向を示した、と（『西園寺公と政局』）。

また、この日、秩父宮雍仁（ちちぶのみややすひと）親王が木戸内相と松平恒雄宮相に、事態打開のため、平沼が自らヒトラーとムッソリーニに会いに渡欧してはどうかと提案している。だが、平沼は「恐らく明日陸軍は自分に、ヨーロッパに行け、と忠告するのではないかと思う、しかし、自分は行くようなことはない」と湯浅内大臣に伝えた（『西園寺公と政局』）。

このように防共協定強化問題が深刻化している最中の八月二三日、独ソ不可侵条約の締結が突如発表された。ドイツは日本になんら相談せず、ポーランド侵攻実行のためソ連との妥協を選択したのである。

外務省・軍部は独ソの接近、あるいは提携の可能性を示唆する情報を入手していたが、実現可能性の低いワースト・ケースとしかみていなかった。ソ連と反共産主義のドイツが提携することはあり得ないという固定観念・先入観があったからだ。平沼も同様だったのであろう。

「複雑怪奇」声明の意味するもの

さて、平沼は独ソ不可侵条約を受け、一九三九年八月二三日夜には内閣総辞職の意向を固めていた。その理由を湯浅内大臣に次のように伝えている。

とても今日のような状態では政治はとれない〔中略〕日本の外交はほとんど捨身を喰ったような状態である。これもやはり陸軍の無理から来た外交の失敗である。自分が日本独自の臣節の道を尽すことは、一を以て陸軍に対して反省を求めるというか、範を示し、他は以て陛下に対して申訳ないからお詫のために辞めることだと思う。とにかく陸軍は今日のところ非常に閉口しているから、後継内閣については発言権はないが、これを以て陸軍を追及することは面白くない。（『西園寺公と政局』）

同日には板垣陸相が平沼の渡欧を要請していた。しかし、平沼はそれに応じず、「対欧策の一転機を要するに至り〔中略〕内外人心の一新を図るを適当とする時機」だと述べて辞意を示し、板垣も同意した（「首相平沼騏一郎と『道義外交』」一一二頁）。

八月二八日、平沼内閣総辞職に際して出されたのが「複雑怪奇」声明である。この声明を発表した太田内閣書記官長は戦後の回想で、漢学者の川田瑞穂に昭和天皇への辞表案を執筆してもらったなかに複雑怪奇の文言があったと述べている。

また、太田は「あの時に正面きってドイツの不信を言うことも出来ないから、僕の責任においてね、退陣の声明にしたんです」。ドイツの不信であり、平沼内閣の不覚だが「そんなことは僕の口から言えない」ので、「すべてを総括してああいう言葉が生まれた」と振り返る（『昭和史の天皇』二九巻、四一七〜四一八頁）。

いずれにせよ、平沼の辞職は日独伊軍事同盟締結方針を中止し、かつ陸軍の反省を促す目的であった。しかし、あえて陸軍の責任を追及しなかった。陸軍を追及することで国内の親独伊派と親英米派の対立が激化することをおそれたのであろう。

他方、平沼にとって独ソ不可侵条約は渡りに船でもあった。彼はソ連以外の国を対象とした軍事同盟には一貫して反対であり、その方針のなかで閣内の対立の調和に苦心し、小田原評定を続けてきた。独ソ不可侵条約により、結果として最も国内の政治勢力の摩擦が少ない形で防共協定問題を終結させることができたからだ。

辞職の背景には防共外交の破綻もあった。平沼はドイツを信用していなかったが、防共を重視するあまり、ソ連を対象とした軍事同盟締結交渉を推進した。しかしドイツがポーランド侵攻のため、防共よりもソ連との妥協を選択したことは、当時の国際政治がイデオロギーよりも国家の利害と権力関係を中心に動いていることをあらためて示すものであった。

また、イギリスと連動したアメリカの動きを予測できず、国際会議を通じた日中戦争解決の構想も失敗に終わっていた。こうしたなか、もはや政権を維持しようとする意思はなかったのであろう。

平沼外交とは何だったか

では、平沼が政治の方針として掲げた「皇道」、「道義」は外交政策の具体的展開に照らすと、何を意味するのか。それは防共を大義名分として各国との親善を図るが、独伊とも英米とも異なる自主的立場を保持し、東亜新秩序建設方針も維持する。また、中国とは国際会議を通じて欧州戦争勃発を防止し、蔣介石政権と和平を図るというものであった。

平沼が一九三九年三月一五日、原田に防共協定強化問題は「どうも実業家の言うように英米依存ということも極端になっては困るし、さらばといって独伊依存も困る。要するに中庸を得たいわゆる自主的外交で行くよりしようがない」(『西園寺公と政局』)と述べているのはそれを端的に表している。

平沼には、ドイツのように軍事力による世界の再分割に乗り出す意図はなかった。国際会議を開催し、欧州と極東の問題を同時に解決するという構想は、戦争を防止しようとする平沼の意思を示すものであり、「道義外交」の一面でもあった。

しかし、「皇道」などの観念は対外的に機能しなかった。たとえば、二月に有田八郎外相はジョセフ・グルー駐日米大使、ロバート・クレーギー駐日英大使との会談で、防共協定と独伊枢軸とは明確な違いがあると述べたうえで、「皇道」という日本のシステムは民主主義国と全体主義国のシステムの中間であると説明している。しかし、英米大使はこの説明に反応せず、具体的な進展をもたらさなかった。やはり「皇道」、「道義」といった観念では満州事変以後の日本の侵略を正当化できず、英米に対しても説得力を持たなかった。

さて、後継の阿部信行内閣は欧州戦争からの中立を表明し、防共協定強化問題（三国同盟問題）は終結した。平沼は首相辞任後、首相の前官礼遇を受け重臣となる。

なお、重臣という言葉は一九三二年五月、犬養毅内閣が総辞職した頃からジャーナリズムでよく使われるようになった。ただし、官制上の職ではなく、その範囲も曖昧であった。その後一九三三年一月に、重臣とは首相で前官礼遇を受けた者及び枢密院議長と定められた。もっとも、その後も後継首相推薦の形式は固定化されていなかった。一九三七年以降は首相奏薦の主導権が元老から内大臣に移るが、内大臣の判断で個別に重臣から意見を聞くという形で、重臣も後継首相推薦に関わっていく。

二・二六事件後の平沼閥

ここで時期を戻して、一九三六年の二・二六事件後の司法部の平沼閥について述べておこう。

先述のように、岡田啓介内閣の小原直法相は国体明徴運動の際、国家主義団体や軍部と距離を取り問題の沈静化に努めた。しかし、小原法相の態度は陸軍から反感を買う。

二・二六事件後、岡田の後継となった広田弘毅首相は小原の法相留任を検討したが、陸軍が小原の国体明徴問題での対応を問題視したため、断念。小原の後任法相には大審院長の林頼三郎（はやしらいざぶろう）が就任する。

なお、二・二六事件発生当日の朝、東京地裁検事から事件の報告を受けた光行次郎検事総長は、なんら指示することなく金山季逸（きいつ）東京控訴院検事長とともに行方不明になった。同日夜、光行が危険を避け、待合（まちあい）の一室にいることがわかり連絡がついたが、登庁しなかった。事件発生後まもなく、東京及び横浜地裁検事正の指示のもと検事が危険を賭して、陸軍による戒厳令施行前に現場検証を実施していた。東京地裁・区裁の検事一同は光行・金山の行動に憤激し、翌日には光行に引責辞職を求める要請書を手交しようとした。

この問題は林頼三郎の法相就任後も燻（くすぶ）り続けた。結局、九月に入り光行が近く自ら退職する意向を固めたことでようやく解決をみる。光行は一二月に検事総長を退職し、金山東京控訴院検事長は翌年二月、大阪控訴院検事長に左遷された（『松阪広政伝』、「検察二・二六事件と太田君」）。

光行の検事総長退職について、平沼の側近竹内賀久治は真崎甚三郎に、「平沼男〔爵〕の意見にて退職し、塩野〔季彦〕は其（そ）の為に進出し」てきたと述べている（『真崎日記』一九三九年三月二日）。このことを裏づける他の史料はないが、平沼が口を出した可能性はあるだろう。

一九三七年二月に広田内閣の後継として林銑十郎内閣が成立すると、法相選定には平沼が影響力を発揮した。平沼は林首相と親しい関係にあり、彼との個人的な関係を通じて法相に塩野季彦を推薦、就任に至る。当時、塩野は大審院次席検事であり異例の抜擢であった。

林内閣はわずかヵ月で総辞職し、後継として第一次近衛文麿内閣が成立した。前内閣からの留任は米内光政海相、杉山元（すぎやまはじめ）陸相、塩野法相の三人のみであり、塩野の留任は平沼の推薦による。平沼内閣でも塩野法相が留任したことは先に触れた。

平沼内閣期の一九三九年三月、竹内賀久治が真崎に、光行が平沼の意向で辞任したことから「光行を貴〔族〕院に入るることは必ず断行せざるべからずと心得あり」と伝えている（『真崎日記』一九三九年三月二日）。実際、光行は七月に貴族院議員に勅選されており、これは平沼あるいは塩野、もしくはその両者の意向とみて間違いない。

衰亡する平沼閥

その後、平沼の後継となった阿部信行内閣では、法相に宮城長五郎名古屋控訴院検事長、内相兼厚相には小原直元法相が就任した。政権発足の翌日、阿部首相が原田に語ったところによると、当初小原を法相にしようと考え、平沼に相談したところ、平沼は「あれは国体明徴に関係があるからよくない」と否定的だった。そして、塩野季彦前法相にも後継について尋ねると、宮城を挙げたという（『西園寺公と政局』）。

塩野と宮城は友人であり、とりわけ塩野の名古屋控訴院検事長時代に親交を深めていた。また、宮城は国体明徴問題の際、塩野とともに美濃部達吉の起訴を主張していた。つまり、小原元法相は国体明徴問題をめぐり、平沼の反感を買い、宮城検事長は塩野との関係から法相に抜擢されたのだ。

阿部内閣成立以後、平沼の司法部への関与をうかがわせる史料はほとんどなくなる。おそらく平沼が司法部を離れて一五年経過し、平沼の知遇を得て出世した司法官が少なくなっていたからだろう。

例外的に平沼閥に触れた史料があるのが第二次・第三次近衛内閣期である。後述するが、一九四〇年一二月六日に第二次近衛内閣無任所相（国務相）に就任した平沼は近衛と相談し、陸軍皇道派の柳川平助興亜院総務長官を法相とし、自らは内相に転任している。翌年七月に成立した第三次近衛内閣では無任所相兼内閣参議に転じる。このように平沼は近衛との関係から政治的影響力を強めていた。

第三次近衛内閣では、岩村通世検事総長が法相に就任する。『報知新聞』によれば第二次近衛内閣期、司法部外出身の法相が続き、司法部内の反発を考慮して法相を選考した。近衛は平沼や柳川の意見を参考にしたという（『岩村通世伝』一五〇～一五一頁）。

岩村検事総長は元国本社役員で、一九二三年九月から翌年六月にかけて平沼法相・鈴木喜三郎法相の法相秘書官を務めている。岩村は平沼との関係について、平沼が死去するまでの三〇年余りの間、「公私に亘ってお世話になった」と回顧する（『岩村通世伝』三九一頁）。彼もまた平沼閥の一員とみてよいだろう。岩村法相は一九四一年一〇月に成立した東条英機内閣でも留任する。

その後、松阪広政が小磯国昭内閣（一九四四年七月成立）で検事総長から法相となるが、これは小磯首相が親戚の戸沢重雄京城覆審法院（高等裁判所に相当）検事長に推薦を求め、決定したものである。松阪は後継の鈴木貫太郎内閣でも留任するが、これも鈴木首相から留任を懇請されたことによる（『松阪広政伝』一六九、二五五、二七〇頁）。

このように、平沼閥は一九三〇年代初頭から減退し始めた。しかし、その後も平沼は塩野を通じて司法部に影響力を持った。塩野が去った後も、近衛との関係から法相人事に影響を発揮したと思われるケースもある。もっとも、平沼が司法部に影響力を継続的に行使できたのは、おおむね阿部内閣成立時までであった。それ以後司法部の平沼閥は第二次、第三次近衛内閣期以外に実体として確認できない。

なお、戦前に思想検事中心の塩野季彦閥に対抗するものとして、小原直閥が存在していたと指摘されることもある。小原閥の経済検事は敗戦により塩野及び思想検事が公職追放されたことを受け、一時台頭した。しかし、占領政策の変化と一九五〇年の朝鮮戦争勃発を機に、岸本義広（塩野の娘婿）ら塩野閥が復活強化され、小原閥の木内曽彦・馬場義広らと対立・抗争したという。これは戦前戦後の人的なつながりを追う意味でも興味深いが、平沼閥との関係について史料的制約があり、実態を明らかにできない。いずれにせよ、平沼・塩野が戦後の抗争に直接関与していないのは確かである。

第10章　太平洋戦争下の和平派、東京裁判での有罪

新体制運動と大政翼賛会の成立

一九四〇（昭和一五）年七月二二日、第二次近衛文麿内閣が成立した。この内閣成立の原動力となったのが新体制運動である。

新体制運動のきっかけはドイツの電撃戦の成功である。五月にドイツはフランス、オランダ、ベルギーなど四ヵ国に奇襲攻撃を開始し、同月、オランダ・ベルギーはドイツに降伏した。ドイツ軍は六月にはパリに無血入城する。日本では陸軍を中心に再びドイツと提携を強化し、東南アジアのフランス・オランダの植民地を勢力下に置き、資源を収奪すべきとの意見が強まっていく。

議会でも既成政党を解党して近衛新党を作り、それを背景に第二次近衛内閣を作ることをめざして新体制運動が起こった。近衛はこの動きに乗じて、新体制運動に邁進（まいしん）することを理由に六月二四日、枢密院議長を辞職。政党もこれに呼応し、翌月から既成政党が次々と解党し、八月一五日の民政党解党を最後に既成政党は消滅する。

陸軍も一国一党体制の構築を企図して新体制運動を支持した。この年の一月、阿部信行首相の後継となった米内光政首相が日独伊三国同盟に否定的であったことから、七月一六日、畑俊六陸相は単独で辞表を提出し米内内閣を総辞職に追い込んだ。

しかし、枢密院議長を辞職した近衛はどのような組織を作るのか明確な構想を持っていなかった。漠然と既成政党とは異なった全国民の間に根を張った国民組織を作り、それを背景に政府を作ることで、軍部を抑制できるのではないかという期待を持っていたに過ぎない。近衛は首相に就任し新体制運動の指導者となれば、官製運動となってしまうため、民間運動として盛り立てていく意向を示し、半年程度は米内内閣の存続を願っていた。そのため、近衛は首相就任時には新体制運動への熱意を失っていた（「第二次近衛内閣」）。

七月の近衛内閣成立後も、新体制の組織の性格についてははっきりしなかった。結局、近衛新党ではなく大政翼賛会として発足することになり、一〇月一二日に発会式が開かれた。しかし、大政翼賛会総裁を務める近衛首相は、特には綱領と宣言を発表しないと演説し、近衛新党を望む新体制運動の支持者たちを失望させた。

このとき重臣であった平沼も、大政翼賛会を満州事変以降、軍部が進めていた日本に「赤の思想」（共産主義）を普及させる計画の一環とみなし、「翼賛会の天下となれば皇室は廃止になる」と考え、批判的であった（『回顧録』）。平沼の憲法観は主権行使の機関が分立し、各機関が天皇を輔弼するというものだ。一党独裁となれば、憲法上の輔弼の範囲を超える。

平沼は天皇主権説の立場から一党独裁を志向する勢力に対抗していく。

副総理格での入閣——新体制運動・大政翼賛会の無力化へ

近衛首相は新体制運動をもてあまし、新体制運動を終結させるため、平沼に副総理格として入閣するよう要請し、一九四〇年一二月六日に平沼は無任所相に就任した。

この間の経緯について平沼は回想で、近衛首相は軍部の陰謀に乗ぜられたが、のちに気付いて困り、平沼に大政翼賛会の副総裁に就任するよう依頼した。平沼は申し出を断ったが、「このまま推移してはいけぬから」入閣したと述べている（『回顧録』）。平沼は新体制運動・大政翼賛会を無力化させることを意図し入閣したのである。

一二月二一日、近衛首相は新体制運動推進派の安井英二内相と風見章法相を更迭。新体制運動に批判的な陸軍皇道派の柳川平助興亜院総務長官を法相とし、平沼を内相に転任させた。近衛は平沼を一九三七年一一月の大本営設置後、国務と統帥の調整のために設けられた大本営政府連絡会議（四〇年一一月、大本営政府連絡懇談会に改称）に出席させるようにした。

平沼は内相就任後、新体制運動の幕引きに尽力する。

まず、次官に平沼内閣当時警視総監だった萱場軍蔵（かやばぐんぞう）、警保局長には平沼内閣時に保安課長だった橋本清吉、保安課長には平沼と親しい村田五郎地方局振興会長を任命し、新体制運動反対派で内務省中枢を固めた。

次に、平沼は企画院内の治安維持法で検挙された前歴者やマルクス主義の影響を受けて経済改革を志向する者の排除に乗り出す。すでに平沼の内相就任以前、一九三八年一〇月から四〇年一〇月にかけて企画院の若手判任官のグループが治安維持法違反容疑で検挙されていた。

平沼の内相就任後は企画院高等官のグループの検挙が行われる。一九四一年一月一六日から一八日にかけては、企画院調査官の正木千冬（まさきちふゆ）、佐多忠隆、稲葉秀三が治安維持法違反容疑で検挙された。これは平沼と橋本警保局長が早期検挙を永野若松警視庁特高部長に強く迫る形で実現した。その後、二月から四月にかけては和田博雄農林省調査課長ら六名も治安維持法違反容疑で検挙される。この二つのグループの検挙は企画院事件と呼ばれる。

もっとも、企画院高等官のグループの検挙当時、警察は十分な証拠を持っていたわけでなく、九名のうち有罪となったのは佐多のみで、それも執行猶予付きの判決だった。

他方、平沼は一九四一年一月二八日の衆議院予算委員会で、大政翼賛会は治安警察法上の公事結社であり、政事結社としての取締り対象にならないと答弁した。この答弁は大政翼賛会の政治性を完全に否定するもので、大政翼賛会が実体のない精神運動団体となることを意味した。四月二日、大政翼賛会は政治性を否定すべく改組され、これを機に新体制運動推進派の有馬頼寧（ありまよりやす）大政翼賛会事務局長らは辞職し、新体制運動は挫折する。

外交では、近衛内閣は発足後まもなく、独伊との関係強化、南進、対ソ国交調整を打ち出していた。これらの政策を主導したのが松岡洋右外相である。松岡は自らの主導でイギリス

第2次近衛改造内閣閣僚，1940年12月26日　前列右から小林一三商工相，橋田邦彦文相，秋田清拓相，副総理格の平沼内相，近衛文麿首相，金光庸夫厚相，東条英機陸相ら

のみならず、アメリカをも対象とする日独伊三国軍事同盟案を作成し、一九四〇年九月二七日、日独伊三国同盟が締結された。また、松岡外相及び陸軍はフランス領インドシナ（仏印）政府と進駐に関する交渉を進め、九月二三日に北部仏印進駐が実施された。

その後、松岡外相はソ連政府と交渉の末、一九四一年四月一三日に相互不可侵と相互中立を盛り込んだ日ソ中立条約に調印する。ヨーロッパが第二次世界大戦のなか、松岡外相は日独伊ソの四国協商によりアメリカの参戦を防止しようとしていたとされる。

平沼が内相に就任したのは一九四〇年一二月であり、近衛内閣による外交政策の転換に関与していない。もっとも、先述のように、平沼は反共産主義を主軸とする国際政治観を持ち、英米などを対象とする独伊との軍事同盟には反対しており、独伊ソと連合して英米と対抗するという松岡の構想とはまったく異なっていた。平沼は戦後ではあるが、重光葵に松岡の外相起用に反対し、池田成彬も近衛首相に諫止したが容れられなかったと述べている。

対米交渉の推進、松岡洋右との対立

日独伊三国同盟締結と北部仏印進駐を受け、アメリカはさらに態度を硬化させた。一九四〇年九月二五日に中国国民政府に二五〇〇万ドルの借款供与を行い、翌月には、屑鉄の対日全面禁輸に踏み切った。

日米関係悪化を受け、日米両国は内々に交渉を重ね、日ソ中立条約調印の三日後の一九四一年四月一六日に、①三国同盟の事実上の空文化、②アメリカによる中国への和平勧告、③日本は武力による南進を中止し、アメリカは必要な資源を供給することなどを骨子とした「日米諒解案」がまとまる。同日、コーデル・ハル米国務長官は野村吉三郎駐米大使に、領土および主権の尊重など四原則をアメリカ側の基本的態度として提示し、そのうえで日米諒解案を日本政府との交渉の糸口とすることに賛成した。

この間、平沼も元外交官の藤井実を通じてアメリカ大使館との接触を再開していた。一月二七日、藤井はアメリカ大使館側に次のように伝えている。我々が数ヵ月前、最後に会ったときから日本国内の政治状況が完全に変化した。日本国民は日本にとって必要不可欠な東ア

ジアの指導計画をすべての犠牲を払って進めようとしているが、平沼は関係改善の望みを放棄したわけではなく、首相時代交流のあったユージン・ドゥーマン駐日米参事官となるべく早く会うことを希望している、と。

　近衛内閣は日米諒解案を基礎に交渉を進める方針だった。しかし、松岡外相は自ら渡米して日米間の懸案を一挙に解決する構想を持っており、日ソ中立条約締結のため渡欧していた間に日米交渉が進められたことに不満を持った。五月三日、大本営政府連絡会議で松岡外相は三国同盟の軍事援助義務を維持し、アメリカ側が対中和平の条件とした中国からの日本軍撤兵などを削除した修正案を提出した。これは実質的に日米諒解案を否定する内容だが、近衛首相らは交渉を始めたい一心で了承した。

　他方で、松岡外相の帰国後まもなく、政治的影響力を増す松岡に平沼内相が対抗しているという情報が流れるようになった。四月、海軍内の極秘情報として、「松岡外相の政治的抬頭を正面より反対しつつあるは平沼内相系」であり、これに柳川平助法相と橋本清吉内務省警保局長、平沼系司法省官吏らが傾倒しているとの情報が流れた。

　五月には、松平康昌内大臣秘書官長が高木惣吉海軍大佐に、「平沼内相、松岡外相両者の取巻き連中は互いに相手方を誹謗し、或は相手方の後立と目するものを傷つけ勢力を争い手段とする嫌」があると述べている（『高木惣吉　日記と情報』下、一九四一年四月二六日、五月一九日）。

なお、五月一三日にはジョセフ・グルー駐日米大使も、日本の支配的な勢力はアメリカとの戦争に躊躇し、日本を三国同盟条約の相互援助義務から解き放つ解釈を見出すあらゆる努力を行うとの見方を示している。その勢力のなかに、昭和天皇・近衛首相、海軍などとともに平沼を含め、平沼を松岡外相と対立する勢力と位置づけていた。

独ソ戦勃発と松岡放逐

ドイツによるソ連侵攻の前日の六月二一日、近衛首相と平沼内相は木戸幸一内大臣と会い、独ソ戦が開始された場合は内閣が責任を取るほかない。最近の松岡の言説には、真意を理解し難い点があり、内閣不統一を惹起(じゃっき)するおそれがあると伝えた。

翌日、木戸は近衛・平沼との会談の内容を昭和天皇に報告し、独ソ開戦の際の松岡外相の意見は近衛首相と一致しないように思われるので、松岡が拝謁した際、その点を協議すべきと指示するよう願い出ている。このように、平沼は近衛首相・木戸内大臣と連携して、独ソ開戦後の国際情勢の変化を協議し、松岡外相に対抗しようとした。

六月二五日、独ソ開戦を受け大本営政府連絡懇談会が開催された。松岡外相は南部仏印進駐には反対する一方、即時対ソ開戦を強硬に主張した。しかし、軍部は反対し、南部仏印進駐の実施が決定される。平沼もこの会議で、即時対ソ開戦には準備がないことを理由に反対したが、南部仏印進駐に反対した形跡はない。

七月六日、グルー駐日米大使は国務省に対し、独ソ戦を受けての日本の政策決定会議では大きな混乱が起きている。それは穏健な思想の集団を代表する平沼内相と最も煽動的な性質を持つという噂が流れている松岡外相との間のものだと報告している。

七月一二日の大本営政府連絡懇談会では、六月二一日に日本側に提示されたアメリカ側の修正案、及び修正案と同時に手交されたハル米国務長官の口頭文書（オーラルステートメント）への対応が議題となった。アメリカ側の修正案は、日本の要求に触れず、ハル四原則に基づく原則論のみであった。また、オーラルステートメントの内容は名指しこそしていないものの、松岡外相をドイツの侵略政策の支持者として批判し、内閣改造を要求するものだった。

松岡外相は激怒し、オーラルステートメントの取り消しと日米交渉の打ち切りを提議した。しかし結局、アメリカ側の修正案を先述した五月三日の松岡修正案近くまで戻した再修正案を決定する。平沼はこの会議で、「何としても米を参戦せしめぬことが大事」であり、本来であれば日米共同で戦争を打ち切るのがよい。外相の言う「八紘一宇から云うなれば戦争はせぬが宜しい。日本は全体主義にもあらず、自由主義にもあらず、理想から云えば今の戦争を世界から除くことが皇道主義であると思う」ので、アメリカにそのように仕向けるべきである。ソ連は「打たねばならぬが、現今の時勢では難しい、他日はやらねばならぬ。南方もやらねばならぬが、一時に之をやるわけには行かぬ。日本の現在の状態にては物を取り国力をつける必要」があると述べている（『杉山メモ』上、二七〇〜二七一頁）。

七月一六日、近衛内閣は松岡外相を外すためいったん総辞職し、一八日、第三次近衛内閣が発足する。近衛は外相に豊田貞次郎商工大臣（予備役海軍大将）を起用した。平沼は内相から無任所相兼内閣参議に転じたが、側近の田辺治通元逓相を内相としたことで、内閣への政治的影響力を強めている。また、平沼は大本営政府連絡会議にも引き続き参加することが決定した。なお、内閣参議は一九三七年一〇月、内閣が日中戦争に関する国務を諮問するため設けられ、数名が国務大臣待遇で任命されていた。もっとも、実際にはこの制度はほとんど機能しなかった。

平沼狙撃事件

松岡洋右外相更迭に、武力により南進を進めるべきと考える国家主義団体は憤っていた。玉沢光三郎検事の報告によると、彼らは第三次近衛内閣が「現状維持内閣にして革新の後退」であり、政変は平沼の陰謀であると考えた。

八月一四日、平沼は自宅を訪ねてきた西山直（岡山県出身の神主で、勤皇まことむすびの会員）に狙撃された。平沼は左肩上部などに銃弾五発を受け、重傷を負った。

西山はすぐに身柄を確保された。続いて平沼暗殺を謀議し、資金、拳銃、刃物を供与した容疑で天野辰夫、片岡駿ら勤皇まことむすびの関係者七名が逮捕された。勤皇まことむすびとは天野が主宰する国家主義団体で、三国同盟締結及び南進を強硬に主張していた。西山は警察の取調べで、平沼が三国同盟と南進に反対で、財界の意を体して松岡更迭により南進を阻止し、北進しようとしたことが犯行の動機だと述べている（『現代史資料二三　国家主義運動（三）』一九七～二〇五頁）。

平沼は仏印進駐については軍部に同調しており、対ソ開戦についても軍備が整っていないことを理由に反対していた。この点で西山は平沼の意図を誤解していた。

平沼は重態であったが輸血などの処置を行った結果、漸次回復に向かう。事件により平沼は無任所相兼内閣参議を辞任し、治療に専念することになった。なお、一九四一年一一月には傷が癒えたため、故郷津山に帰って神社に札参りしているので、かなり順調な回復振りだったといえる。

日米開戦への態度

さて、近衛内閣は日米交渉に行き詰まって総辞職し、一九四一年一〇月一八日に東条英機内閣が成立した。東条首相は組閣後、天皇の意向に従い日米国交調整に意欲的だったが、アメリカから非妥協的な内容のハル・ノートが提示されたことを受け、交渉打切りと開戦を決定した。

一一月二九日、東条は重臣を宮中に集め、開戦に関して説明し了解を求めた。なお、重臣の範囲について米内光政内閣総辞職時、林銑十郎と阿部信行が前官礼遇にならなかったことを踏まえ、首相経験者をすべて重臣とすることに変更された。この会合には若槻礼次郎、岡田啓介、広田弘毅、近衛、林、平沼、阿部、米内の首相経験者八名が参加した。

平沼の開戦に対する態度については、史料によって差異がある。

東条英機（1884〜1948）

『木戸日記』では、若槻の国民の精神力については心配ないという意見に同感であるが、「更に長期の戦となれば困苦欠乏に堪えなければなりませんので、民心を引締て行きます点については充分の施策と努力が必要」だと述べたと記す。賛否ははっきりしないが、どちらかといえば開戦賛成派と位置づけている。

一方、昭和天皇と陸軍参謀本部戦争指導班は、平沼を開戦反対派と位置づけている。『昭和天皇独白録』では、平沼は開戦に反対したが、「開戦となると、思想が混乱するから、面白くない」と思想問題を理由とし、「抽象的」であったとする。また、陸軍の『機密戦争日誌』では「非戦論少なからず、独り阿部〔信行〕、林〔銑十郎〕、広田〔弘毅〕は首相の決意を諒と」した。「若槻〔礼次郎〕、平沼連の老衰者に皇国永遠の生命を託する能わず」と記す。

このなかで最も信頼性の高い史料は『木戸日記』であるが、他の史料を踏まえると、開戦への賛否については、どちらとも取れるような曖昧な意見であったと考えられる。おそらく平沼は内心反対であったが、軍部だけでなく、内閣も開戦に同意していることから、明確に意思を表明しなかったのであろう。

なお、この間の一九四〇年一一月二四日に元老西園寺公望が死去していた。すでに同年七月、米内内閣の後継首相推薦以後、後継首相推薦は重臣と内大臣が参加する重臣会議で決定されるようになっており、重臣は政治的影響力を強めていく。

東条内閣更迭工作のなかへ

一九四一年一二月八日、太平洋戦争が始まった。日本は緒戦では優勢であったが、一九四二年六月のミッドウェー海戦での敗北を機に形勢が逆転していく。

開戦後、重臣のなかでいち早く終戦工作に動いたのは近衛文麿だった。近衛は開戦当初から戦争に悲観的な見通しを持ち、一九四二年一〇月頃から、東条英機首相と対立する宇垣一成元陸相と皇道派の真崎甚三郎元教育総監による連立内閣擁立をめざして運動する。

平沼は近衛から相談を受けたが、宇垣擁立は難しく、テロも起こりかねないことを理由に反対した。また、木戸幸一内大臣も宇垣擁立に反対したため、この構想は一九四三年三月頃には潰える。

平沼はそもそもこの時期、東条内閣更迭に反対だった。東条首相の戦争指導をある程度評価していたからである。東条について平沼は、共産主義の影響を受けた国内改革を自らは意識していないが、実質的に進めていると考えて信用していなかった。しかし、戦争指導についてては東条の病気により、万一の場合の後継首相について意見を求められた際、「人に動かさるる人物」ではよくないと考え、「其点、東條首相は傑出せる人物として敬意を表す」と評価していた（『木戸日記』一九四三年一月三〇日）。

平沼が東条内閣更迭を模索するようになったのは、重臣の岡田啓介から働きかけがあってからだ。岡田は東条内閣を更迭し、機を見て戦争を終結させるため一九四三年八月、木戸内大臣に東条内閣更迭と東条の参謀総長への転任を持ちかける。木戸は重臣が一致して東条内閣に反対であれば、昭和天皇に取り次ぐことを暗示した。これを受けて岡田は同月、平沼・近衛に働きかけた。こうして岡田・近衛・平沼・若槻の間では東条内閣更迭で固まったが、強力な戦争指導者である東条を辞めさせることは容易ではなく、しばらく時機をうかがうことになった。

一九四四年七月七日、サイパンで守備隊が玉砕した。サイパンは「絶対国防圏」の最重要拠点とされ東条の戦争指導への批判が高まった。この前後から重臣の東条内閣更迭工作は一気に進展する。

七月一日、岡田が平沼を訪問したところ、平沼は東条が「国民の怨を買っている。此の際、ほんとの御親裁、御聖断が降ってよい時だ。それで、それが下るように重臣が上奏したらどうか」と提案した（『近衛日記』一九四四年七月二日）。平沼は木戸・近衛と同様、後継内閣には艦隊決戦で万一の勝利がないとは言えず、国内関係からもただちに和平を行うことは至難であると考えていた。そのため、国民に諦めを抱かせるために、艦隊決戦を実行できる内閣を構想していた。

七月一四日、平沼は近衛と会見し、岡田から各重臣招集の手続きをとらせることを申し合わせた。また、後継内閣について平沼は、木戸が寺内寿一（てらうちひさいち）南方軍総司令官を候補としていることを聞き、寺内は「毒にも薬にもならぬが、ついている者がしっかりしていなければならぬ。今度の政変は急速に事を運ばなければ、いろいろ面倒が起るだろう、寺内だと現地から呼ぶ必要があるため、時がたつから策動のおそれがある。自分は鈴木貫太郎がよいと思う」と述べ、後継首相に鈴木貫太郎枢密院副議長を推薦した。昭和天皇の信頼も厚かった。鈴木は海軍軍人出身で、一九二九年から三六年までは侍従長を務め、昭和天皇の信頼も厚かった。第7章で述べたように、平沼は一九三〇年のロンドン海軍軍縮条約で鈴木が加藤寛治軍令部長の上奏を阻止したことに不快感を示したが、戦争を終わらせるため、天皇の信頼の厚い鈴木の力が必要と考えたのだろう。

また平沼は、次の内閣では梅津美治郎（うめづよしじろう）関東軍総司令官が陸相か参謀総長になる可能性があり、梅津の「周囲には赤が沢山（たくさん）いる〔中略〕左翼的革新派が軍部の中心となるおそれがある」と懸念を示している（『近衛日記』一九四四年七月一四日）。

七月一七日、東条内閣倒閣をめざし、平沼邸で重臣の会合が開催された。参加者は平沼、岡田、広田弘毅、近衛、若槻礼次郎、阿部信行、米内光政の七名で、原嘉道枢密院議長は官職にあることを理由に呼ばれていない。この席で平沼は、「人の和がなければ戦には勝てぬ。東条内閣があっては、かえって人の和を破壊する」と主張している（『近衛日記』七月一七日）。

東条首相は重臣の無任所相入閣による内閣の延命を企図したが、それが不可能とわかると、翌七月一八日、総辞職を決断する。

小磯国昭内閣成立をめぐる議論

東条内閣崩壊を受け七月一八日、宮中西溜（にしたまり）の間で重臣会議が開催された。出席者は若槻、広田、岡田、近衛、平沼、阿部、米内、木戸内大臣、原枢密院議長の九名。

近衛は後継首相の第一候補として鈴木貫太郎枢密院副議長を挙げ、陸軍からであれば政治、経済などへの関与の抑制と共産主義革命の阻止が必要であると主張した。これに平沼も「語調を非常に力をこめ、全然御同感だ。と叫ぶが如く」言い、若槻、木戸も同意した。

続いて、木戸内大臣は寺内寿一南方軍総司令官を提案したが、前線にいることからもう一人候補者を出すことになった。米内は梅津美治郎参謀総長（七月一八日、東条の後任として就任）を候補に挙げ、阿部・若槻・岡田も賛成した。しかし、木戸と平沼は参謀総長をたびたび変えることはよくないと反対し、特に平沼の「熱心なる反対」により梅津案は消えた。平沼は梅津の周りに共産主義思想の影響を受けた者がいると警戒し、反対したのだろう。

次に、平沼は畑俊六支那派遣軍総司令官を挙げたが、出席者からはあまり賛否がなかった。平沼が畑を推した理由は不明だが、陸軍の序列の点から挙げたに過ぎないと思われる。

最後に予備役からも一人候補者を出すべきとの意見が出て、米内は小磯国昭朝鮮総督を提案し、平沼も「大いにこれを推奨」した。「最後に平沼、米内両氏より候補者の順位につき、寺内第一、小磯第二、畑第三ということにしてもらいたいという希望あり、異議なく」決定した。

重臣会議後、木戸内大臣は昭和天皇に会議の結果を上奏し、昭和天皇は寺内について統帥の関係もあるので参謀本部に下問した。ここで東条前参謀総長が寺内を第一線から呼び寄せることに反対し、梅津参謀総長から異動の不可を上奏した結果、第二候補の小磯が第一候補となった。

近衛は小磯が朝鮮総督で国内の事情に通じていないことに不安を覚え、七月一九日、小磯と米内の連立内閣を平沼に提案し、平沼も即座に賛成した。その後近衛は、木戸と米内の同意を得て、他の重臣にも働きかけた。阿部を除く重臣も連立に賛成し、七月二〇日に七月一八日の続きという形で重臣会議が再開された。ここで阿部も反対を取り消し、連立内閣案が決定する。同日、昭和天皇は小磯と米内の両名に協力内閣を組織するよう御沙汰を与え、小磯内閣が成立した。米内は副総理格の海相として入閣した（以上の経緯については『近衛日記』、『木戸日記』）。

このように、平沼は東条内閣の後継首相選定で共産主義思想の影響を重視し、梅津に反対した。また、小磯を畑よりも上位に置くよう主張したのは、小磯が国本社理事、平沼内閣拓相を務めるなど平沼とつながりが深く、共産主義革命を狙っていないと信頼していたからであろう。

一九四四年七月二二日に小磯内閣が成立したが、日本の戦局はさらに悪化していた。九月二六日、重臣の近衛・平沼・岡田・若槻は会合を開き、「最早武力勝利の望みなきも、今日外交的解決によれば、無条件降伏以外に途なきを以て、出来る限り抗戦し、国際情勢の変化を待ちて転換の策」に出ることで一致した（『細川日記』一九四四年九月三〇日）。

アメリカ軍の本土侵攻が迫るなかで、国内の政治勢力はいかなる時期と方法により戦争を終結させるのかを検討する必要に迫られていた。

「国体護持」への不安と戦争継続論

一九四五年初頭、アメリカが国体を否認するという報道を平沼は知り、早期講和への態度を変化させる。当時、アメリカの世論は天皇制を廃止し、昭和天皇を戦犯として告発することを求める意見が多数であった。平沼は天皇制維持の保障なしに降伏する事態を避けるため、和平運動の弾圧を訴えるようになる。また、三月末には天皇制廃止だけでなく、昭和天皇の戦争責任が追及される場合についても徹底抗戦を行う意向を示すようになった。

四月二二日、早期講和を望む近衛は高木惣吉海軍少将に、「平沼男〔爵〕は、米国が国体を否認するという報道が出てから、それが強く響いた様です。特に今上陛下の戦争に対する御責任を敵に追及されるということは、臣下の分として看過出来ぬから、飽く迄戦う外ないと云うのだが、私は〔中略〕国体の否認ということと、陛下の御責任ということは必ずしも同一事項ではないと思う」（『高木惣吉　日記と情報』下）と違和感を示している。

小磯内閣の政権運営は、南京政府考試院副院長の繆斌を通じた対中和平工作の失敗などにより行き詰まった。小磯内閣の総辞職が迫った三月三〇日、平沼は重臣の岡田と相談し、後継首相を鈴木貫太郎枢密院議長とし、陸相は阿南惟幾大将とすることをあらかじめ申し合わせ、若槻の同意を得た。また、木戸も鈴木案に賛成した。

四月五日、小磯内閣の総辞職を受けて重臣会議が開かれた。出席者は若槻、広田、岡田、近衛、平沼、東条、木戸内大臣、鈴木枢密院議長の八名。この席で平沼は「打切り和平論者は推選する能わず」、候補者は現役か否かは問わないが、軍人から選ぶ必要があると述べている。この発言が、のちに東京裁判での有罪の一因となる。

続いて、平沼は「近衛公〔爵〕は行きがかりのない人と云われたるが、之も誠に御尤なり。此の際、国民の信頼をつなぐ意味にて、鈴木大将に御引受け願度く希望す」と話した。

東条は畑俊六第二総軍司令官を推薦したが、木戸、近衛、若槻も鈴木の推薦に同意し、鈴木に決定する（『木戸日記』）。

ポツダム宣言への対応

四月七日、鈴木貫太郎内閣が発足した。平沼は鈴木内閣で枢密院議長に再び就任し、側近の太田耕造が文相に就任した。

岡田啓介によると、平沼の側近竹内賀久治が鈴木に大命降下される前に、早くも閣僚の候補者名簿を持ってきたという。また、平沼も岡田が女婿迫水久常（さこみずひさつね）を内閣書記官長に推していたことを知り、迫水起用を阻止するため、岡田に「こんどの内閣にはお互いに側近者を出さんようにしようじゃないか」と伝えたようである（『岡田啓介回顧録』二四五頁）。迫水は大蔵官僚出身で企画院に出向したことがあり、平沼が嫌う「革新官僚」とみなしたからであろう。しかし結局、鈴木首相の意向で迫水が内閣書記官長に就任する。

鈴木首相は重臣を何名か入閣させようと考えていたようであり（『鈴木貫太郎伝』一八六頁）、平沼は入閣要請を断って枢密院議長となり、自身の代わりとして太田を入閣させた可能性がある。

鈴木内閣下でも戦況はますます悪化し、日本本土への空襲も激しさを増した。五月八日、ドイツが無条件降伏し、六月上旬には沖縄戦の敗北が濃厚となった。六月八日に御前会議が開かれ、平沼も枢密院議長の資格で参加した。この席で平沼は、戦争の遂行は非常に困難である。和平を希望するのは間違いでないが、言い出すのは国民の戦意昂揚の点から困る。また、国土の保衛に努力すべきであり、「国体」に対する英米の宣伝に惑わされないように対策する必要がある、と述べている。

平沼は戦争継続の難しさを指摘しつつも、戦争継続を主張したのである。陸軍戦争指導班では、「和平論者の大将とも申すべき平沼〔騏一郎〕が徹底継戦を主張し徳義主義を述ぶ」と記し（『機密戦争日誌』一九四五年六月八日）、平沼の発言を意外なものと受け止めた。

ただし、この御前会議では和平論はほとんど話題にならなかった。それは会話が陸軍側の出席者を通じて外部に漏れることを恐れていたからである。

七月二六日、連合国はポツダム宣言を発表した。鈴木内閣は「黙殺」を決めたが、これは連合国側に拒絶と受け取られ、八月六日に広島に原爆が落とされた。八日にはソ連が日ソ中立条約を破って対日宣戦布告を行い、翌九日、攻撃を開始した。

八月九日、平沼は出席していないが、ポツダム宣言を受諾するか否かを議題とする最高戦争指導会議が開かれた。結論が出ずに休会する間、長崎に二発目の原爆が投下された。その後、同日の二度の臨時閣議でも結論は出なかった。

鈴木首相は昭和天皇に、翌日、最高戦争指導会議の枠組みで開催される御前会議に平沼枢密院議長を参加させるよう願い出た。それはポツダム宣言受諾派（鈴木首相・米内海相・東郷茂徳外相）と反対派（阿南陸相・梅津参謀総長・豊田副武軍令部総長）が同数であり、「国体護持」のみを条件にポツダム受諾を支持する平沼を採決に加えることを見込んだからである。もう一つには、ポツダム宣言が条約の一種であり、枢密院の承諾を得る必要があったからだ。

八月一〇日、御前会議で、平沼は突然参加したため「一般状況に通暁せざる」と発言し、二時間にわたって各参列者に質問した。そのうえで受諾に賛成する。結果、賛成が三（平沼・米内・東郷）、反対が三（阿南・梅津・豊田）と同数になった。鈴木首相は天皇の「聖断」を仰ぎ、天皇はポツダム宣言受諾に賛成した。

なお、平沼は御前会議で、「天皇の国法上の地位を変更する要求を包含し居らざることの了解の下に」という文言は、「大義名分上、具合悪」く、「天皇の統治の本体は憲法にて定まりたるものに非ずして憲法に述べたるに過ぎ」ないので、「天皇の国家統治の大権に変更を加うるが如き要求は之を包含し居らず」ならば差支えないと訂正を要求し、異議なく修正された。

昭和天皇の平沼への思い

八月一一日付の連合国の回答（いわゆるバーンズ回答）には、天皇及び日本国政府の国家統治の権限は連合軍最高司令官の制限の下に置かれる、日本の政体は日本国民が自由に表明する意思により決定される、連合国軍による保障占領などが記され、天皇制の存続を明言していなかった。平沼はバーンズ回答での「国体護持」に不安を持ち、鈴木首相に再照会を持ち掛けている。しかし、天皇は受諾すべきと考え、鈴木は受諾に同意した。

八月一四日、御前会議が開かれ、平沼も出席した。この会議で再照会説を主張したのは、阿南陸相、梅津参謀総長、豊田軍令部総長のみで、平沼は再照会説を主張しなかった。議論の後、「聖断」を求められた天皇は再度受諾を支持し、政府はポツダム宣言の受諾を決定した。平沼がこの御前会議で再照会説を主張しなかった理由は史料的に明らかではない。

なお、平沼の側近の太田耕造文相も当初、再照会説を支持していたが、東郷外相からイエスもノーも言わないのは、外交慣例上からいっても、日本の申し入れを了解している意味なのだと説得され、八月一二日の臨時閣議では受諾を支持したと回想している（『太田耕造全集』四巻、三五一頁）。平沼が太田からこのことを聞いていた可能性もある。

なお、昭和天皇は回想で平沼が「二股（ふたまた）をかけた」と述べている（『昭和天皇独白録』一五八頁）。それは平沼が重臣の岡田らと協力して東条内閣を倒閣する一方で、「国体護持」を過度に重視して、会議などでは陸軍寄りともとれる態度を見せたこと、また、バーンズ回答でいったん再照会説を主張しながら、その後沈黙するといった、平沼の曖昧で一貫性のない態度を批判したものであろう。

八月一四日の御前会議でのポツダム宣言受諾を知った陸軍軍人は、八月一五日早朝、首相官邸及び鈴木首相の自宅を襲撃後、平沼の自宅を襲った。襲撃の直前、平沼は首相官邸から暴徒が向かったとの情報を得て難を逃れた。襲撃隊は平沼がいないとわかると平沼邸を放火し全焼させた。鈴木首相だけでなく、平沼も襲撃の対象となったのは、陸軍の間で第二次近衛内閣以後、親米的なイメージが定着し、太平洋戦争末期にも和平論者とみなされていたからだろう。

占領下、首相の選定――東久邇稔彦王、幣原喜重郎の推挙

平沼は日本のポツダム宣言受諾後も、一九四五年一二月に戦犯容疑で逮捕されるまで枢密院議長の座にあった。

八月一五日、鈴木貫太郎内閣の総辞職を受け、木戸内大臣は昭和天皇から後継首相選定の下命を受けた。その際、木戸は「今回は重臣を集むることなく、平沼枢相〔枢密院議長〕と相談の上奉答すべき旨言上」し、許しを得た。同日、木戸は平沼と協議の結果、東久邇宮稔彦王を推薦し、近衛に援助させることで一致した（『木戸日記』）。こうして、八月一七日に東久邇宮内閣が成立し、近衛は無任所相として入閣する。

一〇月五日、東久邇宮内閣が人権指令の実行を躊躇し、昭和天皇に辞表を奉呈した。昭和天皇は木戸内大臣に後継首相選定を命じ、木戸は近衛と「閣内の情勢、将来の見透等につき懇談」。その後、平沼・藤田尚徳侍従長と後継首相推薦について協議し、第一候補に幣原喜重郎、第二候補に吉田茂を推薦することに決定する（『木戸日記』）。

木戸内大臣が東久邇宮内閣・幣原内閣推薦にあたって、枢密院議長以外の重臣に意見を聞かなかった理由は明らかではない。

ただし、木戸は一〇月一五日、石渡荘太郎宮相に将来内大臣府を廃止すべきで、内閣更迭の際は枢密院議長、貴衆院議長に下問する慣行を作るべきだと提案しており（『木戸日記』）、木戸の行動の背景にはこのような構想があったと思われる。

もっとも、すでに七七歳となっていた平沼は戦犯として名が取りざたされるなかで、新たな戦後の政治構想を主導し得る意志と影響力を失っていた。

一二月二日、平沼はGHQから戦争犯罪人に指定されたことにより、翌三日枢密院議長を辞任した。もっとも、老齢のため自宅拘禁となり、一九四六年四月二九日の起訴に伴い、巣鴨拘置所に入所した。このとき平沼は七八歳になっていた。

東京裁判の審理と判決

一九四六年五月三日より、日本の戦争犯罪人のうちA級戦犯（平和に対する罪）を裁く目的で極東国際軍事裁判（東京裁判）が開始された。罪状認否では病気を理由に途中で裁判から除外される大川周明をのぞく、被告二七名全員が無罪を主張した。

一九四八年一一月四日、ウィリアム・ウェッブ裁判長による判決書の朗読が開始された。

判決書の内容は一九二八年から日本の敗戦まで、日本には一貫した「共同謀議」が存在したという前提のもと、大きく分けてA部（国際条約など法的な問題）、B部（日本の戦争や残虐行為に関する事実の認定）、C部（各被告人の有罪無罪の判定）の三つで構成されていた。

平沼の名がB部のなかで登場するのは、平沼内閣以前では、国本社と陸軍との関係、枢密院時代、それから首相時代についてである。

東京裁判法廷，1948年11月　中央に平沼，前列左に東条英機

まず、国本社について、①「民族精神の高揚を養い、それを高揚することを誓言した秘密結社」であり、平沼はその「総裁」であった、②理事には小磯国昭・荒木貞夫がいた。小磯は自由主義的な若槻礼次郎内閣を転覆しようとした陸軍の陰謀の参画者であり、荒木は陸相として軍部の優越と満州の軍事的支配を進める運動の指導者であった、③「平沼が軍閥の最も有力な分子から指導者として仰がれたことは、軍閥の指導者としてのかれの重要性を示すものである」、と指摘した（『極東国際軍事裁判速記録』第一〇巻）。

次に、枢密院時代では、九ヵ国条約違反の日満議定書及びその往復文書の審議にあたって、審査委員及び枢密院副議長として関与したこと、一九三六年の日独防共協定が枢密院に諮詢された際に平沼が議長であったことなどを挙げている。もっとも、判決書では枢密院会議での平沼の発言には触れていない。なお、日満議定書は一九三二年九月、日本が満州国承認時に取り交わしたもので、日本の権益承認などを盛り込んでいた。

最後に、首相時代について、①日中戦争遂行のため経済産業動員政策を実施したこと、②海南島・新南群島の占領、③防共協定強化問題で陸軍が留保なしの軍事同盟締結に転換する一九三九年八月八日以前、陸軍の方針を支持したこと、④ノモンハン事件をごく初期の段階から事態を知りながら、紛争阻止の手段を講じた証拠がないことなどが挙げられた。

一九四八年一一月一二日、平沼に判決が言い渡された。ウェッブ裁判長は、①枢密顧問官及び大臣、首相として軍閥の侵略的計画を支持したこと、②一九四一年一一月二九日に開かれた重臣会議で開戦に同意し、長期戦の可能性があるため世論対策の強化を主張したこと、③一九四五年四月五日の重臣会議で講和申し入れに反対し、最後まで戦うべきと主張したことを指摘した。

そのうえで、「訴状に挙げられた全期間において、平沼は必要とあれば、武力によっても日本が東アジアと南方を支配するという政策の支持者であったばかりではなく、『共同謀議』の指導者の一人であり、その政策を推進することについて、積極的な参加者であった」として、六つの訴因（共同謀議・中米英蘭に対する侵略戦争の遂行・ノモンハン事件の遂行）について有罪と認定し、終身刑を言い渡した（『極東国際軍事裁判速記録』第一〇巻）。判決文は大枠で検察側の見解を踏襲していた。

平沼に対する判決の問題点

この判決には平和に対する罪、人道に対する罪は事後法という裁判自体への批判があるが、平沼については主に三つの問題点があった。

第一に、枢密院の政治的影響力である。枢密院が実際に政治的存在感を増したのは一九二〇年代後半から三〇年のロンドン海軍軍縮条約問題までの間のみである。以後、枢密院は事実上内閣の施策を追認していたことを踏まえていない。

第二に、首相時代の政治権力である。平沼が首相に就任した時点ですでに日中戦争は泥沼化し、内閣の軍部に対する統制も難しく、国家総動員体制の構築も進んでいた。こうした状況で、首相としての選択可能な政策の幅はきわめて少なく、経済産業動員政策とノモンハン事件への対応についてはやむを得なかったといえるだろう。また、一九三九年一月一九日、陸海軍に海南島攻略の命令が発せられたが、これは近衛内閣時の決定で、組閣まもない平沼が覆すことは不可能に近かった。

第三に、右の二点が重視される一方、一九三一年から三四年五月までの平沼内閣運動についてはほとんど触れていない。平沼が最も政治的影響力を持ったのは平沼内閣運動期である。平沼が軍部など英米協調外交・政党政治に不満を持つ勢力と提携して、盛んに攻撃したことは軍部の政治的影響力の増大を助長し、政治の不安定化を招いたといえる。

平沼は法廷で発言せず、被告席でも無関心な態度を見せた。朝日新聞社の記者は平沼の印象を次のように記している。

平沼は自分の部門が来たときも、老鶴（ろうかく）のように被告席に座ったままだった。一九四七年九月二四日、平沼担当の弁護人が冒頭陳述を省略してただちに証拠提出に入った際、若干緊張の色を見せたが、すぐに姿勢を崩し、「あごひじをついたいつもの姿勢に返って〔中略〕イヤホーンを耳にあててはいるが、法廷でしのぎをけずる応酬を聞いているのか、いないのか、その面長な顔は白蠟（はくろう）の様に茫（ぼう）としていた」、と（『東京裁判』中巻）。

長年司法官を務めた平沼が、戦勝国による裁判で被告席に立たされることに不満を持ったであろうことは想像に難くない。判決文の朗読が開始された翌一一月五日、荒木貞夫は平沼らと裁判について語り、「判事団が何を基盤として裁判を進めたるやの判断に苦む」と日記に記した（「巣鴨幽囚日記」）。

平沼の戦争責任観

では、平沼は戦争の原因と自身の戦争責任について、どのようにとらえていたのか。

戦争の原因について平沼は、元老西園寺公望の失政や指導者の払底を挙げ、自身の戦争責任を明確に口にしなかった。時期は少し戻るが、平沼は戦時中、側近に満州事変及びその後の情勢について次のように指摘している。

「今日こう云う事態となったのはいいことでない〔中略〕これは西園寺が政府を有っていた時の外交の失敗だと思う。こう云う軟弱外交では、満州を失い、台湾を失い、九州位租借になると考えた〔中略〕故に陸軍の一部の者が、それではいかぬから俺達丈けでやろうと言ってやったのが満州事変」であった。しかし、満州事変を起こした軍人の思想は「我輩と反対」であり、彼らはこれを契機に国内改革（共産主義革命）を起こそうとした。政治家は皆、自由主義、資本主義、英米崇拝で、のちには「平沼は逆臣」だとさえ言ったが、今日は「反対に強くなった。私に罪があるかもしれぬが、自由主義だった政治家にもある」（『回顧録』）。

この認識は戦後も大枠で変わっていない。一九四六年一一月一日、平沼は重光葵と荒木に、今日の日本のような状況となったのは大半元老西園寺の責任であり、「老公のなまけ心がついに少数の財閥の跋扈を来し政党の暴政を生んだ。之を矯正せんとした勢力は皆退けられた。自分も肺病であるとて宮中に出入せしむべからずとて宣伝された」と述べている（『巣鴨日記　正』）。なお、平沼が重光・荒木との会話で陸軍に言及しなかったのは、荒木への配慮もあったのかもしれない。また、西園寺の役割を強調したのは、自らの出世を妨げられたことへの憤りもあったであろう。

他方、平沼は一九五二年七月、戦争の原因として世の中の人や文官が陸海軍のことを知らず、陸海軍に山県有朋のような中心となる人物がいなかったことを挙げている。とりわけ、山県について「ああ云う大機関を統帥をして、山本権兵衛さんでも山県さん程力はない。併し矢張りえらかった。東郷〔平八郎〕さんなんかは戦をする事は上手だったかもしれませんけれど」と述べた。そして、明治天皇の崩御、山県・山本の死が続き、彼らの後継ぎがいなかったことが戦争の原因であり、指導者がいないことが一番困ると指摘した（『一三号鉄扉〈散りゆきし戦犯〉』）。

一九五〇年六月に朝鮮戦争が勃発し、国際情勢が緊迫すると、日本では戦犯釈放運動が盛んになった。講和直前には、講和による戦犯の大赦に期待が高まった。一九五二年四月、当時の津山市長中島琢之（なかじまたくし）ら七名が中心となり、平沼は高齢かつ病身であるという理由を記した出所嘆願書を、吉田茂首相及び衆参両院議長宛に約一万名の署名を添えて、提出した。六月一四日、平沼は病気療養のため、仮出所を許され、ただちに慶應義塾大学病院に入院したが、八月二二日に死去した。刑期中に死去したため、一九七八年にA級戦犯として靖国神社に合（ごう）祀（し）された。

おわりに　司法官・政治家としての功罪

これまで平沼騏一郎の生涯を論じてきた。彼の生涯は「複雑怪奇」の一語で片づけられるものではない。むしろその言葉が強調されるあまり本質的な面が見えなくなっていた。

司法官としての歴史的役割

本書ではまず、司法官として果たした歴史的役割を明らかにした。

平沼は一九〇〇年代、欧州の司法制度を積極的に取り入れ、担保付社債信託法の立案や指紋法の導入、新刑法の制定など司法制度の近代化に貢献した。

検事はすでに一八九〇年代末には起訴前に十分な捜査を行うようになり、起訴便宜主義が定着しつつあったが、新刑法はそれを後押しした。

平沼が捜査を指揮した日糖事件と大逆事件では、検察が司法警察官と予審判事を抑えて捜査を主導した。以後、検察が重大事件の捜査の主導権を握るようになり、平沼は検事総長として政治勢力による贈収賄事件、選挙違反事件の捜査を次々と指揮する。

もっとも、平沼は検事総長時代、政治勢力による贈収賄事件・選挙違反事件については内閣側とも協議し、捜査や起訴の範囲について妥協を模索した。その際、事件が社会や司法部に与える影響などを踏まえて、起訴猶予処分を柔軟に適用した。また、検察内に強固な基盤を築き、捜査にあたって検事総長の権限を最大限活用した。一九一五（大正四）年の大浦事件の頃にはマスメディアで検察権を含めた「司法権の独立」が説かれるようになる。

平沼が頭角を現したのは学識、実務能力の高さだけでなく、藩閥保守派の元老山県有朋率いる官僚閥に加わらなかったことも大きい。一九〇〇（明治三三）年の司法官増俸要求事件後は主に政友会から重用される。平沼は政友会内閣と協調して一九一三年の司法部改革や司法官定年制、陪審制の導入に貢献し、司法部を近代化させた。また、捜査で自らの信頼できる部下を登用し、一九一三年には平沼閥と称される勢力を築く。

しかし、平沼は結局一度も政党に入ることはなく、むしろ検事総長として政治勢力から中立的な立場を取ることを望んだ。司法省・検察の職務は高度な専門知識を要し、司法と行政の両方の性質を持つ特殊な領域であることを利用したのだ。

もっとも、平沼が贈収賄事件・選挙違反事件を利用して政治勢力を攻撃したことはない。むしろ検察が政治勢力から攻撃されることを警戒し、慎重に捜査を進めていた。検察が権威を高めたのは、このような平沼の巧妙で慎重な検察権運用によるところが大きい。

ただし、思想事件の大逆事件・企画院事件ではそれぞれかなり強引かつ強硬な捜査・検挙を行っており、思想事件では共産主義に傾倒する勢力の弾圧という意図で動いている。

その後、一九二〇年代には検察が刑事事件の捜査を主導し、起訴前に慎重かつ丁寧に捜査する慣行が確立する。この頃には検察が刑事事件で起訴前に周到な捜査を行ったうえで起訴するか否かを判断し、起訴の場合ほぼすべて有罪判決が下されるという特徴を持つ「精密司法」の原型がみえる。検察が実務のうえで進めた起訴便宜主義は、平沼が起草に関わった大正刑事訴訟法で明文化される。それに加えて、平沼は検事が広範な裁量権を持つ少年法の立法にも関わり、実務と制度の両面で検事が刑事手続を支配する体制を作り上げたのだ。

一方、平沼は一九一八年頃になると、第一次世界大戦の影響による外来思想の蔓延に危機感を持ち、日本の伝統的価値観に基づく道徳の涵養、「国体」論を訴えるようになる。それに伴い、政治勢力による贈収賄事件や共産主義運動にも強硬な態度を取る。特に、天皇制を脅かす共産主義運動にはきわめて強硬な姿勢を見せ、一九二二年に立案された過激社会運動取締法案から二八（昭和三）年の治安維持法改正までの厳罰的な治安立法を推進した。

他方、平沼閥の影響力は平沼・鈴木喜三郎が司法部を離れた後も、長期にわたり残存した。平沼閥とは、あくまでもメディアなど第三者からの評価である。メディアでは検事権力との関連でとらえられており、平沼閥と指摘された司法官のほとんどが検事であった。平沼閥の中核たる鈴木喜三郎、小山松吉、小原直、塩野季彦らはいずれも検事として出世し、政治勢力による贈収賄事件や選挙違反事件、思想事件の捜査に関わった。一九二四年の国本社改組時には平沼の影響力は検事のみならず、判事・弁護士にも広く及んでいた。

もっとも、一九三〇年代初頭になると、鈴木は政友会内閣実現をめざし、平沼のもとを離れた。また、小山・小原も平沼とは距離を置き、斎藤実内閣、岡田啓介内閣と協調した。小山・小原は軍部や国家主義団体による介入を拒否し、それらから自律的に司法省・検察の意思決定を行おうとしたのである。この結果平沼閥は衰退したが、一九三〇年代から四〇年代初頭の平沼は塩野や近衛文麿ら政治家との関係を通じて司法部への影響力を発揮した。

なお、平沼閥が衰退していた一九三四年に「検察ファッショ」と称された帝人事件が起こったことは、この時期の司法部の評価を難しくしている。五・一五事件で平沼の側近竹内賀久治らを検挙し、一時勾留したことなどからもわかるように、斎藤・岡田内閣期、司法省・検察の首脳部は平沼の影響力を排除していた。平沼は捜査情報を得ていたが、自身の影響下にある検事を使って事件をでっち上げたという直接的な証拠はない。

政治家平沼の台頭と挫折

本書では、後半生である政治家平沼の台頭と挫折についても論じた。

平沼は政治家として、国家及びその基軸となる天皇制の維持をなによりも重視した。内政では共産主義・無政府主義、党利党略に基づく政治を、国家本位の政治を揺るがすものとして警戒し、天皇崇拝などを打ち出して国家のもとに国民を統合しようとした。外交でも欧米からの圧迫を恐れ、それに対抗するために軍備の増強を主張し、国際主義やロンドン海軍軍縮条約に批判的な態度を取った。これらは大正デモクラシーの風潮に逆らうものである。

しかしそれにもかかわらず、平沼は首相候補者として期待を集め続けた。それは時代状況の変化、当時の政治構造のみならず、彼の政治手法の巧妙さによるところも大きい。

一九二〇年代半ばからは政党政治の弊害を是正できる中立的な政治家、三〇年代前半には軍部を統御し、危機を収拾できる唯一の文官の政治家であるというイメージを抱かせ、現状に不満を持つ勢力から幅広く期待を集め続けたのだ。

平沼は、一九二〇年代半ばには国本社会長として教化団体を標榜し、国本社の勢力を拡大させる。一九三〇年代前半には、陸海軍人との提携により政権獲得に自信を持ち、内心警戒していた陸軍中堅層や国家社会主義に傾倒する勢力にまで接近して政治基盤の強化を図った。強い権力への意志を持ち、さまざまな策をこらして政権の座を狙い続けたのである。

なお、平沼は無口で、世間的には陰気だと見られていた。しかし、一度打ち解けると面倒見がよかった。また、さまざまな会を作り、人と関わることを好み、幅広い人脈を形成した。

ただし、平沼が具体的な政治構想、政策を明かすのはごく限られた人物のみで、一般的には「国体」論や「皇道」など観念的なスローガンを主張し続けた。こうした姿勢もあり親英米的で政党内閣を支持する勢力から「ファッショ」と警戒されたが、その一方で、現状打破をめざす勢力からは幅広く期待を集めた。このことも非政党内閣の首相候補者であり続けた一因だった。

平沼が英米協調外交、政党内閣に批判的で、軍部に有和的であったことは間違いない。政党への不信の背景には司法官としての経験があり、軍部への有和的態度の背景には国内治安への不安もあった。しかし、彼はしきりに「国体」の卓越性を口にするものの、実際には明治憲法の三権分立的な秩序を維持しようとした。そのため、憲法で明記されている議会、そしてそれに伴い必然的に生まれる政党そのものを否定したことはない。もっとも、輔弼機関の間で対立が生じた場合、どのように調停するのか具体的な構想を示せず、政党内閣制や一党独裁に反対するという消極的な姿勢にとどまった。また、満州事変時の朝鮮軍独断越境への対応など機会主義的な対応を取ることもあった。

一九三〇年代後半以後は陸軍の暴走や「革新政策」への懸念を深めた。外交では反共産主義を手掛かりとした各国との協調が必要だと考えていた。このことが首相就任の一因であったが、就任後はソ連のみを対象とする日独伊軍事同盟締結を推進しており、英米協調派とも言い難い。しかし、日中戦争の早期解決と第二次世界大戦防止のために英米との協調も模索していた。第三次近衛文麿内閣時には親英米派とみなされ、国家主義者から銃撃を受ける。太平洋戦争期には東条英機内閣更迭工作を進め、ポツダム宣言受諾の際にも一役買い、終戦時、陸軍軍人から襲撃を受け、自宅が全焼する。

平沼が「国体」論などを広めようとしたのは政治戦略だけでなく、大正デモクラシーの風潮が高まることで天皇を中心とする国家が軽んじられ、人心がバラバラになってしまうことを懸念したからである。平沼は統治における天皇制の重要性を認識していたが、狂信的な天皇崇拝者ではない。むしろ、天皇個人が現実政治に関与することに否定的だった。

しかし、「国体」の絶対性を強調することは共産主義や民主主義などの思想・研究の自由を抑圧する風潮を助長し、思想面での全体主義化を促進する。また、対外的には日本の「国体」の優位性を強調し、それを東アジアに広めるといった観念で満州事変以後の軍部の暴走を正当化することになってしまう。

では、司法官としての平沼と政治家としての平沼はどのような統一的な像を結ぶのか。

平沼は司法官として日本の司法の近代化に尽力し、現在の検察の原型を形成した。また、西洋の法制度や技術を高く評価し、司法制度改革を推進した。ただし、改革にあたっては尊王攘夷に由来する国家主義も存在していた。つまり、西洋文明及びその基底となる精神を評価するというよりも、立ち遅れた法制度を整備することで、西洋と並び立ち、対抗するための手段としたのであった。

一九一〇年代後半に入り、法制度が整うと、社会秩序への憂慮と合わさり、司法官として、のちに政治家として日本独自の体制を模索する。しかし、尊王攘夷に由来する国家主義は欧米との協調よりも対立の側面を重視する独善的なものとなっていった。「皇道」、「道義」といったスローガンも具体的な政策体系を備えていたわけではない。ここに昭和戦前期日本の隘路があったともいえる。

国家主義的言説は非常時に人心を惹きつける側面を持っている。しかし、それらが果たして西洋的価値に代わる現実的な構想を持ち合わせているのか。西洋的価値に代わる別の構想を打ち出すことの困難さをも暗示しているように思われる。

現在社会に残した「遺産」

平沼が現在社会に残した「遺産」は、やはり検察に関わるものであろう。

戦後、司法省から法務省となり、一九四七年に検察庁が発足した。裁判所は司法省から分離し、大幅に権限が強化された。

こうしたなかでも、検察は戦前と同じく全国的な統一組織を持つ独任制官庁として維持された。また、現行刑事訴訟法でも検察官による起訴独占、起訴便宜主義が残存した。それにくわえて、予審制度の廃止により検察官（検事）、司法警察職員（戦前の司法警察官）に強制処分権が付与されたことで、むしろ検察官の権限が強化された。

たしかに、強制処分は法律に定めがあり、令状が発付された場合に限る。だが、警察・検察による任意捜査の範囲は広く、事実上拒否できない場合も多い。また、任意の取調べに弁護士が立ち会う権利は保障されず、そこで作成された任意の調書は公判で証拠として認められる。さらに、裁判官に予断を与えないため、起訴状のみで公訴提起する原則が採用されたが、その後、起訴状に動機や素行など訴因以外の余事記載も事実上認められるようになった。検察が刑事手続を支配する体制は変わらなかったのだ。むしろ戦前よりも起訴前の取調べが徹底されるようになり、日本の刑事司法は「精密司法」と称されるようになる。現在、刑事事件の有罪率は九九%以上にのぼる。そのうち、ほとんどの事件で自白が取られたうえで、検察官の手による膨大な調書が作成され、公判での審理が形骸化している。

この検察が捜査の主体を担い、取調べと自白を重視した公判前の周到な捜査を実施する体制を、実務と制度の両面で作り上げたのが平沼だった。

他方、戦後には政治家や企業の汚職などを専門に扱う地方検察庁特別捜査部(特捜部)が一九四七年、東京地検に設置された。その後、大阪地検と名古屋地検にも特捜部が設置される。戦前は贈収賄事件をきっかけに検察が台頭したが、その端緒は平沼が捜査を主導した日糖事件である。戦後は特捜部が検察の看板で、アイデンティティとなっている。平沼が確立した検察が重大な贈収賄事件、選挙違反事件の捜査を主導するという点も、形を変えて引き継がれたといえよう。

このような戦後の刑事手続も一因となり、日本は諸外国と比べて犯罪率が低く、高い検挙率を誇っている。また、特捜部が国民の負託に応えてきた面も少なくない。

しかし、自白の強要や長期勾留などの問題が依然として残されている。また、特捜部も時に強引な捜査を行い、批判にさらされることもある。検察のあり方についてはすでに多方面から活発に議論が行われてきている。

本書の分析から言えるのは、検察は少なからず政治的に動き、政治から影響を受ける。また、政治の側も検察に影響を及ぼそうとすることである。

戦前では検察が政治社会情勢を見極め、時の内閣と捜査の範囲を相談し、起訴猶予処分を活用していた。このことにより検察は政治的に存在感を増した。

しかし、現在では政治的意思を持って捜査することは望ましくない。また、大物のOBが非制度的に影響を及ぼそうとする事態を避けなければならない。そのような政治的役割を担うことが検察の政治化、ブラックボックス化を強める。起訴猶予処分を活用する場合には説明責任が求められるだろう。

本書で見てきた通り、贈収賄事件、選挙違反事件の捜査は政治的影響の大きさゆえに世間の耳目を集め、有罪無罪問わず政治勢力からの批判を集める。検察としては可能な限り政治的色彩をなくし、手続きを公正化、透明化してあくまでも法曹として証拠があれば起訴することに徹するべきだと考える。

政治の側でも、検察への介入はなるべく控えるべきであり、汚職疑惑でも捜査の範囲の調整などは検察の自律的判断によるべきである。しかし、検察内部で派閥的、政治的な動きが生まれることは十分あり得る。政府が最高幹部の人事を握り、間接的な統制を加えることは民主政治のなかで必要であり、両者の抑制的態度により検察は適正に機能するのだろう。

あとがき

本書は筆者にとって二冊目の単著である。前著『平沼騏一郎と近代日本』（京都大学学術出版会）は筆者の博士論文をもとにした研究書であったが、本書はその後筆者が得た知見を加えつつ、一般の方向けにわかりやすく執筆したものである。

中公新書編集部の白戸直人さんから原稿の依頼を受けたのが二〇一七年三月なので、実に四年以上経ったことになる。当時不安定な身分にあった筆者はあまり深く考えず引き受けてしまったが、まもなく安請け合いしたことを後悔した。出したばかりの研究書と同じテーマで書くことになるわけだが、研究書の縮小版とするわけにはいかず、新しい視点を打ち出す必要があったからである。ただし、次は司法政治を研究テーマとすることに決めていたので、新たな着想を具体化させるべく論文の執筆、投稿を続けた。その後職場、生活環境もめまぐるしく変わり、二〇一九年に入りようやく本書の執筆に取り掛かることができた。

執筆にあたって、次の二点を心掛けた。まず、司法官としての歴史的役割を明確化させることである。これは前著でその必要性を認識しつつも、筆者の力量不足により書けなかった部分である。次に、前著では二部構成としていたものをまとめ、伝記として時系列で読めるようにしたことである。なお、前著の出版後に見つけた単純ミスについても修正している。

二〇一九年一二月に最初の草稿を出したが、翌年二月に白戸さんから多くの注文が出された。草稿は前著との違いを出すべく司法官時代を重点的に書いたが、首相・重臣時代を大幅に加筆し、よりスタンダードな形とすることを望まれたのである。

その後原稿の修正に取り掛かったが、ちょうどコロナ禍で遠隔授業の負担や図書の取り寄せに時間がかかったこともあり、二〇二〇年七月にようやく修正稿を提出できた。ただし、原稿が大部となったため、五万字以上の縮減を経てようやく完成した。結局、司法官時代にこだわらず、スタンダードな伝記として書いたので、前著の記述と重なる点が少なからずある。また、もともと草稿には文末に脚注を付けていたが、新書ということでその多くを削除することになった。本書が優れた先行研究に多くを負っていることは言うまでもない。

平沼を研究対象とすることに決めたのが二〇一〇年なので、一〇年以上経ったことになる。これは前著のあとがきでも触れた点だが、大学院入学時は別のテーマを考えており、最終的に平沼を研究対象に選んだ動機は「倉富勇三郎日記」の存在が大きい。当時から平沼のような右翼がかった評判のよくない人物を取り上げることへの批判もあった。

しかし、曲がりなりにも研究を進めることができたのは司法官、官僚政治家として長期間国家の要職を占めたが、同時に国家主義者、観念主義者としても知られる「複雑怪奇」な人物であり、そうした人物がなぜ政治権力を維持できたのかを解明することで、日本近代史の別の側面に光をあてることができると考えたからである。

なお、平沼のオフィシャル・バイオグラフィーは現在でも存在せず、戦後の歴史研究でも本格的な著作はない。本書は前著を除き、平沼騏一郎の全生涯を論じた初めての著作である。

本書の執筆には、想像よりもはるかに多くの時間と労力がかかった。一貫して編集の任にあたられた白戸さんの励ましと的確な助言なしに本書を書き上げることは不可能だった。迷惑ばかりかけたことをお詫びすると同時に、心からお礼を申し上げたい。

本書の完成まで多くの方から助力を賜ったが、とりわけ大学院時代の指導教員で、本書に関わる論文の執筆でもお声がけくださった伊藤之雄先生、草稿をお読みいただき貴重なご指摘をくださった小山俊樹先生に特別な感謝を申し上げる。もっとも、多くの方々からさまざまなご指摘をいただきつつも、紙幅の都合上その多くを割愛せざるを得なかった。これらの点については今後の研究で深めていきたい。また、筆者の所属する琉球大学人文社会学部国際法政学科政治・国際関係学プログラムには、研究に集中できる環境を与えていただいていることに感謝している。

完成した原稿を読むと、時間をかけた割にどこまで前著から成長できたのだろうと思うこともある。しかし、前著、そしてその後の論文の蓄積なくして本書はあり得ず、これまで続けてきた筆者の平沼研究の集大成なのだろう。もっとも、新たな研究課題も浮び上がっている。これまで平沼という取締り側の最重要人物の一人を中心に分析してきたが、その一方で議会の法曹政治家や法律系メディアが議会政治や司法制度の形成・発展にどのような役割を果たしたのかという観点は本書ではほとんど触れられなかった。また、司法部の組織や人事などについても議論を尽くせていない。これらの点について、当該期の司法政治を多角的に明らかにするうえでもいま一度問い直す必要があると感じている。今後とも研究に邁進していきたい。

二〇二一年七月一二日

萩原　淳

参考文献

公刊史料

粟屋憲太郎、吉田裕編集・解説『国際検察局（IPS）尋問調書』一五巻、二四巻、二八巻（日本図書センター、一九九三年）

伊藤隆ほか編『真崎甚三郎日記』昭和七・八・九年一月〜昭和一〇年二月、昭和一〇年三月〜昭和一一年三月、昭和一一年七月〜昭和一三年一二月、昭和一五年一月〜昭和一五年一二月（山川出版社、一九八一〜八三年）

伊藤隆、佐々木隆「鈴木貞一日記　昭和八年（史料紹介）」（『史学雑誌』八七巻一号、一九七八年一月）

伊藤博文『帝国憲法義解・皇室典範義解』補一五版（丸善、一九三五年）

内田康哉著、小林道彦他編『内田康哉関係資料集成』第一巻（柏書房、二〇一二年）

岡田啓介著、岡田貞寛編『岡田啓介回顧録』（毎日新聞社、一九七七年）

岡義武、林茂校訂『大正デモクラシー期の政治　松本剛吉政治日誌』（岩波書店、一九五九年）

「小川平吉日記」（小川平吉文書研究会編『小川平吉関係文書』第一巻、みすず書房、一九七三年）

小原直『小原直回顧録』（中央公論社、一九八六年）

外務省編纂『日本外交年表竝主要文書』（日本国際連合協会、一九五五年）

外務省編纂『日本外交文書　第二次欧州大戦と日本』第一冊（六一書房、二〇一二年）

外務省編纂『終戦史録』（官公庁資料編纂会〔製作〕、一九八六年）

加藤寛治著、伊藤隆他編『海軍　加藤寛治日記』（みすず書房、一九九四年）

木戸日記研究会編集校訂『木戸幸一日記』上下巻（東京大学出版会、一九六六年）

木下道雄著、高橋紘解説『側近日誌』（文藝春秋、一九九〇年）

共同通信社「近衛日記」編集委員会編『近衛日記』（共同通信社開発局、一九六八年）

極東国際軍事裁判所編『極東国際軍事裁判速記録』第六巻、第八〜一〇巻（雄松堂書店、一九六八年）

倉富勇三郎著、倉富勇三郎日記研究会編『倉富勇三郎日記』第1〜3巻（国書刊行会、二〇一〇〜一五年）

佐藤元英、黒沢文貴編『GHQ歴史課陳述録　終戦史資料』上（原書房、二〇〇二年）

参謀本部編『杉山メモ』上（原書房、一九六七年）

塩野季彦回顧録刊行会『塩野季彦回顧録』（塩野季彦回顧録刊行会、一九五八年）

重光葵『巣鴨日記』正・続（文藝春秋新社、一九五三年）

尚友倶楽部編『岡部長景日記』（柏書房、一九九三年）

尚友倶楽部編『上原勇作日記』（尚友倶楽部、二〇一一年）

尚友倶楽部・桜井良樹編『田健治郎日記　二　明治四四年―大正三年』（芙蓉書房出版、二〇〇九年）

尚友倶楽部・桜井良樹編『田健治郎日記　五　大正十年〜大正十二年』（芙蓉書房出版、二〇一五年）

『枢密院会議議事録』（東京大学出版会、一九八五年）

大本営陸軍部戦争指導班著、軍事史学会編『大本営陸軍部戦争指導班機密戦争日誌』上・下（錦正社、一九九八年）

高木惣吉著、伊藤隆他編『高木惣吉　日記と情報』下（みすず書房、二〇〇〇年）

高橋勝浩編『本多熊太郎関係文書』（国書刊行会、二〇一八年）

高橋正衛解説『現代史資料二三　国家主義運動（三）』（みすず書房、一九七四年）

高松宮宣仁著、細川護貞他編『高松宮日記』第八巻（中央公論社、一九九七年）

角田順編『現代史資料一〇　日中戦争　三』（みすず書房、一九六四年）

東京裁判資料刊行会編『東京裁判却下未提出辯護側資料』第六巻（国書刊行会、一九九五年）

『特高月報』複製版（政経出版社、一九七三年）

内政史研究会『村田五郎氏談話速記録』二（内政史研究会、一九七三年）

内務省警保局編『社会運動の状況』復刻版（三一書房、一九七一年）昭和一〇年

畑俊六著、伊藤隆・照沼康孝編・解説『続・現代史資料四　陸軍　畑俊六

六日誌』（みすず書房、一九八三年）
ハーバート・P・ビックス、粟屋憲太郎、豊田雅幸編『東京裁判と国際検察局』（第四巻、現代史料出版、二〇〇〇年）
原奎一郎編『原敬日記』二～五巻（福村出版、一九八五年）
原田熊雄述『西園寺公と政局』一～八巻・別巻、岩波書店、一九五〇～五六年）
平沼騏一郎回顧録編纂委員会編『平沼騏一郎回顧録』（平沼騏一郎回顧録編纂委員会、一九五五年）
平沼騏一郎先生逸話集刊行会編『平沼騏一郎先生逸話集』（平沼騏一郎先生逸話集刊行会、一九五八年）
細川護貞『細川日記』上（中央公論新社、二〇〇二年）
牧野伸顕著、伊藤隆・広瀬順皓編『牧野伸顕日記』（中央公論社、一九九〇年）
松尾尊兊編『続・現代史資料二　社会主義沿革（二）』（みすず書房、一九八六年）
文部省『資料臨時教育会議』第五集（文部省、一九七九年）
若槻礼次郎『古風庵回顧録』（読売新聞社、一九七五年）
British Foreign Office, *Document on British Foreign Policy, 1919–1939,* Series 3, vol. XI
Foreign relations of the United States:Diplomatic Papers 1939 vol. III
Foreign relations of the United States:Diplomatic Papers The Far East (1941)

未公刊史料

「荒木貞夫文書」（国立国会図書館憲政資料室所蔵）
「樺山資英日記」（「樺山資英関係文書」国立国会図書館憲政資料室所蔵）
「倉富勇三郎日記」（「倉富勇三郎関係文書」国立国会図書館憲政資料室所蔵）
「支那事変重要記録／2」「支那事変関係一件 第一巻」（外務省外交史料館）（アジア歴史資料センター、レファレンスコード B02030509800）
「充紳」（「倉富勇三郎関係文書」国立国会図書館憲政資料室所蔵）
「巣鴨幽囚日記」（「荒木貞夫文書」東京大学大学院法学政治学研究科附属近代日本法政史料センター原資料部所蔵）
「田中義一文書」（国立国会図書館憲政資料室所蔵）
「平沼騏一郎文書」（国立国会図書館憲政資料室所蔵）
「山岡萬之助文書」（法務省法務図書館所蔵）

新聞・雑誌

『大阪朝日新聞』『国本』『国本新聞』『東京朝日新聞』『東京日日新聞』『読売新聞』『法律新聞』『週報』『日本及日本人』『日本弁護士協会録事』

第1章

天野郁夫『試験の社会史』（東京大学出版会、一九八三年）
岩崎栄『平沼騏一郎』（偕成社、一九三九年）
大久保利謙『幕末維新の洋学』（吉川弘文館、一九八六年）
小山健三『作州からみた明治百年』上巻（津山朝日新聞社、一九七一年）
笹部昌利「津山藩と幕末政局」（『佛教大学大学院紀要』二七号、一九九九年三月）
治郎丸憲三『箕作秋坪とその周辺』（箕作秋坪伝記刊行会、一九七〇年）
治郎丸憲三「清音抄　平沼氏兄弟と箕作秋坪」（『東洋文化』三四巻二六八号、一九七四年三月）
新谷恭明「生徒の移動状況からみた東京大学予備門の役割」（『大学史研究』二号、一九八一年三月）
素水生「人物月旦　平沼兄弟」（『実業之日本』二一巻九号、一九一八年四月）
立野信之「平沼騏一郎」（山陽放送株式会社編『近代史上の岡山県人政界』山陽放送、一九七三年）
田中美穂「中澤廣江宛て箕作秋坪書簡にみる三叉学舎」（『一滴：洋学研究誌』二三号、二〇一六年）
津山市史編さん委員会編『津山市史』五巻（津山市、一九七四年）
馬場恒吾「平沼騏一郎論」（『改造』二一巻二号、一九三九年二月）
平沼騏一郎「穂積男爵を悼む」（『学士会年報』四五八号、一九二六年五月）
平沼騏一郎「人生に一貫した処世の真髄」（『実業之日本』二九巻一三号、一九二六年八月）
平沼騏一郎「革新とは何ぞや」（読売新聞社編『大東亜新論』研進社、一九四二年）
平沼淑郎「弟について語る」（『実業之日本』三二巻七号、一九三二年七月）
平沼淑郎「弟騏一郎を語る」（『明朗』一巻九号、一九三六年五月）

平沼淑郎「鶴峯漫談」（平沼淑郎『近世寺院門前町の研究』早稲田大学出版部、一九五七年）
福田景門『桜木の宮　作楽神社史』（作楽神社社務所、二〇一二年）
百瀬孝著、伊藤隆監修『事典 昭和戦前期の日本』（吉川弘文館、一九九〇年）
「平沼検事総長論」（『中央公論』三〇巻四号、一九一五年四月）
「知名の兄弟を産んだ両親の研究／平沼兄弟」（『中央公論』三三巻六号、一九一八年六月）

第2章

新井勉「『大津事件』の再構成」（『法制史研究』四七号、一九九二年）
新井勉「明治中期司法部の藩閥構成について」（『日本法学』六六巻四号、二〇〇一年二月）
新井勉、蕪山厳、小柳春一郎『近代日本司法制度史』（信山社出版、二〇一一年）
飯田喜信「玉乃世履と山田顕義」（『日本大学法科大学院法務研究』一五号、二〇一八年一月）
一記者「平沼枢府副議長出世物語」（『実業之日本』二九巻一〇号、一九二六年五月）
大庭裕介『司法省と近代国家の形成』（同成社、二〇二〇年）
尾佐竹猛『明治警察裁判史』（邦光堂、一九二六年）
笠原英彦「江藤新平と司法省」（『法学研究』六四巻一号、一九九一年一月）
菊山正明『明治国家の形成と司法制度』（御茶の水書房、一九九三年）
楠精一郎『明治立憲制と司法官』（慶應通信、一九八九年）
楠精一郎『児島惟謙』（中央公論社、一九九七年）
小山松吉「裁判所構成法施行後の事績を顧みて」（『法曹界雑誌』七〇巻一一号、一九三九年一一月）
「司法官の欧米視察」（『日本弁護士協会録事』一八九八年三月）
清水唯一朗『政党と官僚の近代』（藤原書店、二〇〇七年）
偲夢庵「独身の平沼新司法次官」（『日曜画報』一巻四二号、一九一一年一〇月）
白柳秀湖「平沼騏一郎論」（『日本評論』七号、一九三二年一一月）
手塚豊「司法省法学校小史（一）～（二）」（『法学研究』四〇巻六号、七号、一九六七年六月、七月）
東京大学百年史編集委員会『東京大学百年史』通史一（東京大学出版会、一九八四年）
東京帝国大学編『東京帝国大学五十年史』上（東京帝国大学、一九三二年）
永井和「解説」（倉富勇三郎著、倉富勇三郎日記研究会編『倉富勇三郎日記』第一巻、国書刊行会、二〇一〇年）
仲小路宣、仲小路彰編『仲小路廉集』一（靄軒會、一九二四年）
馬場恒吾『政界人物風景』（中央公論社、一九三一年）
的野半介『江藤南白』下（原書房、一九六八年）
三谷太一郎「『司法権の独立』の政治史的意味」（中村隆英、伊藤隆編『近代日本研究入門』増補版、東京大学出版会、一九八三年）
毛利敏彦『江藤新平』増訂版（中央公論社、一九九七年）
百瀬孝著・伊藤隆監修『事典 昭和戦前期の日本』（吉川弘文館、一九九〇年）

第3章

青木孝之「検察官調書の史的考察」（『琉大法学』八〇号、二〇〇八年九月）
麻島昭一「担保附社債信託法の制定事情」（『信託』九六号、一九七三年一〇月）
雨宮昭一「日比谷焼打事件」（我妻栄等編『日本政治裁判史録・明治後』第一法規出版、一九六八年）
出射義夫『検察・裁判・弁護』（有斐閣、一九七三年）
岩谷十郎「明治時代の刑と罰」（水林彪他編『法社会史』山川出版社、二〇〇一年）
大場茂馬『個人識別法』（忠文舎、一九〇八年）
岡田庄作「明治大正犯罪概況」（明治大正史刊行会編『明治大正史』第二巻、明治大正史刊行会、一九二九年）
小田中聡樹『刑事訴訟法の歴史的分析』（日本評論社、一九七六年）
菊田幸一「わが国における起訴便宜主義について（一）」（『法律論叢』四一巻一号、一九六七年一一月）
倉富勇三郎・平沼騏一郎・花井卓蔵監修、高橋治俊・小谷次郎編、松尾浩也［増補解題］『増補刑法沿革綜覧』（信山社出版、一九九〇年）
斎藤司『公正な刑事手続と証拠開示請求権』（法律文化社、二〇一五年）
鈴木喜三郎先生伝記編纂会『鈴木喜三郎』（鈴木喜三郎先生伝記編纂会、一九五五年）
高野麻子『指紋と近代』（みすず書房、二〇一六年）

出口雄一、神野潔、十川陽一、山本英貴編著『概説日本法制史』（弘文堂、二〇一八年）
永井和「日比谷焼打事件と倉富勇三郎」（『立命館文学』六〇五号、二〇〇八年三月）
平沼騏一郎「刑事訴訟法ノ改正ニ就テ」（『法曹記事』一八巻五号、一九〇八年六月）
平沼騏一郎「英国の刑事裁判制度」（『法曹記事』一八巻七号、一九〇八年七月）
平沼騏一郎「累犯発見の方法に就て」（『監獄協会雑誌』二一巻八号、一九〇八年八月）
平沼騏一郎「指紋法」（『明治学報』一三〇巻、一九〇八年一〇月）
平沼騏一郎「泰西に於ける感化救済事業」（内務省地方局編『感化救済事業講演集』上、内務省地方局、一九〇九年）
福島弘『公安事件でたどる日本近現代刑事法史』（中央大学出版部、二〇一八年）
福山道義「司法職務定制から大審院設置後までの刑事裁判制度と司法省」（『福岡大学法学論叢』六二巻三号、二〇一七年一二月）
水谷三公『官僚の風貌』（中央公論新社、一九九九年）
三谷太一郎『政治制度としての陪審制』（東京大学出版会、二〇〇一年）
三井誠「検察官の起訴猶予裁量（一）」（『神戸法学雑誌』八七巻九・一〇号、一九七一年六月）
吉井蒼生夫『近代日本の国家形成と法』（日本評論社、一九九六年）
渡辺公三「個人識別法の新紀元」（『立命館国際研究』一二巻三号、二〇〇〇年三月）

第4章

「第二八回帝国議会衆議院予算委員会第一分科（外務省、司法省及文部省所管）第五号」
「第三〇回帝国議会衆議院裁判所構成法中改正法律案外四件委員会第一号」
「第三〇回帝国議会衆議院本会議第九号」
雨宮昭一「日比谷焼打事件」（我妻栄等編『日本政治裁判史録・明治後』第一法規出版、一九六八年）
新井勉「近代日本の大逆罪」（『日本法学』七四巻四号、二〇〇九年二月）
新井勉「大正・昭和前期における司法省の裁判所支配」（『日本法学』七七巻三号、二〇一一年一二月）
新井勉、蕪山厳、小柳春一郎『近代日本司法制度史』（信山社出版、二〇一一年）
伊藤之雄『立憲国家と日露戦争』（木鐸社、二〇〇〇年）
絲屋寿雄『増補改訂 大逆事件』（三一書房、一九七〇年）
荻野富士夫「明治期司法権力の社会運動抑圧取締（二）」（『商学討究』三九巻二号、一九八八年一一月）
小田中聡樹「赤旗事件」（我妻栄等編『日本政治裁判史録・明治後』第一法規出版、一九六八年）
小貫芳信「戦前の予審の実情」（『研修』七四八号、二〇一〇年一〇月）
大日方純夫『警察の社会史』（岩波書店、一九九三年）
蕪山厳『司法官試補制度沿革』（慈学社出版、二〇〇七年）
小林道彦『桂太郎』（ミネルヴァ書房、二〇〇六年）
小山松吉述『日本社会主義運動史』（司法省刑事局、一九二九年）
竹中暉雄「帝大法科特権論考」（『桃山学院大学人文科学研究』一三巻一号、一九七七年七月）
中澤俊輔「日露戦後の警察と政党政治」（『日本政治研究』二巻二号、二〇〇五年七月）
平沼騏一郎「刑期の量定に対する批評に就て」（『刑事法評林』二巻一〇号、一九〇九年一〇月）
前山亮吉「近代日本の行政改革と裁判所」（信山社、一九九六年）
松尾浩也「大逆事件」（我妻栄等編『日本政治裁判史録・明治後』第一法規出版、一九六八年）
三阪佳弘「明治三〇年代初頭における裁判所・裁判官統制強化論の法史的意義」（『阪大法学』一五五号、一九九〇年八月）
三谷太一郎『政治制度としての陪審制』（東京大学出版会、二〇〇一年）
三井誠「検察官の起訴猶予裁量（一）」（『神戸法学雑誌』八七巻九・一〇号、一九七一年六月）
三井誠「検察官の起訴猶予裁量（二）」（『法学協会雑誌』九一巻七号、一九七四年七月）
三井誠『刑事手続法Ⅱ』（有斐閣、二〇〇三年）
室山義正『松方正義』（ミネルヴァ書房、二〇〇五年）
山本四郎『山本内閣の基礎的研究』（京都女子大学、一九八二年）

第5章

「第三七回帝国議会衆議院予算委員会第一分科（外務省、司法省及文部

参考文献

省所管）第二号」
伊藤孝夫『大正デモクラシー期の法と社会』（京都大学学術出版会、二〇〇〇年）
伊藤之雄「山県系官僚閥と天皇・元老・宮中」（『法学論叢』一四〇巻一・二号、一九九六年一一月）
伊藤之雄『政党政治と天皇』（講談社、二〇〇二年）
伊藤之雄「近代日本の君主制の形成と朝鮮」（『法学論叢』一五四巻四・五・六号、二〇〇四年三月）
伊藤之雄『山県有朋』（文藝春秋、二〇〇九年）
犬丸義一『第一次共産党史の研究』（青木書店、一九九三年）
今村力三郎「平沼君と鈴木君」（『日本弁護士協会録事』二六七号、一九二一年一〇月）
鵜崎鷺城「時の人・平沼検事総長」（『東方時論』三巻四号、一九一八年四月）
『大本教事件の全貌』（大阪朝日新聞社、一九三五年）
岡義武『山県有朋』（岩波書店、一九五八年）
岡義武『転換期の大正』（東京大学出版会、一九六九年）
荻野富士夫「解説　治安維持法成立・『改正』史」（『治安維持法関係資料集』第四巻、新日本出版社、一九九六年）
奥平康弘『治安維持法小史』（筑摩書房、一九七七年）
奥津成子『私の祖父古賀廉造の生涯』（慧文社、二〇一一年）
小田中聰樹「第一次共産党事件」（我妻栄等編『日本政治裁判史録・大正』第一法規出版、一九六九年）
小田中聰樹『刑事訴訟法の歴史的分析』（日本評論社、一九七六年）
小田中聰樹「明治憲法下の刑事手続」（『法学教室』一二二号、一九九〇年）
海後宗臣編『臨時教育会議の研究』（東京大学出版会、一九六〇年）
島善高「大正七年の皇室典範増補と王公家軌範の制定」（『早稲田人文自然科学研究』四九巻、一九九六年三月）
清水唯一朗『政党と官僚の近代』（藤原書店、二〇〇七年）
『資料臨時教育会議』第五巻（文部省、一九七九年）
神野亮二「河村先生とその周辺の人々」（河村善益先生追想録刊行会編『河村善益先生』河村善益先生追想録刊行会、一九六八年）
鈴木望「東洋の学芸　平沼騏一郎博士と神習文庫」（『東洋文化』一〇〇号、二〇〇八年四月）
竹内賀久治伝刊行会編『竹内賀久治伝』（竹内賀久治伝刊行会・酒井書房〔発売〕、一九六〇年）
津城寛文『鎮魂行法論』新装版（春秋社、二〇〇〇年）
土屋眞一編『昭和の刑事裁判』（立花書房、一九九〇年）
出口雄一、神野潔、十川陽一、山本英貴編著『概説日本法制史』（弘文堂、二〇一八年）
鳥居和代『青少年の逸脱をめぐる教育史』（不二出版、二〇〇六年）
長尾龍一『日本憲法思想史』（講談社、一九九六年）
中澤俊輔「政党内閣期の警察と秩序維持」（未公刊博士論文、二〇〇九年）
奈良岡聰智『加藤高明と政党政治』（山川出版社、二〇〇六年）
服部宇之吉「法治主義と徳治主義」（『国本』九巻六号、一九三〇年六月）
林弘正『改正刑法假案成立過程の研究』（成文堂、二〇〇三年）
林頼三郎『刑事訴訟法要義：総則』四版（巌松堂、一九二五年）
平沼騏一郎「刑事訴訟法改正案の要旨（一）」（『法律新聞』一九一七年二月八日）
藤田尚『少年矯正制度の再構築』（日本評論社、二〇一八年）
前山亮吉「大正期の司法行政」（『日本弁護士協会録事　明治編』別巻、ゆまに書房、二〇〇八年）
松尾浩也「検察権の独立について」（『研修』四巻二三八号、一九六八年四月）
松尾尊兊「過激社会運動取締法案について」（『人文学報』二〇号、一九六四年一〇月）
松尾尊兊「第一次大戦後の治安立法構想」（藤原彰、松尾尊兊編『論集現代史』筑摩書房、一九七六年）
三谷太一郎『近代日本の戦争と政治』（岩波書店、一九九七年）
三谷太一郎『政治制度としての陪審制』（東京大学出版会、二〇〇一年）
三井誠「『大浦事件』の投げかけた波紋」（『神戸法学雑誌』二〇巻三・四号、一九七一年三月）
宮地忠彦『震災と治安秩序構想』（クレイン、二〇一二年）
宮地正人「大本教不敬事件」（我妻栄等編『日本政治裁判史録・大正』第一法規出版、一九六九年）
村野廉一、色川大吉共著『村野常右衛門伝　政友会時代』（村野廉一、一九七一年）
望月茂『小林芳郎伝』（壱誠社、一九四〇年）
盛善吉編著『シーメンス事件』（徳間書店、一九七六年）

森田明『少年法の歴史的展開』（信山社出版、二〇〇五年）
山本四郎「大浦事件の一考察」（『奈良大学紀要』三号、一九七四年一二月）
山本四郎「八幡製鉄所疑獄事件」（『神戸女子大学紀要』二七号、一九九四年三月）
横山健堂『嘉納先生伝』（講道館、一九四一年）
我妻栄他編『日本政治裁判史録・大正』（第一法規出版、一九六九年）
渡辺治「一九二〇年代における天皇制国家の治安法制再編成をめぐって」（『社会科学研究』二七巻五・六号、一九七六年三月）
渡辺治「天皇制国家秩序の歴史的研究序説」（『社会科学研究』三〇巻五号、一九七九年三月）
「平沼検事総長論」（『中央公論』三〇巻四号、一九一五年四月）

第6章

枢密院委員会録・大正一四年「衆議院議員選挙法改正法律案帝国議会へ提出ノ件（普選案）」
「第四七回帝国議会衆議院　大正一二年勅令第四百三号（承諾を求むる件）（治安維持の為にする罰則の件）委員会」
浅沼薫奈「井上哲次郎と大東文化学院紛擾」（『東京大学史紀要』二七号、二〇〇九年三月）
石堂清倫、竪山利忠編『東京帝大新人会の記録』（経済往来社、一九七六年）
伊藤隆『昭和初期政治史研究』（東京大学出版会、一九六九年）
伊藤之雄『昭和天皇と立憲君主制の崩壊』（名古屋大学出版会、二〇〇五年）
伊藤之雄『政党政治と天皇』（講談社、二〇〇二年）
伊藤之雄『元老西園寺公望』（文藝春秋、二〇〇七年）
伊藤之雄『山県有朋』（文藝春秋、二〇〇九年）
H・スミス著、松尾尊兊・森史子訳『新人会の研究』（東京大学出版会、一九七八年）
榎本勝己「国本社試論」（日本現代史研究会編『1920年代の日本の政治』大月書店、一九八五年）
大塚健洋『大川周明』（中央公論社、一九九五年）
岡義武『転換期の大正』（東京大学出版会、一九六九年）
荻野富士夫「解説　治安維持法成立・『改正』史」（『治安維持法関係資料集』第四巻、新日本出版社、一九九六年）
河原宏「第二次山本内閣」（林茂、辻清明編集『日本内閣史録』第二巻、第一法規出版、一九八一年）
北昤吉「小川平吉翁の回顧」（『日本及日本人』二巻三号、一九五一年三月）
木村和成「『大審院判例審査会』小論」（『立命館法學』三三九号、二〇一一年五月、六月）
クリストファー・スピルマン『近代日本の革新論とアジア主義』（芦書房、二〇一五年）
クリストファー・スピルマン「嘉納治五郎」（筒井清忠編『明治史講義【人物篇】』、筑摩書房、二〇一八年）
建設者同盟史刊行委員会『早稲田大学建設者同盟の歴史』（日本社会党中央本部機関紙局、一九七九年）
国史大辞典編集委員会編『国史大辞典』（吉川弘文館、一九七九〜九七年）
国分航士「大正後期の『宮中』問題と議会」（『史淵』一五六号、二〇一九年三月）
小林幸男『日ソ政治外交史』（有斐閣、一九八五年）
小宮一夫「山本権兵衛（準）元老擁立運動と薩派」（『宮中・皇室と政治　年報・近代日本研究二〇』（山川出版社、一九九八年）
大東文化歴史資料館編（浅沼薫奈、兵頭徹執筆）『大東文化大学の歩んできた道』（学校法人大東文化学園、二〇一三年）
竹内賀久治伝刊行会編『竹内賀久治伝』（竹内賀久治伝刊行会・酒井書房〔発売〕、一九六〇年）
筒井清忠『昭和期日本の構造』（講談社、一九九六年。なお、初版は一九八四年、有斐閣より刊行）
鳥海靖「原内閣崩壊後における『挙国一致内閣』路線の展開と挫折」（『歴史学研究報告』一四号、一九七二年三月）
中澤俊輔『治安維持法』（中央公論新社、二〇一二年）
中村勝範編『帝大新人会研究』（慶應義塾大学法学研究会・慶應義塾大学出版会〔発売〕、一九九七年）
奈良岡聰智『加藤高明と政党政治』（山川出版社、二〇〇六年）
橋川文三『昭和維新試論』（講談社、二〇一三年。なお、初版は一九八四年、朝日新聞社より刊行）
長谷川雄一、C・W・A・スピルマン、福家崇洋編『満川亀太郎日記　大正八年→昭和十一年』（論創社、二〇一一年）
平沼騏一郎「徳治」（『国本』五巻九号、一九二五年九月）

平沼騏一郎「法は人性を基本とすべきもの也」(『法律新報』六一巻、一九二六年一月)
平沼騏一郎「我国に於ける法治」(『国本』五巻六号、一九二五年六月)
平沼騏一郎「我国の良風美俗」(一)〜(四)(『法律新報』六六巻〜六九巻、一九二六年二月〜三月)
福家崇洋『満川亀太郎』(ミネルヴァ書房、二〇一六年)
藤本尚則『国師杉浦重剛先生』(敬愛会、一九五四年)
松尾尊兊『普通選挙制度成立史の研究』(岩波書店、一九八九年)
松田好史『内大臣の研究』(吉川弘文館、二〇一四年)
三谷太一郎『大正デモクラシー論』新版(東京大学出版会、一九九五年)
宮地忠彦『震災と治安秩序構想』(クレイン、二〇一二年)
安田浩「二つの戦後デモクラシー」(倉沢愛子他編『戦争の政治学』岩波書店、二〇〇五年)
山田孝雄『国民精神作興に関する詔書義解』訂補二五版(宝文館、一九三三年)
吉野作造「枢密院と内閣」(『中央公論』一九二七年六月)
米原謙『日本政治思想』(ミネルヴァ書房、二〇一七年)
「司法大官の更迭」(『日本弁護士協会録事』二六七号、一九二一年一〇月)

第7章

雨宮昭一「田中内閣」(林茂、辻清明編集『日本内閣史録』第三巻、第一法規出版、一九八一年)
石瀧豊美『玄洋社・封印された実像』(海鳥社、二〇一〇年)
伊藤隆『昭和初期政治史研究』(東京大学出版会、一九六九年)
伊藤之雄『大正デモクラシーと政党政治』(山川出版社、一九八七年)
伊藤之雄『昭和天皇と立憲君主制の崩壊』(名古屋大学出版会、二〇〇五年)
榎本勝己「国本社試論」(日本現代史研究会編『一九二〇年代の日本の政治』大月書店、一九八五年)
岡佑哉「内田良平『純正普選』運動と大日本生産党結成」(『ヒストリア』二四二号、二〇一四年二月)
荻野富士夫「解説　治安維持法成立・『改正』史」(『治安維持法関係資料集』第四巻、新日本出版社、一九九六年)
荻野富士夫『思想検事』(岩波書店、二〇〇〇年)
奥健太郎『昭和戦前期立憲政友会の研究』(慶應義塾大学出版会、二〇〇四年)
奥平康弘『治安維持法小史』(筑摩書房、一九七七年)
川上寿代「不戦条約批准問題と枢密院」(『日本歴史』五六五号、一九九五年六月)
川上寿代「台湾銀行救済緊急勅令問題と枢密院」(『日本歴史』六四一号、二〇〇一年一〇月)
許世楷「朴烈事件」(我妻栄等編『日本政治裁判史録・大正』第一法規出版、一九六九年)
国分航士「大正初期の『剰余金支出』問題」(『史林』九八巻三号、二〇一五年)
小林龍夫「海軍軍縮条約(一九二一〜一九三六年)」(日本国際政治学会太平洋戦争原因研究部編著『太平洋戦争への道　開戦外交史　一』朝日新聞社、一九八七年)
小山俊樹『憲政常道と政党政治』(思文閣出版、二〇一二年)
小山俊樹「政党内閣期の財政的緊急勅令と枢密院」(『二十世紀研究』一三号、二〇一二年)
サーラ・スヴェン「大正期における政治結社」(猪木武徳編著『戦間期日本の社会集団とネットワーク』NTT出版、二〇〇八年)
須賀博志「日本近代憲法学説史における余剰金支出違憲論争」(曽我部真裕、赤坂幸一編『憲法改革の理念と展開』下巻、信山社、二〇一二年)
竹内桂「不戦条約の批准問題」(『駿台史学』一三四号、二〇〇八年八月)
茶谷誠一「枢密院事務規定改正問題」(『歴史学研究』七七一号、二〇〇三年一月)
筒井清忠『昭和戦前期の政党政治』(筑摩書房、二〇一二年)
手嶋泰伸「ロンドン海軍軍縮問題と平沼騏一郎」(『福井工業高等専門学校研究紀要　人文・社会科学』五〇号、二〇一六年一二月)
中澤俊輔『治安維持法』(中央公論新社、二〇一二年)
奈良岡聰智「立憲民政党の創立」(『法学論叢』一六〇巻五・六号、二〇〇七年三月)
豹子頭「結社と其秘密」(『国本』一巻八号、一九二一年八月)
平沼騏一郎「徳治」(『国本』五巻九号、一九二五年九月)
平沼騏一郎「法は人性を基本とすべきもの也」(『法律新報』六一巻、一九二六年一月)

平沼騏一郎「我国に於ける法治」(『国本』五巻六号一九二五年六月)
平沼騏一郎「我国の良風美俗（一）～（四）」(『法律新報』六六巻～六九巻、一九二六年二月～三月)
堀幸雄『戦前の国家主義運動史』(三嶺書房、一九九七年)
増田知子『天皇制と国家』(青木書店、一九九九年)
三谷太一郎「大正期の枢密院」(『枢密院会議議事録』別巻、東京大学出版会、一九八六年)
村井良太『政党内閣制の展開と崩壊』(有斐閣、二〇一四年)
望月雅士「金融恐慌をめぐる枢密院と政党」(『社会科学討究』四二巻三号、一九九七年三月)
望月雅士「枢密院と政治」(由井正臣編『枢密院の研究』吉川弘文館、二〇〇三年)
諸橋襄『明治憲法と枢密院制』(芦書房、一九六四年)
吉見義明「田中（義）内閣下の治安維持法改正問題」(『歴史学研究』四四一号、一九七七年二月)

第8章

阿部真之助「鈴木・平沼・宇垣」(『中央公論』四八巻六号、一九三三年六月)
阿部真之助編『非常時十人男』(創造社、一九三三年)
伊藤隆『昭和初期政治史研究』(東京大学出版会、一九六九年)
伊藤之雄『昭和天皇と立憲君主制の崩壊』(名古屋大学出版会、二〇〇五年)
伊藤之雄『元老西園寺公望』(文藝春秋、二〇〇七年)
猪俣敬太郎『中野正剛』(吉川弘文館、一九八八年。なお、初版は一九六〇年)
XYZ「現代日本百人物」(『中央公論』四七巻一号、一九三二年一月)
大島太郎「帝人事件」(我妻栄等編『日本政治裁判史録　昭和・後』第一法規出版、一九六九年)
川田稔『昭和陸軍全史』一(講談社、二〇一四年)
北岡伸一『官僚制としての日本陸軍』(筑摩書房、二〇一二年)
佐々木隆「挙国一致内閣期の枢密院」(『日本歴史』三五二号、一九七七年九月)
白柳秀湖「平沼騏一郎論」(『日本国民』一巻七号、一九三二年一二月)
菅谷幸浩「帝人事件と斎藤内閣の崩壊」(『日本政治研究』四巻一号、二〇〇七年一月)
高落松男「平沼男と語る」(『農政時報』八一号、一九三二年一〇月)
瀧口剛「満州事変期の平沼騏一郎」(『阪大法学』一五一号、一九八九年八月)
駄場裕司「帝人事件から天皇機関説事件へ」(『政治経済史学』第三八九号、一九九九年一月)
筒井清忠『戦前日本のポピュリズム』(中央公論新社、二〇一八年)
都築七郎『政教社の人びと』(行政通信社、一九七四年)
手嶋泰伸「平沼騏一郎内閣運動と海軍」(『史学雑誌』一二二九号、二〇一三年九月)
永井和「東方会の成立」(『史林』六一巻四号、一九七八年七月)
西田敏宏「ワシントン体制の変容と幣原外交（二・完）」(『法学論叢』一五〇巻二号、二〇〇一年一一月)
野村秀雄「齋藤内閣成立秘話」(『中央公論』四七巻七号、一九三二年七月)
馬場恒吾「現代政治の段階」(『中央公論』四八巻八号、一九三三年八月)
馬場恒吾「非常時の政界展望」(『改造』一四巻八号、一九三二年八月)
平沼淑郎「弟騏一郎を語る」(『明朗』一巻九号、一九三六年五月)
平松良太「ロンドン海軍軍縮問題と日本海軍（三・完）」(『法学論叢』一六九巻六号、二〇一一年九月)
福家崇洋「一九二〇年代初期日本におけるイタリア・ファシズム観の考察」(『文明構造論』三号、二〇〇七年)
福家崇洋『日本ファシズム論争』(河出書房新社、二〇一二年)
北条時敬『廓堂片影』(教育研究会、一九三一年)
堀田慎一郎「平沼内閣運動と斎藤内閣期の政治」(『史林』七七巻三号、一九九四年五月)
増田知子『天皇制と国家』(青木書店、一九九九年)
松浦正孝「『帝人事件』考」(『年報政治学』一九九五年)
御手洗辰雄「政界惑星物語」(『中央公論』四七巻一三号、一九三二年一二月)
『宮城長五郎小伝』(故宮城元司法大臣建碑実行委員事務所、一九四五年)
森靖夫『日本陸軍と日中戦争への道』(ミネルヴァ書房、二〇一〇年)
山浦貫一『近衛時代の人物』(高山書院、一九四〇年)
山浦貫一編『森恪』(森恪伝記編纂会、一九四〇年)
山岡萬之助「謹追平沼先生」(平沼騏一郎先生逸話集刊行会編『平沼騏一郎先生逸話集』平沼騏一郎先生逸話集刊行会、一九五八年)

第9章

「第七四回帝国議会衆議院議事速記録第三号」
「第七四回帝国議会衆議院予算委員会議事速記録第二回」
「第七四回帝国議会貴族院予算委員会議事速記録第四回」
「第七四回帝国議会衆議院予算委員会議事速記録第九回」
井出嘉憲『日本官僚制と行政文化』（東京大学出版会、一九八二年）
井上寿一『理想だらけの戦時下日本』（筑摩書房、二〇一三年）
井上勇一「有田の『広域経済圏』構想と対英交渉」（『国際政治』五六号、一九七六年）
『岩村通世伝』（岩村通世伝刊行会、一九七一年）
内山正熊「天津英国租界封鎖［一九三九、六、一四］の契機」（『法学研究』四四巻三号、一九七一年三月）
欧亜局一課『日「ソ」交渉史』（巌南堂書店、一九六九年）
大井孝『欧州の国際関係』（たちばな書房、二〇〇八年）
大畑篤四郎「日独伊三国同盟」（『国際政治』一一号、一九六〇年）
大畑篤四郎「日独防共協定・同強化問題（一九三五～一九三九年）」（日本国際政治学会太平洋戦争原因研究部編著『太平洋戦争への道』第三巻、朝日新聞社、一九八七年。なお、初版は一九六三年）
岡義武『近衛文麿』（岩波書店、一九七二年）
加藤陽子『模索する一九三〇年代』（山川出版社、一九九三年）
加藤陽子『昭和天皇と戦争の世紀』（講談社、二〇一一年）
川田稔『昭和陸軍全史』二（講談社、二〇一四年）
ゴードン・M・バーガー著、坂野潤治訳『大政翼賛会』（山川出版社、二〇〇〇年）
白羽祐三『「日本法理研究会」の分析』（中央大学出版部、一九九八年）
庄司潤一郎「日中戦争の勃発と近衛文麿『国際正義』論」（『国際政治』九一巻、一九八九年五月）
庄司潤一郎「新秩序の模索と国際正義・アジア主義」（防衛庁防衛研究所編『日米戦略思想の系譜』防衛庁防衛研究所、二〇〇四年）
須藤真志『日米開戦外交の研究』（慶應通信、一九八六年）
高橋勝浩「首相平沼騏一郎と『道義外交』」（『国史学』一六四号、一九九八年二月）
竹山護夫「平沼内閣」（林茂、辻清明編集『日本内閣史録』第四巻、第一法規出版、一九八一年）
筒井清忠『近衛文麿』（岩波書店、二〇〇九年）
手嶋泰伸「天皇機関説事件と平沼騏一郎の枢密院議長就任」（『日本歴史』八四五号、二〇一八年一〇月）
戸部良一『ピース・フィーラー』（論創社、一九九一年）
戸部良一『外務省革新派』（中央公論新社、二〇一〇年）
戸部良一「独ソ不可侵協定の予測」（『外交史料館報』二四号、二〇一一年三月）
永井和『日中戦争から世界戦争へ』（思文閣出版、二〇〇七年）
秦郁彦「ノモンハン事件の終結」（『政経研究』四九巻四号、二〇一三年三月）
秦郁彦『明と暗のノモンハン戦史』（PHP研究所、二〇一四年）
馬場恒吾「低迷の政局を衝く」（『改造』二一巻二号、一九三九年二月）
馬場恒吾「平沼内閣の前途」（『改造』二一巻五号、一九三九年五月）
古川隆久『昭和戦中期の総合国策機関』（吉川弘文館、一九九二年）
松浦正孝『日中戦争期における経済と政治』（東京大学出版会、一九九五年）
松浦正孝『「大東亜戦争」はなぜ起きたのか』（名古屋大学出版会、二〇一〇年）
松阪広政伝刊行会編『松阪広政伝』（松阪広政伝刊行会、一九六九年）
山室信一『思想課題としてのアジア』（岩波書店、二〇〇一年）
遊田多門「検察二・二六事件と太田君」（太田耐造追想録刊行会編『太田耐造追想録』太田耐造追想録刊行会、一九七二年）
吉田裕「『国防国家』の構築と日中戦争」（『一橋論叢』九二巻一号、一九八四年七月）
読売新聞社『昭和史の天皇』二九巻（読売新聞社、一九七六年）

第10章

朝日新聞法廷記者団『東京裁判』中（東京裁判刊行会、一九六二年）
天川晃「幣原内閣」（林茂、辻清明編『日本内閣史録』第五巻、第一法規出版、一九八一年）
天川晃「東久邇内閣」（林茂、辻清明編『日本内閣史録』第五巻、第一法規出版、一九八一年）
粟屋憲太郎『東京裁判への道（上・下）』（講談社、二〇〇六年）
粟屋憲太郎『東京裁判論』（大月書店、一九八九年）
五百旗頭真『米国の日本占領政策』下（中央公論社、一九八五年）
五百旗頭真『占領期』（読売新聞社、一九九七年）
伊藤隆『近衛新体制』（中央公論社、一九八三年）
伊藤之雄『昭和天皇伝』（文藝春秋、二〇一一年）

入江昭著、篠原初枝訳『太平洋戦争の起源』（東京大学出版会、一九九一年）
宇田川幸大『考証 東京裁判』（吉川弘文館、二〇一八年）
衛藤瀋吉「政治家時代」（太田耕造全集編集委員会編『太田耕造全集』第五巻、亜細亜大学日本経済短期大学、一九九三年）
太田耕造全集編集委員会編『太田耕造全集』第四巻（亜細亜大学日本経済短期大学、一九八五年）
川田稔『昭和陸軍全史』三（講談社、二〇一五年）
児島襄『東京裁判』下（中央公論社、一九七一年）
迫水久常『機関銃下の首相官邸』（恒文社、一九六四年）
下村海南『終戦秘史』（大日本雄弁会講談社、一九五〇年）
庄司潤一郎「『近衛上奏文』の再検討」（『国際政治』一〇九号、一九九五年五月）
巣鴨遺書編纂会『一三号鉄扉（散りゆきし戦犯）』（巣鴨遺書編纂会、一九五三年）
鈴木貫太郎伝記編纂委員会編『鈴木貫太郎伝』（鈴木貫太郎伝記編纂委員会、一九六〇年）
鈴木多聞『「終戦」の政治史』（東京大学出版会、二〇一一年）
須藤真志『ハル・ノートを書いた男』（文藝春秋、一九九九年）
高橋勝浩「重臣としての平沼騏一郎」（『軍事史学』一四二号、二〇〇〇年九月）
瀧口剛「平沼騏一郎と太平洋戦争」（『阪大法学』一五九号、一九九一年七月）
筒井清忠『近衛文麿』（岩波書店、二〇〇九年）
角田順「日本の対米開戦」（『太平洋戦争への道』第七巻、朝日新聞社、一九八七年。なお、初版は一九六三年）
手嶋泰伸「終戦期の平沼騏一郎」（『日本歴史』八二〇号、二〇一六年九月）
寺崎英成、マリコ・テラサキ・ミラー『昭和天皇独白録』（文藝春秋、一九九五年。なお、初版は一九九一年）
中村隆英『昭和史』上（東洋経済新報社、二〇一二年）
長谷川毅『暗闘』（中央公論新社、二〇〇六年）
服部聡『松岡外交』（千倉書房、二〇一二年）
原書房編集部編『敗戦の記録』（原書房、一九六七年）
日暮吉延「『正義』と『慈悲』 講和後の戦犯釈放と日米関係」（『アメリカ研究』三五号、二〇〇一年）
日暮吉延『東京裁判の国際関係』（木鐸社、二〇〇二年）
日暮吉延「戦犯釈放の政治過程と戦後外交」（文部科学省科学研究費補助金研究成果報告書、二〇〇四年）
平沼赳夫「平沼騏一郎邸炎上す」（『文藝春秋』四七巻一〇号、一九六九年九月）
古川隆久『昭和戦中期の議会と行政』（吉川弘文館、二〇〇五年）
細谷千博「三国同盟と日ソ中立条約」（『太平洋戦争への道』第五巻、朝日新聞社、一九八八年。なお、初版は一九六三年）
堀真清「阿部内閣」（林茂、辻清明編集『日本内閣史録』第四巻、第一法規出版、一九八一年）
升味準之助『日本政党史論』第七巻（東京大学出版会、二〇一一年。なお、初版は一九八〇年）
松田好史『内大臣の研究』（吉川弘文館、二〇一四年）
三宅正樹「第二次近衛内閣」（前掲『日本内閣史録』第四巻）
宮地正人「企画院事件」（我妻栄等編『日本政治裁判史録 昭和・後』第一法規出版、一九六九年）
百瀬孝著、伊藤隆監修『事典 昭和戦前期の日本』（吉川弘文館、一九九〇年）
森茂樹「松岡外交における対米および対英策」（『日本史研究』四二一号、一九九七年九月）
読売法廷記者著、清瀬一郎閲『25被告の表情』（労働文化社、一九四八年）

おわりに

内田博文編『歴史に学ぶ刑事訴訟法』（法律文化社、二〇一三年）
江川紹子編『特捜検察は必要か』（岩波書店、二〇一一年）
松尾浩也「刑事訴訟の日本的特色」（『法曹時報』四六巻七号、一九九四年七月）
松尾浩也「検察と司法」（小山昇、中島一郎編『裁判法の諸問題』中、有斐閣、一九九七年）
三谷太一郎『大正デモクラシー論』新版（東京大学出版会、一九九五年）
三井誠ほか編『刑事手続』上（筑摩書房、一九九八年）

◎主要図版出典一覧

国立国会図書館　一七五右上・左上、一九三、二六〇頁。読売新聞社　二一三頁

平沼騏一郎　年譜

※年月の表記は西暦・太陽暦（新暦）を用い、年齢は数え年で表記した

西暦	年齢	事歴	関連事項
一八六七	1	一〇月二五日、美作国津山に生まれる	一一月、大政奉還
一八七一	5	津山で齋藤淡堂から漢学を学ぶ	八月、廃藩置県。同月、司法省設置
一八七二	6	家族で上京。宇田川興斎から漢学を学ぶ	九月、司法職務定制制定
一八七五	9	三叉学舎で英学、漢学、数学を学ぶ	四月、漸次立憲政体樹立の詔。同月、大審院設置
一八七八	12	九月、東京大学予備門入学	八月、竹橋騒動
一八八三	17	七月、東京大学予備門卒業	
一八八四	18	九月、東京大学法学部入学	一〇月、自由党解党。一二月、甲申事変。一二月、判事登用規則制定
一八八八	22	七月、帝国大学法科大学英法科卒業（首席）、一二月、司法省参事官試補	四月、黒田清隆内閣成立。同月、枢密院官制公布
一八九二	26	一一月、千葉地方裁判所部長	
一八九八	32	七月、東京控訴院部長	一月、第三次伊藤博文内閣成立。六月二八日、司法部で横田国臣司法次官らによる人事改革実施。六月三〇日、第一次大隈重信内閣成立。一一月、第二次山県有朋内閣成立
一八九九	33	四月、東京控訴院検事	
一九〇二	36	一二月、司法省参事官	一月、日英同盟調印
一九〇六	40	一月、司法省民刑局長。六月、法律取調委員会委員	一月、第一次西園寺内閣成立。二月、日本社会党結成（日本平民党との合同）

一九〇七	41	四月、遣外法官として欧州に派遣	二月、日本社会党に結社禁止処分。七月、日露協約調印
一九〇八	42	二月、帰朝	一〇月、戊辰詔書。同月、指紋法採用。同月、新刑法施行
一九一一	45	九月、司法次官	一月、幸徳秋水ら大逆事件被告に死刑判決。八月、第二次西園寺公望内閣成立
一九一二	46	一二月、検事総長	七月、第三回日露協約調印。同月、明治天皇崩御、大正と改元。一二月、第三次桂太郎内閣成立
一九一五	49	春、無窮会を設立	五月、中国が対華二十一ヵ条要求を受諾。同月、大浦事件発覚。九月、大浦前内相に起訴猶予処分
一九一六	50	一一月、帝室制度審議会委員	七月、第四次日露協約。一〇月、寺内正毅内閣成立
一九一七	51	一一月、臨時教育会議委員	六月、臨時外交調査委員会官制公布。九月、臨時教育会議設置
一九一八	52	一〇月、臨時教育会議にて「人心の帰向統一に関する建議案」を提出	七月、米騒動勃発。同月、八幡製鉄所事件の判決下る。九月、原敬内閣成立。一一月、京都豚箱事件発覚
一九一九	53	七月、臨時法制審議会副総裁	六月、臨時法制審議会設置
一九二〇	54		一月、森戸事件発覚
一九二一	55	一〇月、大審院長。二一年中に辛酉会設立	一月、国本社（第一次）設立。同月、満鉄事件が衆議院で問題に。二月、第一次大本教事件検挙。同月、皇太子妃内定変更なしと発表。一一月、原敬暗殺。同月、高橋是清内閣成立
一九二二	56		二月、過激社会運動取締法案が審議未了廃案。四月、少年法制定。五月、大正刑事訴訟法制定。六月、加藤友三郎内閣成立
一九二三	57	九月、法相（第二次山本権兵衛内閣）。一〇月、修養団長。一一月、日本大学総長	四月、陪審法成立。九月、第二次山本権兵衛内閣成立。同月、関東大震災。一一月、「国民精神作興に関する詔書」。一二月、虎ノ門事件
一九二四	58	一月、内閣崩壊に伴い法相辞任。同月、貴族院勅選議員。二月、貴族院議員を辞し枢	一月、清浦奎吾内閣成立。五月、アメリカで排日移民法成立。六月、加藤高明内閣成立。

西暦	年齢	事項	一般事項
一九二五	59	密顧問官。五月、国本社会長	一月、日ソ国交回復。四月、治安維持法公布。五月、普通選挙法公布
一九二六	60	四月、枢密院副議長。同月、臨時法制審議会総裁。一〇月、男爵授与	一月、第一次若槻礼次郎内閣成立。三月、朴烈・金子文子に死刑判決（四月、無期懲役に減刑）。一二月、大正天皇崩御、昭和と改元
一九二七	61	四月、枢密院審査委員会委員長（台湾銀行救済緊急勅令案）	四月、台湾銀行救済緊急勅令案が枢密院にて否決。同月、田中義一内閣成立。六月、立憲民政党設立
一九二八	62	六月、枢密院審査委員会委員長（治安維持法改正緊急勅令案）	六月、張作霖爆殺事件。同月、治安維持法改正緊急勅令公布
一九二九	63	五月、法制審議会総裁	六月、不戦条約批准
一九三〇	64		一〇月、ロンドン海軍軍縮条約批准。一一月、浜口雄幸首相狙撃事件
一九三一	65		三月、三月事件発覚。九月、柳条湖事件。一〇月、十月事件発覚。一二月、犬養毅内閣成立
一九三二	66		三月、満州国建国。五月、五・一五事件。同月、斎藤実内閣成立。九月、日満議定書締結。一二月、国民同盟結党
一九三三	67		三月、国際連盟脱退を通告。七月、神兵隊事件発覚
一九三四	68		一～三月、帝人事件発覚。七月、斎藤内閣総辞職。同月、岡田啓介内閣成立
一九三五	69		二月、天皇機関説問題の浮上。八月、相沢事件
一九三六	70	三月、枢密院議長	二月、二・二六事件。三月、広田弘毅内閣成立。一一月、日独防共協定締結
一九三七	71		二月、林銑十郎内閣成立。六月、第一次近衛文麿内閣成立。

			七月、盧溝橋事件
一九三八	72		一月、第一次近衛声明。八月、防共協定強化の方針決定。一一月、第二次近衛声明。一二月、汪兆銘が重慶から脱出
一九三九	73	一月、内閣総理大臣。八月、内閣総辞職。九月前官礼遇を受け、重臣	一月、平沼内閣成立。五月、ノモンハン事件。六月、天津租界封鎖。七月、日米通商航海条約破棄通告。八月、独ソ不可侵条約。同月、平沼内閣総辞職。同月、阿部内閣成立。九月、第二次世界大戦勃発
一九四〇	74	一二月六日、第二次近衛文麿内閣無任所相、同月二一日、内相に転任	六月、近衛文麿が新体制運動に邁進することを理由に枢密院議長辞任。七月、米内光政内閣総辞職。同月、第二次近衛文麿内閣成立。九月、日独伊三国同盟締結。同月、北部仏印進駐。一〇月、大政翼賛会発会式
一九四一	75	七月、国務大臣兼内閣参議（第三次近衛内閣）。八月、狙撃により重傷、国務大臣兼内閣参議を辞任	一月、企画院の正木千冬ら検挙。四月、日ソ中立条約調印。六月、独ソ戦。七月、第三次近衛文麿内閣成立。同月、南部仏印進駐。一〇月、東条英機内閣成立。一二月、日米開戦
一九四二	76	八月、南京政府に対する答礼使節として中国を訪問	
一九四五	79	四月、枢密院議長。一二月、枢密院議長辞任。同月、A級戦犯に指定	四月、鈴木貫太郎内閣成立。七月、ポツダム宣言発表。八月六日、広島に原爆投下。八日、ソ連対日参戦。九日、長崎に原爆投下。一四日、終戦の詔書。九月、降伏文書調印
一九四六	80	四月、巣鴨プリズン入所	五月、第一次吉田茂内閣成立。一一月、日本国憲法公布
一九四八	82	一一月、終身禁錮刑	三月、芦田均内閣成立。一〇月、第二次吉田内閣成立。一一月、東京裁判判決。一二月、東京裁判で死刑判決の七名処刑
一九五二	86	六月、入院。八月、死去（満84歳）	四月、サンフランシスコ講和条約発効

萩原 淳（はぎはら・あつし）

1987（昭和62年）年滋賀県生まれ．2015年京都大学大学院法学研究科博士後期課程修了．博士（法学）．京都大学大学院法学研究科特定助教，日本学術振興会特別研究員（PD）などを経て，18年より琉球大学人文社会学部准教授．

著書『平沼騏一郎と近代日本』（京都大学学術出版会，2016年）

共著『日本政治史の中のリーダーたち』（京都大学学術出版会，2018年）

論文「昭和初期の枢密院運用と政党内閣」（『年報政治学』2017年12月）
「昭和初期テロ事件の司法過程と軍部・社会」（『年報政治学』2018年7月）
「近代日本において人々は国家主義運動とどのように関わったのか」（『政策科学・国際関係論集』2020年3月）
「近代日本の司法関係資料の現状と司法政治史研究の現在」（『政策科学・国際関係論集』2021年3月）
など

平沼騏一郎（ひらぬまきいちろう）
中公新書 2657

2021年8月25日発行

著 者 萩原 淳
発行者 松田陽三

本文印刷 三晃印刷
カバー印刷 大熊整美堂
製 本 小泉製本

発行所 中央公論新社
〒100-8152
東京都千代田区大手町 1-7-1
電話 販売 03-5299-1730
編集 03-5299-1830
URL http://www.chuko.co.jp/

Published by CHUOKORON-SHINSHA, INC.
Printed in Japan ISBN978-4-12-102657-6 C1221

中公新書

現代史